LA PENSÉE CRÉATRICE

par Lucille Cedercrans

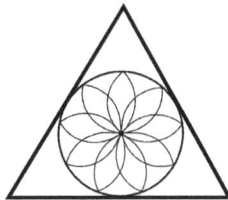

II

LA PENSÉE CRÉATRICE

par Lucille Cedercrans

Wisdom Impressions Publishers, LLC
Roseville, MN USA

LA PENSÉE CRÉATRICE

Par Lucille Cedercrans

PREMIÈRE ÉDITION FRANÇAISE 2014

La traduction de ce livre en français a été effectuée par Thérèse Fleurant, Liette Dumouchel et René Fugère. La révision a été faite par Marcel Brun et Stéphanie Planté.

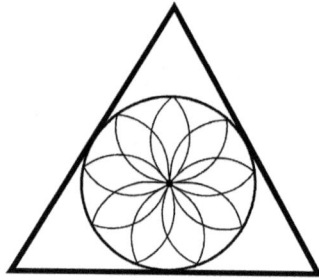

Wisdom Impressions est un groupe de praticiens de la Sagesse. Notre mission est d'aider à créer le matériel et de fournir le support et les enseignements pour faciliter la diffusion de la Sagesse.

Wisdom Impressions Publishers, LLC
P.O. Box 130003,
Roseville, MN 55113

ISBN 978-1-883493-50-9

LA GRANDE INVOCATION

« Du point de Lumière dans la Pensée de Dieu
Que la Lumière afflue dans la pensée des hommes.
Que la Lumière descende sur la Terre.

Du point d'Amour dans le Cœur de Dieu
Que l'amour afflue dans le cœur des hommes,
Puisse le Christ revenir sur Terre.

Du centre où la Volonté de Dieu est connue
Que le dessein guide le faible vouloir des hommes.
Le dessein que les Maîtres connaissent et servent.

Du centre que nous appelons la race des hommes,
Que le Plan d'Amour et de Lumière s'épanouisse,
Et puisse-il sceller la porte de la demeure du mal.

Que Lumière, Amour et Puissance restaurent le Plan
sur la Terre. »

« Cette Invocation ou Prière n'appartient à aucun individu ni à aucun groupe en particulier, mais à toute l'humanité. La beauté et la force de cette Invocation résident dans sa simplicité et dans l'expression de certaines vérités fondamentales que tous les hommes acceptent naturellement et spontanément : la vérité de l'existence d'une Intelligence supérieure à laquelle nous donnons vaguement le nom de Dieu; la vérité que, derrière toutes les apparences extérieures, la puissance motrice de l'univers est l'Amour; la vérité qu'une grande Individualité, appelée par les chrétiens le Christ, est apparue sur terre pour incarner cet Amour sous une forme intelligible; la vérité que l'Amour et l'Intelligence émanent de ce que l'on appelle la Volonté de Dieu; et enfin la vérité incontournable que le Plan divin ne peut se réaliser que par l'humanité. »

Alice A. Bailey

V

VI

AVANT-PROPOS DE L'ÉDITEUR

Transmuter la persona, d'une source de sensations et de désirs en un véhicule de lumière, est une partie essentielle de la croissance et du développement spirituel. Transformer la persona permet à la conscience de s'élever, d'identifier son vrai soi et de découvrir son dessein, sa place et sa fonction dans la Vie Une. Le nouveau corps de Lumière devient un instrument du soi véritable, l'Âme Spirituelle, par lequel l'Âme manifeste le Plan divin dans le monde des activités.

La Pensée Créatrice est une formation dont le but est de nettoyer ou de purifier la persona qui aspire à l'Âme Spirituelle adombrante*. Si cette formation est mise en pratique, elle préparera la persona (mental, émotions et corps) à devenir un véhicule au service de la Vie Une.

*Note du traducteur : Adombrante est une signification spirituelle projetée par l'Âme dans le mental concentré.

Une fois le véhicule préparé, l'Âme Spirituelle peut être appelée à vivre en lui. À mesure que le travail de *La Pensée Créatrice* progresse, la pratique de *La Nature de l'Âme* commence. L'âme incarnée aspire à l'Âme Spirituelle adombrante et se syntonise à elle. Les deux, l'identité individuelle et la conscience de groupe deviennent un, et la vie et les activités deviennent une incorporation de l'Âme.

Le livre *La Pensée Créatrice* a vu le jour en 1957, par une série de leçons, intitulée *La Pensée Correctrice*. La présente édition de ce texte a été renommée *La Pensée Créatrice*. Ce nouveau titre a été suggéré par l'auteur et les éditeurs estiment qu'il représente adéquatement le contenu et qu'il aide à rendre le travail plus accessible aux chercheurs d'aujourd'hui.

Cette édition est une reproduction fidèle de l'édition originale. Les seuls changements apportés sont des corrections mineures de grammaire, de ponctuation, de pronoms de genre et de mise en page. La plupart des citations de la version *King James* de la Bible ont été remplacées par la version standard révisée. Tout a été fait pour conserver la qualité subjective et la présentation de l'édition originale, tout en modernisant la langue de façon à clarifier la signification adombrante.

Nous avons ajouté la Table des Matières, le Répertoire des Techniques et le Guide d'Étude. Bien que ces ajouts n'aient pas fait partie du texte original, ils se sont avérés utiles aux utilisateurs.

La Pensée Créatrice est un cours sur la Sagesse. La Sagesse n'est ni une religion, ni une philosophie, ni une science, mais un champ indépendant d'étude, d'expérimentation et de pratique. Pour obtenir de l'information sur l'apprentissage et la pratique de cette formation, veuillez consulter l'Annexe A, Guide d'Étude, page 351.

Les étudiants actuels doivent garder à l'esprit le fait que, lorsque ce cours a été écrit, les étudiants occidentaux avaient accès à moins de pratiques spirituelles qu'aujourd'hui. La méditation n'était pas une pratique courante, et la réincarnation n'était pas une croyance répandue en Occident. Ainsi, lors des premières leçons, on présumait que les étudiants avaient des antécédents principalement chrétiens. Cependant, ceux-ci cèdent la place à une approche plus universelle à mesure que les termes, les concepts et les disciplines spirituelles sont introduits dans le cours.

Sincèrement,
Les Éditeurs
Août 2001

TABLE DES MATIÈRES

RÉPERTOIRE DES TECHNIQUES

Les disciplines intérieures présentées dans ce livre constituent une partie essentielle du cours *La Pensée Créatrice*. Comme toutes disciplines, elles ont pour but de
produire des effets spécifiques dans la conscience, dans
les corps et dans l'environnement de l'étudiant. Lorsque
ces disciplines sont pratiquées dans le bon ordre et de la
bonne manière, elles facilitent le développement de l'individualité vers la conscience de groupe. Cependant, elles peuvent être mal utilisées.

Combiner ces disciplines avec des drogues ou avec d'autres techniques, ou les utiliser pour des fins égoïstes est
dangereux. Si vous avez des questions sur l'utilisation
ou sur l'effet de ces techniques, écrivez à Wisdom Impressions. (Voir annexe B)

XV

XVI

INTRODUCTION

LA SAGESSE DE L'ÂME

Notre héritage divin

Marier le spirituel au matériel

L'approche mentale vers Dieu et l'expérience de Dieu

L'âge d'or de l'Âme

*   *   *

Nous qui vivons dans cette période de progrès humain sommes en fait privilégiés, car nous bénéficions d'une possibilité qui ne s'est jamais présentée à l'humanité jusqu'à maintenant. Nous sommes au seuil d'une nouvelle expérience où les vérités qui ont toujours été recherchées, souvent désespérément, par quelques personnes, seront accessibles à tous. La Sagesse de l'Âme, qui nous a été cachée, à cause de la nécessité de construire une civilisation matérielle dans laquelle vivre, se fait maintenant connaître à la conscience de la masse.

Partout, l'évidence du progrès est visible, et certains parmi nous sont enclins à le condamner parce qu'il est de nature matérielle. L'humanité profite maintenant de la lumière, là où régnait la noirceur, d'automobiles, d'avions et de toutes sortes de machines pour alléger les tâches physiques. Grâce aux modes de communication et de transport rapides et faciles, et à un système économique qui nous rend tous dépendants les uns des autres, notre monde est devenu interrelié.

Nos villes témoignent de l'ingéniosité de l'humanité, de son intelligence et de sa créativité. Imaginez l'étonnement vécu par une personne qui arriverait du monde d'il y a cent ans et qui déambulerait dans les rues de l'une de nos cités modernes ou qui entrerait dans l'une de nos maisons.

Et pourtant, nous, qui aimons nous voir comme spirituels, avons tendance à condamner la beauté de l'architecture et des concepts modernes, les réalisations scientifiques et l'efficacité, lorsque nous les observons.

Combien de fois ai-je entendu la critique : « Le mercantilisme dépouille Noël de son sens » ? Combien de fois suis-je tombé dans la même plainte? Et pourtant, j'ai joyeusement dépensé mon argent pour acheter des cadeaux significatifs pour ceux que j'aime. J'ai écouté avec émoi et attention les cantiques de Noël d'une chorale éloignée dont les voix résonnaient dans ma maison. Pendant des semaines, l'espoir, la beauté et la vérité de Noël ont eu un impact sur ma conscience par les voix du commerce.

Une fois par année, les membres d'une nation sont unis par la pensée et par le cœur, lorsqu'on leur remémore par tous les panneaux publicitaires et les façades des maisons, la plus grande histoire jamais racontée.

Comment pouvons-nous condamner tout cela alors que c'est notre héritage divin? L'humanité a été créée à l'image et à la ressemblance de Dieu, et nous également, nous sommes créateurs. Ainsi, si nous pouvions lire les signes correctement, nous pourrions nous-mêmes voir la réalité du développement spirituel de l'humanité.

C'est vrai, mais l'humanité a aussi créé la bombe atomique! Nous pourrions faire exploser le monde en miettes et anéantir en quelques instants cette magnifique civilisation, construite au prix d'un lourd labeur.

Et il y en a parmi nous qui disent : « Oui, et cela aussi

Introduction

est bon » !

Depuis son enfance, une caractéristique de la famille humaine a été de guerroyer, de lutter les uns contre les autres, plutôt que de chercher des compromis. Nous sommes manifestement myopes lorsqu'il s'agit de comprendre les problèmes des autres. Nos peurs, lorsqu'elles sont stimulées, métamorphosent l'artiste créateur que nous sommes, en animal enragé; ainsi, nous avons découvert des façons de mener des guerres toujours plus grandes et plus sanglantes.

Malgré tout, cet état de choses pourrait devenir notre salut, puisque la bombe, produit de la peur, a créé à son tour une autre peur, celle de l'anéantissement. Il n'y a aucune personne raisonnable qui ne se rend pas compte que la guerre n'est plus un moyen pour arriver à une fin. Elle est devenue « La Fin », celle dont l'humanité ne veut pas.

Dans le monde entier, cette prise de conscience nous ramène à la recherche de Dieu, et notre recherche est effectuée avec le même génie créateur qui a produit le bien-être et le confort, mais aussi la peur omniprésente, dans notre vie moderne. En même temps, les gens réalisent que, pour se sauver eux-mêmes, ils doivent d'une manière ou d'une autre sauver l'humanité. Ainsi, leur recherche de Dieu n'est pas seulement pour eux-mêmes, mais également pour l'humanité.

Nous allons apporter, dans notre monde matériel, la Sagesse de l'Âme, cette identité spirituelle au Christ. Nous allons marier le spirituel au matériel et ainsi réaliser l'objectif de notre ère.

Nous avons appelé cette nouvelle ère dans laquelle nous sommes entrés « l'ère atomique ». En rétrospective, lorsqu'elle sera derrière nous, nous l'appellerons « l'ère de l'Âme ». Elle sera considérée comme « cette période au

3

cours de laquelle l'humanité a trouvé son Dieu et s'est trouvée elle-même ».

On ne peut pas condamner la radio, la machine à laver et les lumières électriques. De même, on ne peut pas condamner la beauté des vêtements modernes, ou le fait que même l'enfant le plus pauvre ait accès à l'éducation.

Devrions-nous nous condamner parce que notre approche de la religion a changé, parce que nous ne sommes plus la proie ni la victime des superstitions et de la peur du feu de l'enfer, qui nous sont incompréhensibles et qui mènent à la rébellion? Notre intellect se développe. Notre approche de Dieu devient mentale. Nous devons connaître et non pas seulement croire, espérer ou même prier. Nous devons faire l'expérience intérieure de la véritable connaissance de Dieu, de notre relation avec Lui et de Son Plan divin pour nous.

Quand cela sera accompli, quand le génie créateur de notre ère moderne aura trouvé le juste équilibre entre l'Esprit et la matière, le Christ réapparaîtra et tous les humains le connaîtront.

Ceci nous amène à cette possibilité unique qui est la note-clef de notre époque. Chaque homme et chaque femme peuvent prendre part au travail conscient pour construire une nouvelle ère de progrès. Tous peuvent contribuer à leur manière à la recherche et à la réalisation de cette construction. La manifestation de la Sagesse de l'Âme exigera l'utilisation du génie créateur et du mental de la majorité. Cela exigera que l'ensemble de l'humanité se tourne vers la lumière de la vérité, pour ériger son pouvoir contre les forces de l'ombre, à l'intérieur de nous-mêmes qui avons créé la bombe.

À ce point, nous pourrions nous demander : qu'est-ce que la vérité? Si c'est l'objet de notre recherche, nous devons d'une manière ou d'une autre la définir, sinon

4

nous risquons de ne pas reconnaître ce que nous cherchons.

Nous cherchons le bon, le vrai et le beau dans son universalité. Nous recherchons les principes et les concepts qui sont universels dans leur application. S'ils produisent le bon, le vrai et le beau pour un individu, ils doivent s'appliquer à chacun et à tous.

Une vérité, pour être une vérité, doit être en relation avec le tout et avec la partie. D'une façon ou d'une autre, elle doit travailler au mieux-être de l'humanité, spirituellement et matériellement.

Ce cours est écrit pour l'humanité, pour l'homme et la femme qui veulent contribuer à cette réorientation spirituelle, mais qui ne savent pas où trouver les occasions d'un tel service.

Il est écrit pour les gens ordinaires, non pour les génies qui sauront reconnaître leur travail, mais pour nous tous qui constituons la masse de l'humanité. Nous sommes ceux qui feront finalement renverser le courant, par la force et par la puissance de notre mental collectif.

L'humanité vit dans le monde mental et émotionnel aussi bien que dans le monde physique. Les gens pensent, tout comme ils respirent. Lorsqu'ils pensent, ils qualifient leur pensée d'une qualité émotionnelle qui dicte leurs réactions à la vie, et qui s'irradie d'eux, comme une influence vivante dans leur environnement.

Un groupe de personnes pense et ressent, et parce que les vies de leurs pensées sont de nature similaire, elles deviennent une unité. Ainsi, les familles, les organisations, les nations, etc. agissent comme des influences puissantes dans le monde des activités, par la force combinée de cette vie-de-la-pensée.
Ces nombreuses sphères séparées de pensée fusionnent

en une, et nous avons le mental collectif, avec sa tonalité particulière, qui influence, jusqu'à un certain point, chaque membre de notre civilisation actuelle.

Avant l'avènement de l'âge d'or de l'Âme, l'humanité doit examiner les formes-pensées qui gouvernent sa vie et ses activités. Plusieurs de ces formes-pensées ont été créées il y a longtemps par les peurs et les superstitions qui, de nos jours, n'ont aucun réel fondement. Pourtant, elles continuent de dicter nos expériences parce que nous ne les avons pas éliminées de notre environnement mental.

Il est temps pour nous d'examiner notre vie-de-la-pensée, pour découvrir ce que nous pensons par rapport à chaque chose et pourquoi nous pensons ainsi. Nous avons à rechercher et à découvrir la raison de notre existence. Lorsque nous la découvrirons, derrière les multiples voiles de pensées et de sentiments superficiels dans lesquels nous fonctionnons inconsciemment, nous aurons trouvé notre Âme.

Cette série d'instructions est écrite pour servir de guide qui, nous l'espérons, aidera l'homme et la femme ordinaire à faire ces découvertes. Lorsque ce sera fait, il ou elle n'aura plus besoin de demeurer le produit de son environnement d'origine, ou une victime des circonstances. Ils pourront alors commencer à exercer un contrôle sur leurs mécanismes de réponse automatique et sur les circonstances de leur environnement, rendant ainsi possible pour eux, l'accomplissement de leur contribution potentielle à l'humanité.

LEÇON 1

L'IDENTITÉ

L'être humain est triple : Esprit, Âme et corps

Découvrir où nous vivons

La conscience d'être

*   *   *

Nous avons intitulé ce cours *La Pensée Correctrice* parce que son but est de corriger les éléments dans votre vie et dans vos activités qui ne sont pas en harmonie avec l'ordre naturel de notre Cosmos manifesté.

Les règnes inférieurs de la nature, de même que les soleils et les planètes qui, la nuit, illuminent notre ciel de points de lumière, manifestent un type d'harmonie que la famille humaine semble avoir perdu. Une intelligence divine dirige ces vies, contrôle leur développement et leurs orbites, alors que l'humanité, elle, a hérité de la liberté de penser comme elle le veut. Ainsi, nous voyons les membres de la famille humaine momentanément coupés du Royaume des Cieux, simplement parce que ces jeunes Dieux en devenir ont reçu le *pouvoir du mental*. Les humains pensent et de ce fait, ils créent leur propre vie et leurs propres activités.

Afin de comprendre qu'un être humain est un jeune Dieu, un être gratifié du droit de créer, nous devons d'abord étudier sa constitution. Qu'est-ce qui, dans sa constitution, le rend si différent des autres animaux?

La Bible nous enseigne que nous avons été créés à

l'image et à la ressemblance de Dieu. À son *Image.* Dieu nous a vus avec Son Mental. Il nous a conçus dans l'œil de Son Mental, et Il nous a faits à Sa Propre Ressemblance.

Ainsi, tout *comme* Dieu, l'humanité est une trinité. Nous sommes constitués d'Esprit, de conscience, et d'un corps de manifestation ou d'apparence.

L'aspect spirituel de l'humanité, c'est la Vie de Dieu qui se déverse en nous et par nous, comme Elle le fait pour tout ce qui vit. C'est cette impulsion mobilisatrice qui pousse une personne à constamment produire l'expérience. C'est l'essence même de toute chose, son unique cause et sa raison d'être.

L'Esprit de l'humanité nous met en syntonisation avec Dieu, parce que, par Lui, nous sommes une partie de la vie divine. Tout comme toutes les cellules du corps sont nourries par le flux sanguin, de la même manière, tous les êtres vivants sont alimentés par l'Esprit de Dieu. Ils sont soutenus et maintenus par Lui.

Le véhicule de manifestation de Dieu, c'est le Cosmos manifesté. Nous n'en sommes qu'une infime partie. En voyant cet immense Cosmos divinement ordonné, nous savons qu'il y a un Dieu. C'est Son Corps de manifestation. Lorsque je regarde une étoile ou un brin d'herbe, ou n'importe quelle forme complexe, je sais que *c'est* Dieu qui Se manifeste sous cette apparence.

« Au commencement était le Verbe, le Verbe était avec Dieu et le Verbe était Dieu. » (Jean 1:1)

Et comme Dieu, l'humanité a hérité d'un corps de manifestation fait de matière dense.

Nous savons que le corps physique dense que nous voyons avec nos yeux n'est qu'une partie de notre véhicule de manifestation. Ce véhicule ou l'aspect matière est composé d'un corps, d'une nature émotionnelle et d'un mental. Ainsi, l'humanité est à l'image de Dieu dont l'aspect matière est composé d'un corps (le cosmos manifesté), d'une nature émotionnelle (Son amour pour nous – cause de Sa manifestation et de la nôtre), et d'un mental (le Mental divin qui nous a conçus avec Sa faculté de visualisation).

Ensuite, nous voyons que l'humanité est consciente d'elle-même. Comme Dieu, elle est consciente de ce fait. C'est l'aspect Fils. L'Âme est le Fils enfant, le Christ est le Fils adulte.

Un individu a la capacité de se voir comme un « Je » et c'est ce qu'il fait. Dieu fait de même. Tous les deux sont conscients d'Être.

Une personne est ce « Je », et ce « Je » est une *Âme*.

Nous avons souvent entendu ce terme et nous avons fait référence à « votre Âme » ou à « mon Âme », mais vous et moi n'avons pas une Âme, nous sommes des Âmes.

Si vous vous remémorez l'histoire de la création de l'humanité, vous vous rappellerez que Dieu a créé « Son"corps à partir de la poussière de la terre. »

> « Et le SEIGNEUR Dieu forma l'homme à partir de la poussière de la terre, et il insuffla dans ses narines le souffle de la vie; et l'homme devint une Âme vivante. » (Genèse 2:7)

Ce souffle de vie, que Dieu insuffla dans la forme qu'Il avait créée à partir de poussière, c'est l'Âme, le « Je » conscient, qui différencie des animaux.

Mais qu'est-ce que l'Âme, ce souffle de vie que nous sommes? C'est la conscience. C'est la conscience à l'intérieur du corps qui vit et qui se meut dans la forme, pour produire l'expérience. C'est ce qui pense, ce qui ressent et ce qui s'identifie comme étant un soi (l'Âme), un fils (fille) de Dieu.

Arrêtez-vous un court instant et prenez conscience de l'endroit où vous vivez dans votre corps. Lentement et avec attention, pensez « Je », en vous permettant, en tant que conscience, d'identifier où vous êtes focalisé dans votre corps.

C'est là où vous *vivez*.

Cela vous donne un sentiment d'identité, un sentiment d'être, qui est séparé de la forme n'est-ce pas? Prenez encore quelques instants pour contempler, à cet endroit où vous résidez, votre identité comme Âme, comme fils (fille) de Dieu.

Si vous effectuez ce simple exercice tous les jours à un moment particulier, vous commencerez à différencier en vous ce qui est l'Âme (une conscience créée à l'image et à la ressemblance de Dieu), et ce qui est la forme.

Vous serez en mesure de répondre à la question : quelle est la réalité immuable? Le soi immortel qui habite la forme? Ou le soi mortel créé à partir de la poussière de la terre?

Nous aimons penser que nous sommes conscients de nous-mêmes, mais à quel point le sommes-nous? Qu'est-ce que nous considérons comme le soi? Est-ce un corps fait de chair et d'os, qui finira par mourir, par se décomposer et disparaître de la face de la terre?

Croyez-vous que Dieu pense qu'Il est Son corps, le Cosmos manifesté?

Et la résurrection – qu'est-ce qui ressuscite vraiment?

C'est la conscience située hors du corps. Un jour, elle sera élevée hors de son tombeau de chair, pour demeurer dans le règne spirituel. Ce règne est la conscience de *qui* nous sommes et de *ce que* nous sommes. C'est le règne des Âmes conscientes d'elles-mêmes et il se manifestera un jour sur terre. Lorsque cela se produira, le Christ réapparaîtra et tous les hommes Le connaîtront. Nous verrons notre relation avec Lui, comme étant Ses jeunes frères.

Faisons un autre pas dans ce processus de connaissance de soi. Supposez que vous venez de mourir. Visualisez-vous comme étant mort. Que voyez-vous? Un corps étendu dans une certaine position, selon la représentation que votre cerveau se fait de la mort?

Mais où êtes-vous? Si vous êtes mort, comment pouvez-vous voir votre corps étendu dans son état terminal, avant sa décomposition?

Maintenant, imaginez que votre corps s'est complètement décomposé. Il est retourné à la poussière de laquelle il avait été formé. Encore une fois, où êtes-vous? Êtes-vous retourné aux particules de poussière, sans conscience? Pouvez-vous concevoir de *ne pas* exister?

En dépit de vos efforts, vous ne pouvez pas concevoir n'avoir aucune conscience, quelque part, sous une forme ou sous une autre. Vous pouvez penser que vous êtes emprisonné dans une roche, dans une plante, dans un chien ou dans une planète, mais non de n'être rien.

Vous pouvez faire un pas de plus et visualiser votre corps brûlé par des flammes, noyé dans l'eau, empoisonné par un gaz ou enterré vivant, et pourtant, vous ne pouvez imaginer que l'un de ces quatre éléments puisse détruire votre conscience, parce que l'Âme est *indestructible*.

La Pensée Créatrice

Vous serez à l'extérieur, observant la vieille forme dans laquelle vous viviez.

Concluons maintenant cette prise de conscience en dirigeant notre pensée sur la mort naturelle résultant de la vieillesse. On peut imaginer avoir vécu jusqu'à un âge où notre corps ne nous sert plus. Quel est alors l'ordre naturel pour nous, sinon de le laisser aller? Nous allons échanger une vieille maison pour une meilleure. Faut-il craindre un tel geste? Avons-nous si peu de foi pour ne pas croire qu'une autre demeure soit créée pour nous?

« Dans la maison de mon Père, il y a beaucoup de demeures ». (Jean 14:2)

Qu'est-ce que « la maison de mon Père », si ce n'est Son corps de manifestation, le Cosmos manifesté? Et les nombreuses demeures, se pourrait-il qu'elles soient de nouveaux corps pour nous?

Alors la mort perd de son pouvoir, perd sa terreur, et nous n'avons plus à la craindre.

Lorsque nous nous libérons de la peur de la mort, nous atteignons la sagesse, parce que c'est cette peur qui nous rabaisse, de jeunes dieux à des bêtes. La peur brouille notre mental, de sorte que lorsque nous pensons « Je », nous le faisons sur un mode défensif, plutôt que de conscience d'Être. Sous l'emprise de la peur et ultimement de la peur de la mort, nous nions le bon, le vrai et le beau.

Nous n'avons pas à nous défendre ou à défendre notre existence. Nous *sommes* et nous *serons* tant et aussi longtemps que Dieu *est*.

Aucun ami ou aucun ennemi, aucune vie dans ou hors du corps ne peut toucher ma conscience et la détruire, parce que c'est celle de Dieu.

Leçon 1

À mesure que nous comprenons la conscience d'Être, notre mental s'ouvre complètement à la connaissance et à la sagesse de cet Être. Nous commençons alors à comprendre les mystères de notre Père, et ainsi débute notre éducation supérieure. Les secrets entourant la vie et la mort, les soleils, les planètes, les univers, et nous-mêmes nous sont révélés et le Christ intérieur devient adulte.

> « Celui qui croit en moi, tout ce que je fais, il le fera et bien davantage, puisque je retourne près de mon Père. » (Jean 14:12)

C'est une grande promesse. Cela nous assure qu'à mesure où nous nous identifierons au Christ et à Sa vie, nous accomplirons Ses œuvres et de plus grandes encore.

Quel est le travail du Christ? N'est-il pas le Sauveur de l'humanité? Cela ne veut-il pas dire qu'en nous sauvant nous-mêmes (en nous identifiant au Christ), nous partageons le travail de restauration de la famille humaine?

C'est le cas, mais en premier lieu, nous devons amener la Loi et l'Ordre divins dans nos propres vies. Nous commençons par l'identité.

> « Je suis l'Âme, fils (fille) de Dieu. Je suis une partie de la Vie du Christ. J'invoque consciemment la vie du Christ intérieur pour amener la Loi et l'Ordre divins dans ma vie et dans mes activités. Qu'il en soit ainsi. »

La Pensée Créatrice

LEÇON 2

NOTRE RELATION AVEC DIEU

Le parent divin et le père Noël

La mort d'une foi d'enfant

Le Dieu Cosmique et le parent humain

« Je suis une Âme vivante, un fils (une fille) de Dieu. »

*   *   *

Vous, la conscience emprisonnée à l'intérieur des limites d'un corps mental, émotionnel et physique, êtes le fils (la fille) de Dieu.

Contemplez-vous souvent ce fait? Ne vous êtes-vous jamais retiré du tumulte de vos activités quotidiennes pour réfléchir sérieusement au fait que vous êtes l'enfant de Dieu? Est-ce que vous vous demandez *ce que cela signifie* pour vous?

Si vous ne l'avez pas fait, vous faites partie de la vaste majorité des êtres humains qui n'est pas encore reliée consciemment au Père divin. Il n'est pas surprenant de constater qu'un des plus grands problèmes de l'humanité soit celui des relations!

Vous avez été créés délibérément et à dessein par Cette Vie qui anime la planète terre, tout comme toutes les formes vivantes qui s'y trouvent. C'est Elle Qui, par Sa Volonté, vous a conçus et vous a fait naître de Son Intelligence. C'est Son Mental et Son Cœur qui vous ont amené à l'existence comme âme vivante, pour évoluer et pour vous multiplier, pour élargir votre conscience jusqu'à ce que vous puissiez partager Sa Divinité.

15

Dans cette leçon, nous allons examiner notre vie-de-la-pensée, pour y découvrir pourquoi nous ne nous sommes pas correctement reliés au Père. Pour corriger notre pensée, nous devons d'abord prendre conscience de ce que nous pensons, car peu d'entre nous connaissons la somme totale de nos pensées sur tous les sujets.

L'adulte doit retourner dans son enfance pour y trouver les fondements de ses attitudes présentes, particulièrement en ce qui regarde sa relation à Dieu.

Dans le mental collectif se trouve une forme-pensée commune à tous les jeunes enfants. Le premier concept de Dieu l'a identifié à un parent humain. Pour le jeune enfant, c'est le père qui est responsable de son existence. Papa, le père, est Dieu. Il est grand et mystérieux. Il est le Seigneur et Il est le maître. Il a créé non seulement l'enfant, mais également la mère. Il doit être aimé et craint, et éventuellement détesté lorsque son statut diminue aux yeux de sa progéniture, lorsqu'elle grandit. Quel parent humain peut être à la hauteur d'un tel idéal?

Cette forme-pensée du père humain comme étant Dieu est, bien sûr, en grande partie une réponse inconsciente du bébé à son association avec son parent, néanmoins, elle fournit la première plateforme pour le manque général de foi en Dieu et en la *Réalité* de notre relation avec Dieu.

Les enfants en bas âge vont aux cours de religion où on leur enseigne que Dieu est un Esprit. Le concept est abstrait et les enfants doivent le comprendre du mieux qu'ils le peuvent. Un Esprit est quelque chose d'intangible et de difficile à visualiser, pourtant, la plupart des jeunes enfants visualisent Dieu de l'une des deux manières suivantes. La première, comme un homme relativement féroce, vieux, aux cheveux blancs avec des moustaches. (On leur enseigne à craindre la colère de

Dieu qui est un préfet disciplinaire strict). Et la deuxième, comme le petit Jésus aimable et gentil qui est venu sur cette terre pour sauver l'humanité, particuliè- rement pour sauver les petits enfants (et souvent dans l'esprit des enfants, pour les sauver des adultes).

En même temps, on enseigne à la jeune conscience en développement à croire au père Noël. Chaque Noël, ce vieil homme gai au costume rouge et au rire éclatant, vient chargé de jouets pour les enfants qui ont été *bons*.

Dans tout le pays, son retour est rappelé aux petits gar- çons et aux petites filles sur tous les panneaux- réclames, les devantures des magasins, à la radio et à la télévision. Ils sont soudoyés et menacés par la promesse du père Noël et ils vivent dans une fièvre d'excitation jusqu'à cette aube froide et grisâtre qui est le point culminant de cet événement annuel.

Comme accompagnement du père Noël, les enfants en- tendent encore et encore la belle histoire de l'Enfant- Christ ct ainsi, dans le jeune esprit, le vieil homme sé- vère avec ses moustaches, le gentil Jésus et le père Noël dans son costume rouge avec son sac de jouets, tout est confondu, et cela forme une image subconsciente de Dieu.

Une telle image remplace celle de papa, et pendant un certain temps, leur foi les sécurise. Si des doutes surgis- sent, ils les refoulent dans un effort pour maintenir ce faux sentiment de sécurité.

Et arrive alors le jour fatidique où l'innocence confiante et croyante de l'enfance encaisse un dur coup dont ra- rement, elle se remettra entièrement.

Le père Noël n'existe pas! Leur première année à l'école (les parents prient et espèrent qu'ils l'aimeront) met un terme au merveilleux mythe.

Ils reviennent en courant à la maison vers leur mère pour que leur foi soit rétablie.

Mais la mère n'est plus leur amie! Par ses paroles et par ses actions, elle est une traîtresse. Combien d'entre nous se sont sentis coupables de cela dans le passé, par notre propre stupidité bien intentionnée? Ce dernier Noël qui marque la fin de l'enfance, nous le construisons, nous le remplissons de tout ce qui est possible pour renforcer cette foi que nous devrons bientôt détruire. Et nous faisons cela afin de rendre nos jeunes heureux! Nous voulons qu'ils aient quelque chose de vraiment merveilleux à se rappeler!

L'enfant est broyé et, peu importe la façon dont les parents essayent de justifier leurs mensonges, l'enfant a de bonnes chances de porter cette blessure toute sa vie. Quelque chose de beau a été tué : une foi d'enfant. La simple et belle foi envers les parents, envers Noël et envers Dieu est détruite; dorénavant, comment parviendra-t-il à contacter son vrai sens?

Donc, il n'y a pas de père Noël? Une chose telle que Jésus ou Dieu n'existe pas non plus! Toutes ces histoires étaient inventées par les parents pour inciter leurs enfants à être bons.

Comme les parents seraient en état de choc s'ils pouvaient percevoir le mental subconscient de leur fils ou de leur fille maintenant! Et comme ce serait révélateur s'ils pouvaient retourner des années en arrière, à leur propre expérience similaire! Quel lien commun de compréhension pourrait se développer entre eux et leur enfant?

Comme nous sommes aveugles pour faire une erreur si terrible! Pourquoi l'enfant voudrait-il être bon après cela? Premièrement, la raison d'être bon était fausse, et le principe derrière était encore pire. On devrait enseigner aux enfants à être bons pour le bien des autres, et non pas pour ce que cela va leur rapporter. Si nous sommes soudainement confrontés à des problèmes tels que la délinquance juvénile, à qui est-ce la faute?

S'ils le veulent, tous les parents peuvent aider, par leurs actions, à inaugurer une nouvelle ère d'amour et de foi, en affaiblissant l'influence de cette forme-pensée dans le mental racial.

Enseignons aux enfants la vraie signification de Noël. Un cadeau d'une valeur inestimable peut être offert à chaque petit enfant à la période de Noël : la reconnaissance qu'il est une partie du Christ, un fils (une fille) de Dieu. Nous pouvons leur donner un petit cadeau matériel en reconnaissance de leur identité spirituelle au Christ, et le leur faire savoir. Il n'est pas nécessaire de soudoyer les enfants pour qu'il soient bons. Enseignons-leur à être bons, en étant bons avec eux. Enseignons-leur à faire de même pour les autres, par amour pour les autres.

Et nous-mêmes? Guérissons la blessure que nous portons en reconnaissant la vérité. Si nos parents nous ont mal représenté Dieu, ils l'ont fait par ignorance, et nous pouvons restaurer notre propre foi en Dieu par une réévaluation de notre vie-de-la-pensée.

Par la lumière de la raison, nous rééduquons notre subconscient. Dieu n'est et n'était aucune de ces formes que nous Lui avions attribuées, à tort.

Dieu est la Sainte Trinité, les Trois Personnes en Une. Il est une Grande Volonté, un Grand Mental, et une Grande Conscience. Il est Dieu le Père, Dieu la Mère et Dieu le Fils.

Il habite l'ensemble du cosmos et toute vie qui s'y trouve. Il S'est focalisé dans les soleils et les planètes, et par

cette focalisation, Il a créé les cinq règnes de la nature :
le règne minéral, végétal, animal, humain et spirituel.

Alors, Dieu a focalisé Sa Paternité, Sa Maternité et Sa
Conscience dans un Être Planétaire, le corps que l'on
appelle la Terre, et dans ce corps, l'Être Planétaire, en
tant que cellule dans le Grand Dieu Cosmique, a créé, à
partir de Lui-même, les êtres qui vivent, se meuvent et
ont leur être en Lui.

Alors, voici notre Dieu Père-Mère, et le Christ, la conscience dans laquelle nous sommes, tous et chacun, indi-
vidualisés et identifiés.

Cela est notre accès à Dieu, notre relation avec Lui :

C'est d'abord comme Âme, ce point concentré et individuel de conscience, que l'enfant-Christ se développe vers
la plénitude de son état divin. « Ne savez-vous pas que
vous êtes des Dieux » ?

Ensuite, par l'intermédiaire du Christ, dont nous sommes une cellule de Son corps, nous allons vers le Parent
divin, Dieu, focalisé sur notre planète.

Nous vivons en Lui, Lui en nous. Alors que nous nous
rapprochons de Lui, nous pouvons le faire avec l'assurance qu'Il existe, et que nous pouvons l'atteindre par
notre Amour.

> Devenez calme et lorsque vous vous trouverez à
> l'endroit où vous vivez dans votre corps, identifiez-
> vous comme Âme, comme fils (fille) de Dieu.

> « Je suis une Âme vivante, un fils (une fille) de
> Dieu. »

Alors, en tant qu'Âme, aspirez au Christ, en vous
rendant compte que vous êtes une partie de la Vie

du Christ.

> « Le Christ réside à l'intérieur de moi, tout
> comme Il réside à l'intérieur de tous les mem-
> bres de l'humanité. Nous sommes Un dans le
> Christ. »

Puis, réalisez que Dieu n'est pas lointain et indéfi-
nissable. Il est ici avec nous. Il peut être connu parce qu'Il a créé tout ce que nous connaissons. Il vit
en nous et à l'extérieur de nous, dans la conscience
du Christ. « Moi et le Père sommes Un ». Alors, éle-
vez-vous vers Lui par le Christ. En tant qu'enfant-
Christ, répétez :

> « Notre Père, je suis votre enfant. Je Vous ai-
> me », et envoyez-Lui votre amour.

La Pensée Créatrice

LEÇON 3

LES RELATIONS JUSTES

Un Esprit dans plusieurs corps

Arrêtez-vous et pensez « Je »

L'humanité, une Vie Une

Le dessein de l'humanité

L'identité, les relations justes et la paix

*   *   *

Aujourd'hui, la famille humaine recherche par-dessus tout la connaissance des relations justes. L'humanité doit avoir cette connaissance non seulement pour son confort, mais pour sa propre survie. Les êtres humains doivent apprendre à vivre ensemble dans la fraternité, parce qu'à notre époque, la paix est devenue beaucoup plus qu'un rêve ou qu'un idéal. Elle est devenue la nécessité commune.

La famille humaine est une famille. Cela signifie que tout être humain se trouve dans une relation plus durable et plus substantielle que ne le seront jamais les liens de la chair, du sang ou du consentement mutuel, parce que les membres de la famille humaine sont liés par le *même* Esprit, la *même* conscience et le *même* aspect forme*.

*Note du traducteur : « L'aspect forme » désigne l'ensemble des trois corps ou véhicules substantiels de la personnalité (mental, émotionnel et physique), utilisés par l'Âme incarnée.

Il y a un Esprit sous l'apparence de plusieurs corps. Ces corps peuvent être apparentés à la matière même, l'aspect Mère de Dieu. De l'interrelation entre l'Esprit et les nombreux corps qu'Il habite, naît la conscience, une conscience qui pense et qui ressent par l'intermédiaire d'un ego, le « Je » conscient et pensant.

Ainsi, dans chaque corps naît une unité de conscience qui s'identifie comme « Je ». Chaque être humain conçoit son moi de cette façon. « Je suis Jean » ou « je suis Marie ». Tout être humain pense en tant que « Je suis » parce que c'est ce qu'il *est*.

Le « Je » est né des mêmes parents, du même Esprit et de la même nature, bien que l'aspect matière semble divisé, c'est-à-dire constitué de plusieurs corps. Comme vous et moi, tous les êtres humains s'identifient au concept du « Je » ; ainsi, le son ou la note émise par chacun est son *identité*.

Arrêtons-vous un instant et alors que nous pensons « *Je suis* », rendons-nous compte que notre voisin pense la même chose, que ce concept du « Je » identifie chaque membre de l'humanité. Puis, en y réfléchissant encore une fois, imaginons l'ensemble de l'humanité qui pense « Je suis ». Essayons de découvrir la signification intérieure de cette forme extérieure.

Lorsque la conscience de soi naît pour la première fois dans un corps, elle est celle de ce corps. L'unité de conscience s'identifie à l'aspect forme dans lequel elle demeure de sorte que, lorsqu'elle pense « Je », elle affirme le moi comme étant l'aspect forme. Elle endosse les restrictions de l'aspect forme et elle se sépare des autres par la pensée, par les sentiments et par le corps.

Pour comprendre cela, nous devons comprendre, dans une certaine mesure, la nature de l'Esprit et de la matière. L'Esprit tend à synthétiser toutes les parties en un tout. Il est relié au dessein, à l'Intention motivante ou à la Volonté divine qui donne vie à toutes les formes. L'Esprit ne peut pas être divisé en plusieurs parties, bien qu'il puisse habiter plusieurs parties. En d'autres termes, Il est partout également présent. C'est Dieu le Père dont le dessein, la puissance et la volonté se trouvent dans et derrière tout ce qui vit.

La matière, dont l'essence même est intelligence (l'intelligence ou le Mental Divin), divise la vie en ses nombreuses qualités et caractéristiques afin de manifester chacune d'elle séparément. Ainsi les nombreuses formes viennent en expression, chacune d'elles étant la gardienne d'une qualité divine et d'une caractéristique divine. La nature de la forme est alors d'identifier *séparément* une expression divine.

L'humanité, consciente d'elle-même, n'est en grande partie consciente que de la séparation de l'aspect forme. À mesure que l'Esprit continue d'habiter les nombreux corps, la conscience à l'intérieur d'eux se développe jusqu'à ce qu'elle devienne non seulement celle du corps, mais également celle de l'Esprit.

À mesure que cette conscience de soi évolue, elle devient consciente de sa relation en tant que partie de l'expression totale de la vie. Bien qu'elle soit encore consciente de la séparation, elle l'est en tant que soi relié, plutôt qu'en tant que soi séparé.

Arrêtons-nous un instant et encore une fois, pensons « *Je suis* ». Réalisons que ce même « Je suis » identifie tout être humain, et alors que nous nous identifions nous-mêmes, faisons-le *en relation* à tous les autres humains. Voyons-nous comme une partie de l'expression de la Vie Une (Dieu).

Quand la conscience s'identifie à l'Esprit et réalise que

le corps est une forme construite de l'aspect intelligence, et par l'aspect intelligence, comme temple du Dieu vivant, elle commence à reconnaître deux réalités simples, et pourtant très importantes :

1. Que tous les êtres humains constituent, en essence, une Vie Une. Tous sont nés du même Esprit et de la même nature; bien que cette nature les divise en plusieurs parties, l'Esprit leur donne les *mêmes moyens* d'identification. Les corps sont des divisions de la Vie Une, créés par le Mental divin (l'aspect Mère) dans le dessein d'exprimer toutes les qualités et toutes les caractéristiques de la Divinité. Ainsi, chaque personne, bien qu'elle fasse partie de l'Esprit Un, est également un aspect qui Y est relié, et qui porte en lui-même une caractéristique et une qualité particulière de Dieu. La conscience, née de l'Esprit et de la matière, est en même temps Une et multiple. En évoluant, elle devient de plus en plus consciente de l'Un et du multiple, et de cette Divinité pour laquelle elle a été créée.

   Ceci est le dessein d'une personne et de l'humanité. Les personnes ont été créées individuellement et collectivement pour exprimer la divinité de Dieu dans la partie reliée et dans le Tout.

2. Les gens découvrent leur Dessein divin à mesure qu'ils s'identifient à l'Esprit Un, et comme parties des formes multiples. Ils apprennent leur rôle, le rôle divin qu'ils doivent jouer dans le drame de la vie. Ils découvrent leurs talents ou leurs dons particuliers venant de Dieu, et ils les développent pour exprimer leur potentiel divin, en relation *parfaite* avec toutes autres vies.

C'est alors que l'individu apprend que chaque partie est essentielle à l'expression parfaite de Dieu, et que le premier pas vers la manifestation de cette perfection sur terre est d'avoir des relations justes.

Les relations justes, c'est la « paix sur terre », la « bonne volonté envers les hommes » et la « fraternité ». Nous vivons dans un monde où cela nous semble impossible à atteindre, tellement impossible que la plupart des gens ne font rien pour les mettre en pratique. Pour connaître la paix, la bonne volonté et la fraternité, ils attendent que le monde change, se rendant rarement compte que leur dessein, leur véritable raison d'être, c'est de contribuer à l'humanité par leur paix, par leur bonne volonté et par leur fraternité.

Avant que la paix puisse se manifester dans l'humanité, elle doit d'abord se manifester dans le cœur des humains. Il faut que la paix descende dans la forme, une paix née de relations justes entre l'Esprit, la conscience et le corps. Le « Je » conscient et pensant, reconnaissant sa relation avec l'Esprit (la Vie) et avec le Corps (l'expression de la vie), amène consciemment ce corps sous contrôle, afin qu'il manifeste la vie de Dieu.

Un individu réalise cela en établissant son identité à Dieu, comme le Christ, le fils (la fille) de Dieu : « Je suis l'enfant-Christ, le fils (la conscience) de Dieu ». Il relie alors l'Esprit à la matière, en déversant la Lumière et l'Amour du Christ (notre conscience du bon, du vrai, et du beau) dans et par la forme, afin que la nature de cette forme exprime ses caractéristiques particulières et ses qualités dans l'apparence extérieure*.

*Note du traducteur : L'apparence extérieure ou le corps d'apparence désigne le corps physique dense.

Chacun doit alors manifester la paix dans son environnement et il le fait lorsqu'il canalise la Lumière et l'Amour du Christ, par ses corps et dans l'environnement. Chaque personne se relie, comme partie, à plusieurs parties, dans l'environnement, en reconnaissant et en acceptant l'importance égale de chacune, pour la Vie Une. Ainsi, nos relations dans notre environnement expriment la qualité d'amour, et la fraternité en devient la caractéristique qui se manifeste par la paix.

La prochaine tâche sera d'avoir des relations justes entre notre environnement et les autres environnements avec lesquels nous sommes *en relation*. La Lumière et l'Amour qui seront déversés dans notre environnement et par celui-ci commenceront à exercer un impact sur d'autres environnements au-delà de notre sphère d'influence immédiate, y induisant des relations justes toujours plus étendues, comme les vagues se propagent sur l'eau, suite à l'impact d'une pierre.

Vous et moi, tout comme tous les autres « Je » conscients et pensants, sommes des êtres humains qui avons un dessein et un but communs. Nous manifesterons la « paix sur la terre », la « bonne volonté envers les humains » et la « fraternité » parce que ce sera notre contribution à la Vie Une. Cela ne se produira pas en réponse à une imposition sur nous par une église, par un état, ou par un gouvernement. Cela viendra de l'intérieur de nous-mêmes, émanant de l'Esprit Un vers le cœur et le mental de tous les humains, pour manifester, par nos nombreux corps, la conscience du Christ, la conscience d'être un aspect de Dieu.

Devenez calme en cet endroit où vous vivez dans votre corps, et contemplez votre identité à la Vie Une.

« Je suis le Christ, enfant de Dieu. »

Puis, contemplez la conscience de l'humanité comme l'Enfant-Christ de Dieu, et identifiez-vous à elle.

« Je suis Cela, Je suis. »

28

Puis, par le Pouvoir du « Je suis Cela », dirigez la Lumière et l'Amour dans :

> votre mental,
> vos émotions,
> et votre corps.

En les consacrant à cette Vie Une, rayonnez la Lumière et l'Amour dans votre environnement.

La Pensée Créatrice

LEÇON 4

LA CRÉATIVITÉ : LE MENTAL, LES ÉMOTIONS ET LE CORPS

Les trois aspects et les quatre règnes de la nature

Le développement spirituel amorcé par soi-même

Visionner et incarner l'idéal dans la pensée,
dans les émotions et dans la conscience du cerveau

*   *   *

Puisque vous avez été créé à l'Image et à la Ressemblance de Dieu, et que vous êtes une trinité en vous-même, vous êtes un créateur.

Pour l'individu moyen, c'est un concept apparemment très difficile à saisir et à comprendre dans ses implications fondamentales. Nous savons tous que certaines personnes sont créatrices, et certains d'entre nous savent que toute personne est douée d'un potentiel créateur, mais combien d'entre nous se rendent compte que chacun vit dans un monde qu'il bâtit lui-même?

Nous avons dit que l'humanité, tout comme Dieu, est une trinité. L'humanité est composée d'un aspect spirituel, d'un aspect forme et d'une conscience. La conscience de l'humanité est l'aspect Fils qui, au cours de sa jeunesse, habite l'aspect forme, l'aspect Mère, et est nourrie par Elle.

Dans son essence, l'aspect Mère est la substance intelligente moulée en une forme, d'abord, par l'Intention divine de l'Esprit et, en second lieu, par la conscience née en elle. En d'autres termes, c'est l'Intention divine de l'Esprit qui a amené la substance intelligente à prendre l'apparence des différents règnes de la nature. Ainsi, dans le monde des affaires planétaires, nous voyons quatre types majeurs de formes, les règnes minéral, végétal, animal et humain. Ceux-ci sont créés par l'Esprit de notre Vie planétaire, lorsqu'Il se relie à Son aspect matière (la substance intelligente qui Lui donne un corps d'apparence).

Les êtres humains ont l'apparence d'êtres humains et agissent comme tels parce que la forme humaine est moulée par l'Esprit agissant sur la substance.

Comme l'Esprit continua à se relier à la substance de laquelle cette forme était faite, l'Âme consciente d'elle-même prit naissance dans cette forme (humaine). C'est de cette façon que naquit la famille des Âmes, des enfants de Dieu, et que commença le développement évolutif vers l'état Christique.

Comme de jeunes enfants, les Âmes identifièrent leur conscience à leur forme humaine et à l'environnement dans lequel elles vivaient. L'aspect Mère exerçait la plus grande influence sur elles, car elles étaient encore ignorantes du Père qui traçait leur destinée, et de Son Intention divine à leur égard. Ainsi commença le moulage secondaire de la substance en un aspect forme, par la conscience qui ignorait être un créateur.

La conscience s'identifia à son corps et à son environnement immédiat. Par les expériences produites par l'Esprit et par la matière, et par le fils habitant la forme qu'il avait construite, le « Je » conscient et pensant développa un « état de conscience » composé de ses multiples prises de conscience dans l'aspect forme, et il construisit graduellement un ensemble de coordonnées auxquelles sa vie et ses activités devaient se conformer.

Cet « état de conscience », que nous définissons souvent comme la psyché ou l'homme intérieur, dont la personnalité est une manifestation extérieure, est un état conditionnel d'existence dans lequel le « Je » conscient est focalisé. C'est cet « état de conscience » qui conditionne la substance du corps, de même que la vie et les activités dans l'environnement, et fait d'elles ce qu'elles sont. En d'autres termes, Dieu nous a donné une forme humaine et une destinée divine, mais Il ne nous a pas donné notre personnalité particulière, nos maladies physiques, nos succès et nos échecs. Nous les avons créés nous-mêmes par nos états de conscience particuliers, et nous avons développé nos états de conscience par nos réponses aux forces de l'évolution, c'est-à-dire à l'Esprit et à la matière.

Dieu a produit les forces et les conditions premières nécessaires à l'évolution, cependant, chacun crée son propre chemin d'évolution par ses réponses spécifiques et, finalement, par les actions réalisées.

L'humanité a atteint un point de développement évolutif où elle peut se fixer consciemment un but prédéterminé de croissance et de développement. Pour la masse de l'humanité, la découverte de son potentiel créateur est imminente, et chaque être humain y répond déjà d'une manière ou d'une autre. L'idée du « faites-le vous-même » et le grand besoin de s'améliorer sont des exemples de cette réponse.

Quand nous considérons les implications de la nouvelle vérité à être incorporée par l'ensemble de l'humanité, nous réalisons qu'elles sont énormes. Tout au long de l'histoire de l'humanité, son développement fut en grande partie une réponse inconsciente à son environnement. L'humanité a d'abord appris les leçons indispensables à sa survie et elle a vécu dans le cadre de cette nécessité. Ensuite, les gens ont commencé à vouloir davantage que la survie. Certains ont voulu le confort et le luxe, d'autres le pouvoir et le contrôle, et tous se sont mis à vouloir à la fois la sécurité spirituelle et matérielle. Aujourd'hui, l'humanité veut l'amour, la paix, la bonne volonté et la fraternité. Un nombre considérable de personnes veulent la connaissance, et quelques-unes désirent par-dessus tout la sagesse.

Bientôt, une nouvelle vérité émergera dans la conscience de l'humanité. Dès maintenant, elle nous touche. Cette vérité est le développement amorcé par soi-même. Les gens peuvent devenir, en eux-mêmes, ce qu'ils veulent être. En ce qui concerne leur vie et leurs activités, ils sont la cause de ce qui leur arrive. Entreprendre quelque chose, c'est mettre en mouvement la cause qui produira l'effet désiré. Si une personne veut devenir un Christ, elle n'a qu'à mettre en oeuvre les expériences qui amèneront son développement comme le Christ que nous sommes tous potentiellement!

Considérez la personne qui se fait dire « d'aimer son prochain comme soi-même ». Elle voit rarement cela comme une possibilité, parce qu'elle connaît ses propres réponses intégrées et les limites dans lesquelles elle vit. La nouvelle vérité lui montrera comment amorcer un développement grâce auquel il lui sera possible d'aimer son voisin comme elle-même. Ainsi, par un processus de développement amorcé par soi-même, nous pouvons surmonter les conditionnements limitants de notre environnement originel. Pour y parvenir et pour nous conformer à notre idéal, nous devons apprendre à changer notre « état de conscience » intérieur.

Arrêtez-vous un instant et considérez votre idéal de vous-même. Quel genre de personne aimeriez-vous être réellement? Quel genre d'influence aimeriez-vous avoir sur votre environnement? Permettez à cet idéal d'émerger de votre cœur pour se révéler à votre mental.

Il est possible pour vous de visualiser cet idéal et, si vous êtes vraiment sincère, il est possible de l'incarner dans cette vie-ci par un processus de développement amorcé par soi-même.

L'« état de conscience » intérieur d'une personne, comme toute autre chose, est de nature triple, c'est-à-dire composé de trois aspects distincts qui sont :

1. La vie-de-la-pensée intérieure. C'est l'aspect subjectif de la vie des gens, rarement révélée aux autres ou à soi-même. En fait, nous avons rarement connaissance de l'ensemble de la vie de notre pensée, bien qu'elle tourne constamment en nous et autour de nous, produisant un effet sur tout ce que nous faisons.

Elle contient toutes les pensées que nous avons déjà longuement entretenues, aussi bien que toutes celles qui sont venues vers nous par association avec d'autres pensées et que nous avons acceptées avec peu ou pas de réflexion sur leur valeur de vérité.

Cette énorme vie-de-la-pensée détermine en très grande partie notre attitude envers les gens, les situations et les choses. Elle est surtout de nature émotionnelle, puisque nous avons vécu davantage dans notre nature émotionnelle que dans notre mental. Par conséquent, elle est rarement cohérente et transporte plutôt des images de conflit et de confusion. Chez les individus, tant de pensées sont directement en conflit les unes avec les autres qu'il n'est pas surprenant que leurs propres vies soient remplies de conflits.

2. La vie émotionnelle intérieure. Encore une fois, c'est un vaste aspect subjectif de la vie d'une personne qui lui est rarement révélé. C'est le résultat à la fois de la pensée et de l'expérience extérieure. Chaque pensée entretenue par la personne a sa

forme émotionnelle correspondante de sentiment. Toute expérience extérieure construit ou s'ajoute à une forme émotionnelle de sentiment. Toutes ces formes, toutes ces émotions qui engendrent des réponses automatiques en nous sont constamment présentes, agissant ou attendant d'agir, pour produire des réactions en nous, sur la vie elle-même. Elles donnent de la puissance à ce que nous pensons et à ce que nous faisons. Elles nous poussent dans une direction ou dans une autre, selon les sentiments que nous *ressentons* à ce moment-là.

3. La conscience du cerveau physique. C'est l'aspect le plus apparent de « l'état de conscience » intérieur, car il est au-dessus du seuil de la conscience et il en est l'acteur. Voici le « Je » pensant et conscient dont la conscience cérébrale change d'un moment à l'autre en fonction de ce qui a un impact sur lui, par la vie-de-la-pensée, par la vie émotionnelle et par le système sensoriel du corps physique. Il a ses habitudes particulières, sa manière de penser et de ressentir et sa manière de répondre aux divers stimuli, en particulier à ceux qui l'atteignent par l'intermédiaire du système sensoriel.

Combien de fois savons-nous pourquoi nous réagissons d'une manière ou d'une autre à une situation donnée? Rarement. Pourtant, la réponse se cache ici dans notre « état de conscience » intérieur.

L'impression que nous faisons sur le monde, notre manière de regarder, de ressentir et d'agir, tout cela est dicté par cet « état de conscience » intérieur. Là se trouve notre créativité. La substance de nos corps, de notre environnement et de nos expériences est moulée par cet « état de conscience » à l'intérieur duquel nous vivons. Pour changer notre vie extérieure, nous devons d'abord changer notre vie intérieure. Une fois que cela est compris et accepté, le processus de développement amorcé

Leçon 4

par soi-même peut commencer; nous avons alors la possibilité de choisir la voie de notre propre destinée.

Devenez calme en cet endroit où vous vivez dans votre corps et identifiez-vous à l'Âme, l'enfant-Christ de
Dieu.

Puis, considérez votre créativité. Regardez votre vie
et vos activités, et observez les effets de votre créativité.

Puis, ouvrez votre cœur et votre mental à l'idéal du
Christ. Permettez à cet idéal de prendre forme dans
votre conscience et rendez-vous compte que vous
pouvez amorcer le développement nécessaire pour incarner et pour devenir cet idéal.

La Pensée Créatrice

LEÇON 5

L'ESPRIT DE VÉRITÉ

L'image de l'ego de l'humanité
et les formes-pensées du mental racial :

La douleur de l'enfantement

Tous les humains sont des pécheurs

*   *   *

Il existe dans l'humanité un Esprit qui, vivant à l'intérieur de chaque conscience, appelle chaque « Je » conscient et pensant à lui-même. C'est l'Esprit de Vérité, d'Amour et de Bien. Toute personne, indépendamment des circonstances extérieures, et de ses mécanismes intégrés de réponse, veut aimer et être aimée. La personne qui vole, celle qui assassine ou celle qui grogne et qui est affligée d'un mauvais caractère, aspirent secrètement, sans en être nécessairement conscientes, à être acceptées par la société. Le désir ardent d'être bon et la tendance à être mauvais sont des manifestations universelles dans le cœur des êtres humains.

Alors, pourquoi l'humanité vit-elle une telle faim spirituelle? Qu'est-ce qui nous éloigne de cet Esprit qui nous appelle de façon si incessante et qui ne nous laisse pas en paix, ne serait-ce qu'un moment?

Dans son ignorance de son identité spirituelle fondamentale, l'humanité s'est créé une image d'elle-même, et elle a donné le pouvoir de se manifester à cette forme qu'elle a créée.

Dans cette leçon, nous allons étudier les formes-pensées

du mental racial, qui ont contribué à la construction de l'image de l'ego de l'humanité, ces formes-pensées qui l'ont emprisonnée dans certains schèmes* réactifs et qui l'ont tenue loin de l'Esprit auquel elle aspire.

*Note du traducteur : Le mot anglais « pattern » n'a pas d'équivalent exact en français. Nous utiliserons, dans ce livre, le mot « schème » qui est un mot analogue.

La première forme-pensée du mental racial à devenir, dans une plus ou moins grande mesure, une partie constituante de la vie de la pensée de l'individu est celle qui est créée en réponse à la douleur de l'enfantement. La mère souffre et souvent, elle gémit de douleur. Elle a maudit le destin qui lui a apporté un tel supplice et elle s'est révoltée contre lui.

Nous pensons que l'enfant est insensible à une telle douleur, qu'il est inconscient ou qu'il ne partage pas la douleur de sa mère. Nous croyons que ses paroles ne peuvent avoir aucun effet sur la conscience de l'enfant, parce qu'elle est à peine plus développée que celle d'un animal.

Sur ce point, nous avons malheureusement tort. Au *niveau de sa conscience*, l'enfant est bien vivant et sensible. Cette conscience, du fait d'être née, et le corps qu'elle habite encaissent un choc, et à cela s'ajoute le choc encore plus grand d'être responsable de l'agonie d'une autre personne. Naturellement, un tel blâme n'est pas formulé comme une pensée par le mental de l'enfant. La pensée formulée est partout autour de lui, créée dans le mental racial et par celui-ci, et elle est présente à un degré plus ou moins grand à chaque naissance. La réponse de la conscience nouvellement née à l'état émotionnel de sa mère ouvre la porte à l'entrée de la forme-pensée du mental racial. Elle prend alors racine profondément dans le subconscient de l'enfant.

Voici donc la pensée-semence sur laquelle l'identité est

construite : la pierre angulaire de la construction de l'image de l'ego.

À mesure que la conscience qui vient de naître grandit chez le très jeune enfant, elle s'identifie rapidement à son environnement, particulièrement à l'état émotionnel des personnes avec lesquelles elle est en relation constante.

Il faut peu de temps à l'enfant pour ajouter, l'une après l'autre, nombre de formes-pensées raciales à l'image de son ego. Comme cela prendrait des volumes pour toutes les clarifier et que nous avons peu d'espace, nous pouvons néanmoins prendre conscience des grandes implications de ce qui se produit ici. Considérons l'état émotionnel de la plupart des gens. Considérons l'image de l'ego, partagée par la plupart des familles. Que pensez-vous de *vous-même*? Vous reconnaissez-vous comme un aspect de Dieu, qui a hérité de la divinité de Dieu? Nombre des soi-disant fautes ou « péchés des pères » accablent les enfants, tout comme le transfert sur eux de l'image de l'ego familial.

Et, en même temps, on rappelle constamment au jeune fils ou à la jeune fille sa culpabilité originelle. Ils voient leur mère tous les jours. Souvent, ils lui déplaisent et ils doivent subir la douleur de son mécontentement. On leur dit souvent qu'ils sont mauvais, vilains. Parfois, leur mère tombe malade. Sont-ils également à blâmer pour cela? Profondément dans leur subconscient, la culpabilité les pousse à répondre oui.

Cette culpabilité est désastreuse pour les enfants dont la mère est décédée lors de l'accouchement ou lorsqu'ils étaient en bas âge. Pour nombre d'entre eux, la culpabilité devient tellement lourde qu'elle interfère avec le développement de la raison, et plus tard, dans la vie, ils deviennent aliénés.

La forme-pensée majeure suivante à être incorporée à l'image de soi de l'enfant arrive par la voie de la religion. Alors que tous les êtres humains ont un grand besoin de religion, la manière avec laquelle elle nous a été enseignée dans le monde occidental est tristement négative.

On enseigne à la plupart des enfants chrétiens qu'ils ont été conçus et qu'ils sont nés dans le péché. Leur mental peu développé ne comprend pas ce que cela signifie, et rares sont les adultes qui comprennent exactement ce qu'ils enseignent; mais ce concept s'ajoute à l'image qu'ils ont déjà conçue d'eux-mêmes, et il la corrobore. Par conséquent, ils l'acceptent volontiers.

Tous les hommes sont pécheurs. Jésus, « le gentil et aimable Jésus » est mort sur la croix pour racheter l'humanité de ses péchés.

Ainsi, le jeune enfant, comme toute l'humanité, est également coupable du meurtre de Jésus!

À mesure que les jeunes enfants font l'expérience, en grandissant, des désirs naturels et des émotions conflictuelles, on leur rappelle, à chaque pas, leur nature pécheresse. Presque tout ce qu'ils veulent, presque tout ce qu'ils ressentent, et certainement leurs réactions (dictées en grande partie par leur image d'eux-mêmes), sont mauvais. Lorsqu'ils atteignent la maturité, leur image d'eux-mêmes et celle de leurs frères leur rappellent certainement celle de Satan. Bien peu du Christ leur est permis. Il n'est pas surprenant qu'il soit très difficile pour eux d'aimer et d'être aimés.

Jésus a dit, « Laissez venir à moi les petits enfants, et ne les en empêchez pas, car le royaume de Dieu est pour ceux qui leur ressemblent. Je vous le dis en vérité, quiconque ne recevra pas le royaume de Dieu comme un petit enfant n'y entrera point ». (Marc 10: 14-15)

Leçon 5

Pauvre humanité mal orientée par une interprétation erronée des enseignements qui étaient censés l'aider.

La compréhension des péchés et des souffrances de l'humanité est du ressort du cœur et du mental des adultes, et elle ne doit pas être déchargée sur les enfants, y créant une culpabilité malsaine.

Enseignez à vos enfants la bonté et la beauté du Christ. Enseignez-leur qu'ils sont un avec le Christ, et qu'ils sont en Lui, donc qu'ils sont enfants de Dieu. Enseignez-leur le royaume de Dieu dans lequel ils pourraient entrer et mener leur vie en conséquence. Permettez à leur image d'eux-mêmes de partager la gloire du Christ, plutôt que l'obscurité de Satan, parce que leur nature est Amour.

« Soyez donc parfaits, tout comme votre Père céleste est parfait. » (Matthieu 5:48)

Une telle perfection ne résulte pas de la culpabilité, mais d'une compréhension de la loi divine, d'une compréhension de l'Amour, de la beauté, de l'harmonie et de la bonté. Nous devons avoir foi en nous-mêmes, en tant qu'enfant-Christ de Dieu pour connaître, comprendre et incarner la nature de la perfection.

Pourquoi haïssons-nous, alors que nous voulons si désespérément aimer? Pourquoi est-ce qu'une personne vole, ou assassine? Quelle est la cause du comportement criminel?

C'est « l'état de Conscience intérieur » qui se conforme à l'image de l'ego, parce que l'image de l'ego est ce qu'on pense de soi-même. « Tel un homme pense, tel il est ». Il a donné à cette forme-pensée qu'il a construite le pouvoir de se manifester, de sorte qu'elle contrôle sa réponse. Si, profondément dans son cœur, il se conçoit comme un meurtrier, il est susceptible de tuer, car cette forme-

43

pensée puissante répond aux stimuli extérieurs. Il peut ne pas le vouloir, mais c'est ce qu'il pense être. Alors, comment peut-il être quelque chose de différent?

Pourtant, nous *sommes* tous enfants de Dieu, et il est écrit : « La Lumière brillera dans l'obscurité ».

Puisse la lumière de la compréhension éclairer les re-coins sombres de votre conscience, afin que la vieille image de l'ego soit complètement dissoute. Remplacez-la par l'image et la ressemblance de Dieu, le Christ, et puisse la Lumière briller dans l'obscurité.

« Je Suis. Je Suis Cela. »

LEÇON 6

LA RÉINCARNATION

La conscience et l'aspect forme physique, émotionnelle
et mentale

Les trois corps et le processus de la mort

L'identification à l'Âme

*   *   *

À travers les âges, l'humanité, dans son aspiration religieuse, a découvert certains concepts de base qui ont été
tissés dans la tapisserie de nos vies, utilisant les tradi-
tions, les coutumes et les cérémonials, pour donner à ces
concepts un cadre et une authenticité.

Ainsi, nous avons vu apparaître les grandes religions et
les cultures dans lesquelles la vérité fut revêtue de l'approche et de la Lumière particulière des personnes impliquées. Dans chacune des religions, lorsque nous allons au-delà des enrobages extérieurs des présentations
particulières, nous retrouvons des principes similaires
qui prônent la compréhension et l'application d'une sagesse claire, magnifique et universelle.

Les concepts controversés des diverses religions ne nous
coupent pas des vérités qu'elles ont incarnées, et ils ne
les rendent pas moins précieuses aux multitudes qu'elles ont servies et qu'elles continuent à servir.

Environ trois cinquièmes de la population mondiale
croit à la réincarnation, alors que deux cinquièmes
maintiennent fermement que nous ne vivons qu'une

seule fois sur cette terre. Toutes les grandes religions du monde enseignent et prônent l'amour qui produit la fraternité et la paix sur terre. Elles sont d'accord sur les principes, mais elles diffèrent au niveau des doctrines, et à cause de ces différences, souvent, elles ne se comprennent pas l'une l'autre.

Notre éducation devrait porter sur les autres religions autant que sur la nôtre, parce que la religion, *c'est le cœur*. C'est là où se trouve l'aspiration de l'humanité vers Dieu, et lorsqu'un individu s'adresse à Lui par un nom et qu'un autre fait la même chose par un nom différent, ne prient-ils pas le même Être divin?

Quand l'aspiration du cœur est sincère, Dieu n'entend-il pas cet appel? Dieu se soucie-t-il du fait qu'une personne croit à la réincarnation et qu'une autre n'y croit pas, si les deux recherchent et servent des principes universellement bons pour l'humanité? Dieu est-il plus attentif et plus compatissant pour la confession exprimée à voix haute qu'à celle qui est faite dans le silence?

Quelle que soit notre religion, nous avons beaucoup à apprendre de la Sagesse avant que nous puissions joindre nos mains dans la fraternité et la bonne volonté.

Dans cette série d'instructions, le concept de la réincarnation est présenté à l'étudiant occidental pour qu'il le prenne en considération. Si les étudiants ne l'acceptent pas, c'est leur droit divin. Cela ne condamne ni ces étudiants, ni les principes de vérité de cet enseignement. Ce sujet n'est pas présenté dans le but de soulever une polémique, tout comme il n'est pas nécessaire de l'accepter pour connaître et pour vivre la vérité.

Ce concept est présenté parce que l'auteur croit sincèrement en sa validité et que sa compréhension est le droit divin de toute personne. Une fois ce concept compris, il revient à chacun de l'accepter ou de le rejeter, selon sa propre lumière.

Nous avons dit précédemment qu'il y a un Esprit dans plusieurs corps. L'Esprit est la Volonté divine ou l'Intention de Dieu. La substance des corps est l'aspect matière, la *Substance Intelligente de Dieu*. L'interaction entre l'Esprit et la Substance ou la Volonté et l'Intelligence divine produit la conscience dans la forme.

À l'intérieur de l'être humain, cette conscience est celle du fils (de la fille) de Dieu, parce qu'il est conscient de lui-même. C'est ce que nous appelons l'Âme.

Au début, la jeune Âme s'identifie à son corps, et quand elle pense « Je », elle le fait en tant que ce corps. Dans sa conscience, elle est son aspect forme. Si elle est grande et mince, alors le « Je » conscient et pensant dans cette forme, *est* grand et mince. Si elle est riche ou pauvre, le « Je » conscient *est* riche ou pauvre, etc.

L'aspect forme auquel la jeune Âme est identifiée est de nature triple. Il est composé de trois types distincts de substances qui s'interpénètrent l'une l'autre, mais qui occupent différentes gammes de fréquences. Ces types de substance sont :

1. La substance physique : Nous sommes tous conscients de ce type de substance, parce que c'est celle dont la fréquence vibratoire est la plus basse. Pour la majorité des individus, la perception consciente est syntonisée uniquement sur la fréquence de la substance physique, de sorte qu'ils ne peuvent voir, entendre, goûter, toucher et sentir que ce qui est constitué de substance physique.

2. La substance émotionnelle : Nous sommes conscients à un certain point de cette substance, lorsqu'elle crée un impact sur l'aspect sentiment de notre conscience. Parce qu'elle occupe une gamme

de fréquences plus élevées que la substance physique, notre perception de la substance émotionnelle, en tant que race, est très limitée. Nous la percevons par nos sens en tant que couleur et qualité; nous réagissons à sa présence par notre aspect émotionnel sentimental qui nous caractérise.

En fait, cette substance est définie techniquement comme la substance astrale. Elle est apparentée à un liquide parce que, comparée à la substance physique, sa fréquence lui donne cette apparence. C'est une force qui (faisant partie de l'aspect forme) a le pouvoir d'amener ce qui est conçu dans le mental en manifestation physique. Chez l'être humain, elle devient la poussée ou le désir, fournissant à l'humanité cette force intangible avec laquelle elle peut accomplir tout ce qu'elle veut.

3. La substance mentale : Dans une certaine mesure, nous sommes conscients de cette substance lorsque nous formulons une pensée. C'est la substance de laquelle sont faits les plans pour toute forme qui prend une apparence dans la substance physique dense.

Si nous voulons écrire un livre, peindre un tableau ou préparer un repas, nous devons d'abord en concevoir les plans dans la substance mentale. La qualité du résultat final dépendra :

A. De la clarté et de la perfection du plan formulé dans la substance mentale.

B. Du pouvoir d'attraction (ou de la poussée intérieure dans la substance astrale ou émotionnelle) que nous pouvons donner à ce plan pour l'amener en manifestation physique.

C. De l'activité du corps physique pour reproduire le plan formulé dans la substance physique.

Ces trois types d'actions constituent l'activité intelligente nécessaire au succès d'une personne dans n'importe quel domaine de l'effort humain.

L'aspect forme est constitué de trois corps tangibles composés de ces trois types de substance. Ils s'interpénètrent l'un l'autre, comme la lumière interpénètre l'eau. Ainsi, ils occupent le même temps et le même espace, mais sur des gammes de fréquences différentes.

Que se passe-t-il lorsqu'une personne meurt?

L'Esprit-Saint de Dieu qui, dans un sens, est la Vie même de la forme habitant ces trois corps se retire du corps physique. Il amène le « Je » conscient et pensant avec Lui, et le corps physique se désagrège, retournant une fois de plus à la poussière dont il était constitué.

Selon le développement du « Je » conscient et pensant, c'est-à-dire de son degré d'identification consciente, le Saint-Esprit peut, soit demeurer dans les corps astral et mental, ou se retirer de l'astral et vivre dans le mental. Si nous sommes identifiés à nos émotions, « *Je sens*, donc je suis », c'est là où nous vivrons après la mort. Si nous sommes identifiés à notre mental, « *Je pense*, donc je suis », le Saint-Esprit continuera son retrait de l'astral vers le mental, et c'est là où nous vivrons après la mort.

Pendant un certain temps après la mort, les gens font l'expérience d'un ciel ou d'un enfer qu'ils ont construit eux-mêmes. S'ils croient en un enfer de feu et de soufre, ils feront l'expérience d'un tel lieu dans la fréquence de la substance astrale, par l'expression de cet enfer dans leur pensée et dans leurs émotions (de peur et de culpabilité).

La même chose s'applique au ciel. La personne fera l'expérience de ce qu'elle croit qui surviendra après la mort, jusqu'à l'approche de la période cyclique de sa réincarnation.

À ce moment-là, le « Je » conscient et pensant s'endort et le Saint-Esprit entre de nouveau dans le plan physique de l'apparence, dans un nouveau corps physique qui l'attend.

Le nouveau corps physique réclame la conscience de sorte que, pendant que le « Je » conscient et pensant se développe de l'enfance à la maturité, il devient en identité, une autre personnalité.

Nous poursuivrons l'étude de ce sujet dans notre prochaine leçon. En attendant, effectuez l'exercice suivant pour vous préparer à une compréhension plus profonde.

1. Devenez calme en cet endroit où vous vivez dans votre corps et pensez « Je », en vous identifiant par votre nom. Pendant quelques instants, réfléchissez à ce que cela signifie.

2. Tournez votre attention vers votre corps physique et réfléchissez à ceci :

   « *Je ne suis pas mon corps physique.* Je ne fais que l'occuper, en l'utilisant comme instrument de contact avec le monde dans lequel je vis. Par lui, je vois, j'entends, je goûte, je touche et je sens, mais je ne suis pas davantage mon corps que ces autres formes que je perçois avec mes sens. *Je suis conscience* ».

3. Tournez votre attention vers votre corps astral-émotionnel, visualisez-le comme un corps de substance ressemblant à un liquide qui interpénètre le corps physique. Réfléchissez à ce qui suit :

   « *Je ne suis pas mes émotions.* J'occupe ce corps

et je l'emploie pour donner de la puissance à mes plans. *Je peux choisir mes sentiments* ».

Pendant quelques instants, considérez les sentiments que vous souhaitez éprouver et irradier vers les autres.

4. Tournez votre attention vers votre corps mental, en le visualisant comme un corps de substance ressemblant à un gaz ou à l'énergie qui interpénètre le corps astral et le corps physique. Contemplez ce qui suit :

> « *Je ne suis pas ma nature mentale.* J'occupe ce corps et je l'emploie afin de formuler la pensée. Avec cette substance, je crée. *Je peux choisir mes pensées* ».

Pendant quelques instants, considérez les pensées que vous voulez avoir et que vous voulez manifester comme influence bénéfique dans le monde.

5. Contemplez ces trois corps dans lesquels vous, le « Je » conscient et pensant vivez, et contemplez l'Esprit qui les habite. Pendant quelques instants, contemplez la pensée-semence suivante :

> « *Je suis l'Âme, le fils (la fille) de Dieu* ».

LEÇON 7

LE PLAN DIVIN POUR L'HUMANITÉ ET LA RÉAPPARITION DU CHRIST

Le manque de perception du Dessein divin

Mauvaises interprétations de la guidance divine

Le dessein global et le but de nos vies

La croissance et le développement amorcés consciemment

*　　*　　*

Il existe un Plan divin pour l'humanité qui inclut le dessein de chaque Âme créée. Les hommes et les femmes ne se sont pas créés eux-mêmes. Dieu l'a fait, et pour de bonnes raisons.

Consciemment ou inconsciemment, chacun de nous avance vers un but divinement ordonné. Il se peut que nous puissions choisir la voie qui nous conduira vers ce but, mais, ultimement, indépendamment du chemin emprunté, elle nous y mènera.

La nouvelle révélation majeure à venir pour l'humanité avec la réapparition du Christ portera sur ce dessein et sur ce but. Encore une fois, le Christ va révolutionner notre façon de penser, tout comme Il l'a fait il y a vingt siècles, lorsqu'Il a contredit la doctrine de l'Église de cette époque.

Nous découvrirons que le Christ, le Fils unique créé par le Père, inclut chaque homme, chaque femme et chaque enfant de la planète, et que le salut ne s'applique pas seulement à quelques élus qui ont été conditionnés par leur environnement pour répondre aux exigences requises pour leur salut, le jour du jugement.

La condition la plus triste que l'on observe chez les gens d'aujourd'hui est le manque effroyable de perception du Dessein divin. À cause de cela, ils vivent dans la peur constante d'une fin prématurée, ce qui les pousse à soutirer tout ce qu'ils peuvent de la vie. C'est comme s'ils avaient peur d'être dépossédés, comme si la vie était un ennemi, n'offrant rien d'autre que la mort à son terme.

Parmi les grandes masses de gens sur terre, peu nombreux sont ceux qui vivent dans la sécurité du dessein. Peu nombreux aussi sont ceux qui considèrent qu'il est possible de savoir pourquoi ils sont nés, et comment ils peuvent coopérer consciemment à ce pourquoi. Chaque Âme a été créée pour une raison, et cette raison est sa contribution à Dieu et à l'humanité.

Qu'est-ce qui ne va pas dans notre façon de penser comme race, pour que nous manifestions cette psychologie avec les comportements irrationnels qui en résultent?

Les principales formes-pensées qui contribuent à cette condition sont les mauvaises interprétations que nous avons faites de la guidance divine à cause de notre ignorance et de nos superstitions.

Considérons, un moment, le concept de la réincarnation comme une possible réponse aux problèmes que nous avons été incapables de résoudre jusqu'à maintenant.

Bien qu'il ne soit pas possible à l'humanité à son point de développement actuel de connaître la raison ultime de son existence, il nous est toutefois possible de connaître ce qui nous concerne présentement.

La croissance et le développement de la conscience de l'humanité, comme fils (fille) de Dieu, vers l'État Christique, constituent le dessein d'ensemble et le but de nos vies maintenant. Nous nous sommes incarnés ici dans des corps, pour apprendre les leçons de créativité qui nous libéreront éventuellement de la prison des matériaux avec lesquels nous créons, de sorte que nous puissions les amener à manifester la perfection dans la conscience et dans la forme.

La conscience est identifiée à l'aspect matière, la substance de construction de la forme, de sorte que la substance est la prison de la conscience, plutôt que son instrument de créativité. Lorsque la conscience s'identifiera consciemment au Christ, comme fils (fille) de Dieu, l'aspect matière sera son serviteur plutôt que son maître.

Cette croissance et ce développement du fils enfant au fils adulte ne sont pas et ne peuvent pas être réalisés en une seule vie, parce qu'il y a trop à apprendre.

Nous vivons dans un corps pendant une courte période, et durant cette période, nous apprenons, par l'expérience, les leçons correspondant à notre âge spirituel. En manifestant extérieurement notre état de conscience intérieur comme cause, nous récoltons ses effets dans l'expérience et ainsi, nous modifions ou changeons graduellement cet état de conscience intérieur, afin de produire des effets différents.

Une personne qui meurt sur la chaise électrique pour avoir commis un meurtre sera peu susceptible de commettre le même acte dans un autre corps, parce que l'effet *éprouvé* sera profondément gravé dans son état de conscience intérieur, et l'aura transformé. Ce changement est une croissance.

Une autre personne qui meurt, innocente, sur la chaise électrique expie souvent un crime commis dans le passé. Ce sont les « mystérieuses manières d'agir de Dieu », par les lois universelles qui maintiennent l'ordre dans l'ensemble du cosmos manifesté.

« Ne vend-on pas cinq passereaux pour deux sous? Cependant, aucun d'eux n'est oublié devant Dieu. Et même les cheveux de votre tête sont tous comptés. Ne craignez donc point : vous valez plus que beaucoup de ces passereaux. » (Luc 12:6)

C'est la loi qui affirme « on récolte ce que l'on sème », car c'est notre manière d'apprendre. Nous apprenons par les répercussions ou par les effets sur nous de ce que nous émettons en relation aux autres.

Dans les *Écrits de la Mer Morte* (iii 13-IV, 26), nous trouvons : « Ceci est pour l'homme qui amènera les autres à la vision intérieure, de sorte qu'il puisse comprendre et enseigner à tous les enfants de Lumière la véritable nature de l'homme, toucher les différents types de tempéraments et les traits qui les distinguent, *toucher leurs actions à travers les générations,* et toucher la raison pour laquelle ils vont tantôt être confrontés à la souffrance, tantôt jouir de moments de bien-être ». (De : *The Dead Sea Scriptures*, by Theodor H. Gaster, Editor. Doubleday and Company, Inc., 1956)

« Toucher leurs actions à travers les générations » signifie, littéralement, dans toutes leurs incarnations. Tout ce que nous expérimentons a un effet sur nous et sert à notre croissance. Pour l'être humain, cette croissance peut être apparente ou non dans l'immédiat, mais elle l'est aux yeux de Dieu.

Pendant de nombreuses générations (incarnations), la croissance et le développement de la conscience humaine sont automatiques et inconscients, amenés par l'expérience, selon la loi. Selon leurs actions passées et les leçons qu'ils doivent apprendre à un moment ou à un autre, les enfants naissent dans la richesse ou la pauvreté, dans des corps forts et raffinés ou mutilés et malades, dans un environnement de voleurs ou de personnes religieuses craignant Dieu.

C'est la Justice divine, sans laquelle il n'y aurait pas d'ordre. Quel autre concept explique le destin d'un enfant? Dieu aurait-il si peu d'amour pour créer un enfant dont le seul dessein ou la seule chance, en raison de son hérédité et de son milieu de vie, serait de vivre le feu de l'enfer et du soufre? Qu'arrive-t-il à ceux qui n'ont jamais *entendu parler* du christianisme ou de la Bible? Sont-ils condamnés par le Dieu qui les a créés et qui les a placés là où ils sont, à une existence sans but?

Avons-nous, comme race, correctement interprété la Guidance divine que nous avons reçue?

À une certaine période de son développement, la conscience commence à réaliser pourquoi elle est ici, pourquoi elle est incarnée dans un corps et dans un ensemble de circonstances particulières. Elle réalise, vaguement au début, qu'elle est en train d'apprendre par l'expérience des leçons *spécifiques*, qu'elle travaille à la formation de son caractère et au raffinement de sa pensée et de ses émotions.

Arrêtez-vous un moment et considérez votre propre personnalité. Quelles en sont les caractéristiques? Quels types de situations manifeste-t-elle *le plus souvent*?

Si une personne est continuellement prise dans un sentiment d'impatience à l'intérieur d'elle-même, elle est en train d'apprendre la leçon de la patience. Par l'expérience, cet individu est en train de se familiariser avec les lois divines, apprenant qu'après la conception et la période de croissance, tout évolue selon des cycles, des saisons et que tout arrive en son temps.

Si une personne subit des échecs et de l'opposition à

cause d'une volonté contraignante ou d'un tempérament désagréable, cette personne est en train d'apprendre la leçon de l'Amour, cet amour qui donne aux autres la liberté de choix et d'action.

Par la simple observation de vos propres caractéristiques et du type de circonstances dans lesquelles vous vous retrouvez à répétition, essayez de découvrir les leçons spécifiques que vous devez apprendre, comme fils (fille) de Dieu en croissance.

À ce point, une personne commence à saisir l'idée du dessein et, comme si elle avait une illumination majeure, elle commence à comprendre sa propre religion.

De tels individus comprennent alors pourquoi ils sont exhortés à aimer leurs ennemis. Tout comme leurs « ennemis », ils sont en train de développer la conscience de leur filiation divine. Avec cette prise de conscience, l'héritage divin de l'humanité leur est révélé comme le droit commun de leur Âme.

Avec cette connaissance et cette foi, une personne s'étudiera alors elle-même, pour découvrir les leçons qu'elle est en train d'apprendre. Coopérant avec cette *raison d'être*, et avec la Loi du Développement, elle s'imposera alors à elle-même les disciplines qui faciliteront le processus de développement.

Quand l'humanité comme race atteindra ce point de réalisation et de développement, elle commencera à utiliser la Loi de la Grâce, mettant ainsi fin à la ronde des causes et des effets, qui la retiennent prisonnière sur cette terre. Les hommes et les femmes se libéreront alors des effets du passé, apportant l'équilibre et l'ordre dans leurs activités, en s'aidant les uns les autres. Ainsi ils annuleront leurs vieilles dettes et prendront place dans le Règne divin.

Connaître Dieu, c'est aimer Dieu, parce qu'Il est
miséricordieux, juste et aimant. Connaître Dieu, c'est
aimer l'humanité, car « Il l'a créée ». Aimer Dieu et
l'humanité, c'est servir l'humanité, c'est contribuer à son
salut *comme un tout*, par un développement amorcé
consciemment, par la clarté de la pensée, par
l'énonciation de la vérité et par la bienveillance aimante
dans l'action. Ainsi, par la voie de la grâce, l'humanité
viendra-t-elle à marcher main dans la main avec son
frère aîné dans le Christ, Jésus de Nazareth.

Si nous connaissions la Vérité qu'est la Sagesse, nous
demanderions à Dieu de nous indiquer le chemin. Dans
le silence de notre coeur et de notre mental, cherchons
la raison pure de notre être.

Devenez calme en cet endroit où vous vivez à l'intérieur de votre corps et contemplez votre identité au
Christ.

Puis, avec humilité et amour, sans crainte, demandez
en Son Nom : *Notre Père, pourquoi suis-je né? Quel
est le dessein de ma vie?*

La Pensée Créatrice

LEÇON 8

COMMENT RÉTABLIR LE PLAN DIVIN SUR TERRE

Le pouvoir et l'utilisation juste de l'opinion publique

La fraternité

Le développement commence là où nous vivons, dans nos corps

La créativité inconsciente et la polarisation émotionnel-le

La créativité consciente et la polarisation mentale

Là où vous vivez et la polarisation dans la Tête

*   *   *

Lorsque nous observons la situation du monde dans lequel nous vivons, nous voyons beaucoup de choses que nous aimerions changer. Nous lisons sur l'actualité quotidienne dans les journaux, et quelquefois, assis confortablement devant notre télévision, dans notre salon, nous sommes témoins d'événements qui se déroulent à des milliers de kilomètres de distance et nous écoutons les experts commenter chaque aspect des nouvelles. L'humanité d'aujourd'hui est la mieux informée de toute l'histoire mondiale et pourtant, nous sommes lents à prendre une part active dans les affaires de notre époque.

Nous secouons la tête, nous haussons les épaules et nous nous plaignons souvent, parfois amèrement, des choses que nous n'aimons pas, mais c'est habituellement le plus loin où nous allons. Nous prenons généralement les choses comme elles viennent, laissant les changements à faire et les solutions à trouver aux personnes que nous avons élues dans la fonction publique.

Avons-nous oublié que nous avons un pouvoir potentiel que nous utilisons rarement? Ce pouvoir, c'est l'opinion publique. Grâce à elle, si elle est bien motivée et correctement dirigée, nous pouvons faire de ce monde un endroit sécuritaire, sain et beau. Dans le passé, nous l'avons mal utilisée et nous avons laissé des personnalités influentes nous entraîner dans des mouvements de foules menant à la vengeance et à des rébellions sanglantes. Le pouvoir du groupe, une fois mobilisé et dirigé intelligemment, est considérable. Pour nous, les masses de l'humanité, la découverte de notre potentiel pour le bien et sa juste utilisation sont maintenant à notre portée.

Lorsque nous nous rendons compte que nous avons nous-mêmes façonné le monde dans lequel nous vivons, nous prenons conscience de cette vérité toute simple que nous pouvons le changer. Une personne seule ne peut pas y arriver, mais lorsque plusieurs d'entre nous pensent, ressentent et agissent ensemble en tant qu'êtres divins, nous pouvons changer ce monde de douleur, de peur et d'anxiété, en un monde de paix, d'amour et d'harmonie.

Le but de cette série d'instructions est de montrer comment cela peut être réalisé, afin de restaurer le Plan divin sur la terre. Le but est donc l'intégration des êtres humains identifiés à leur identité séparée, en une conscience de groupe dédiée au bon, au vrai et au beau pour l'humanité.

La fraternité n'est pas quelque chose que l'état peut imposer aux individus ou au groupe. Pour devenir réalité, la fraternité, doit être une relation basée sur l'amour mutuel, le respect et la liberté des uns envers les autres, et doit provenir du cœur de l'individu. Le partage de ses biens, qu'ils soient matériels ou spirituels, doit être une réponse spontanée d'amour d'un frère envers un autre, pour que du bien en résulte pour les deux. Le gouvernement doit être un représentant authentique de l'esprit et du cœur du peuple, s'il est là pour servir son plus grand bien. Il doit être l'instrument de la volonté du peuple, et si cette volonté est bien éduquée, bien entraînée et qu'elle a la permission de fonctionner, elle devient invocatrice de la volonté divine. Toute loi humaine qui force des individus à abandonner ce qui leur appartient, contre leur gré, va laisser l'horreur dans son sillage, parce qu'un don sans donateur est sans valeur.

La fraternité est basée sur le pouvoir de la bonne volonté. La bonne volonté de masse est un résultat de la volonté-de-bien individuelle. Dans chaque localité dans le monde, aujourd'hui, la culture, la croissance et l'épanouissement de cette volonté-de-bien individuelle devraient être la préoccupation des dirigeants, dans tous les secteurs de l'activité humaine. Une telle qualité et une telle force de volonté se conçoivent et se développent sur les fondations saines et claires de la liberté et de la dignité humaine.

Tous les hommes et toutes les femmes sont d'origine divine. Par conséquent, ils ont le droit divin de se développer comme ils le choisissent, dans les limites permises par les *parents divins*, vers leur maturité dans le Christ. Ainsi, tous doivent avoir le droit de faire des erreurs et d'apprendre.

Ces concepts sont fondamentaux. Tous les hommes et toutes les femmes de bonne volonté, indépendamment de leur religion, de leur nationalité ou de leur idéologie, reconnaissent et acceptent ces concepts. Telles sont les forces de lumière sur la planète. Le pouvoir de ces forces, une fois mobilisé et dirigé vers l'action juste, contrebalance de loin le pouvoir du mal et de l'ignorance. Ainsi, nous, le peuple, pouvons recréer notre monde pour qu'il devienne un reflet fidèle du Règne divin, où les jeunes Âmes peuvent croître vers leur maturité spirituelle.

Puisque l'individu est l'élément de base du groupe, il nous faut donc commencer par nous-mêmes et par notre monde individuel d'activités. Nous commençons ce travail, là où nous vivons, dans nos corps.

Nous avons déjà appris que la constitution de l'humanité est de nature triple. Les humains vivent à l'intérieur d'un corps physique par lequel les forces combinées du mental et des émotions peuvent agir.

La réponse des humains à leur environnement est principalement émotionnelle. Nous pourrions dire qu'ils sont contrôlés par leurs sentiments; en fait, le mental et le cœur ont été liés par les sentiments, et ils tendent à penser en fonction de ceux-ci. Ainsi, ils pensent dans leur tête (mental), en fonction de ce qu'ils ressentent dans leur cœur (émotions).

Dans ces conditions, inconsciemment, l'humanité est créatrice. Avec notre mental, nous créons inconsciemment les situations et les expériences qui reflètent nos émotions intérieures. Si, profondément, aux niveaux subconscients de notre nature émotionnelle, nous entretenons toujours les ressentiments, les déceptions et les frustrations de notre enfance, ceux-ci, sans que nous en soyons conscients, créeront, au moyen du mental, les expériences qui permettront l'expression de ces sentiments plus profonds, par le corps physique. Ainsi, les gens, les situations et les choses deviennent des symboles qui justifient l'expression d'une émotion créée il y a bien longtemps, lors d'une expérience antérieure.

Si l'émotion est présente à l'intérieur de nous, quelle que soit la profondeur où elle est enfouie, nous devons

64

rechercher une cible pour la libérer. Elle agit comme une poussée intérieure puissante qui amène notre mental et notre corps physique dans une direction spécifique. Ainsi, nous faisons à répétition l'expérience des mêmes situations et des mêmes événements avec différentes personnes et en différents endroits.

Lorsque nous nous demandons, « pourquoi cela m'arrive-t-il toujours? », nous pouvons nous rendre compte que cela se produit, parce qu'inconsciemment, nous créons l'événement, par un sentiment qui est en nous.

La psychologie et la psychiatrie modernes ont découvert diverses méthodes pour dégager et pour soulager la pression de ces puissantes causes émotionnelles à l'intérieur de nous, mais il existe également une manière plus directe de les traiter, qui est beaucoup moins douloureuse que la thérapie analytique.

Lorsque les gens sont contrôlés mentalement et physiquement par leurs émotions, nous disons qu'ils sont polarisés émotionnellement. Cela signifie qu'ils vivent dans leur corps physique, mais que le point de convergence de leur conscience est situé dans leur nature émotionnelle-sentimentale. Ce foyer d'émotions dans lequel ils vivent devient leur pôle positif d'attraction magnétique, et leur pôle de manifestation. Le mental est attiré vers le bas, dans le cœur; les énergies et les forces physiques sont aussi attirées dans le cœur et celui-ci contrôle le monde (de l'individu) en fonction des puissantes causes émotionnelles qui s'y trouvent. Ces individus pensent et agissent alors en fonction de leurs sentiments, indépendamment de leur raison ou de leur manque de raison. Sans en être conscients, ils créent leurs plaisirs et leurs souffrances, leurs joies et leurs peines, leurs succès et leurs échecs, parce qu'ils sont, même dans leur enfance, des créateurs comme leur Père divin.

Pour devenir consciemment créatrice, l'humanité doit

transférer la polarisation de sa nature émotionnelle-sentimentale à son mental, où se trouve la raison, et l'utiliser comme tremplin pour l'action.

Les énergies du cœur, qui fournissent l'énergie à toute manifestation, doivent être élevées dans la tête et dirigées vers l'action en fonction d'un plan créé intelligemment. La pensée sera alors le résultat du contact avec la vérité, et elle sera créatrice des sentiments de cette personne. Celle-ci va sentir dans son cœur ce qu'elle pense dans sa tête, exprimant les forces combinées du cœur et de la tête, par une activité intelligente au niveau de son corps physique. Ainsi, elle atteindra la Sagesse ou la raison pure de l'Amour.

Arrêtez-vous un moment et allez à l'endroit où vous vivez à l'intérieur de votre corps. Plusieurs parmi vous reconnaîtront qu'ils ont vécu naturellement dans l'un de ces quatre endroits :

    a. dans le plexus solaire,

    b. dans le cœur,

    c. dans la gorge,

    d. dans la tête.

Si vous êtes focalisé naturellement dans le plexus solaire, cela signifie que vous êtes polarisé dans vos émotions, que vos besoins émotionnels et vos désirs sont davantage basés sur votre propre bien-être que sur le bien-être des autres, et que vous vous retrouvez souvent victime des circonstances.

Si vous êtes focalisé naturellement dans le cœur, ceci signifie que vous êtes polarisé dans l'aspect idéaliste de votre nature émotionnelle-sentimentale, que vos émotions sont basées sur les besoins apparents de votre famille et de vos amis, et que vous êtes souvent victime de vos sympathies. Vous ressentez une situation plutôt qu'y réfléchir, et souvent, vous réalisez que de tels sentiments peuvent être très trompeurs.

Si vous êtes focalisé naturellement dans la zone de la gorge, vous vous considérez comme un penseur. Vous êtes un peu sceptique face aux émotions. Vous êtes polarisé dans l'aspect le plus bas du mental, là où la pensée et les énergies des sentiments sont contrôlées par le niveau subconscient de votre nature émotionnelle-sentimentale. Vous avez réprimé la plus grande partie de vos émotions, et sans que vous en soyez conscient, elles vous contrôlent.

Si vous êtes focalisé naturellement dans la tête, vous êtes un penseur. Vous êtes en train d'établir une polarisation mentale et souvent, vous trouvez que votre cœur est en guerre avec votre mental. Vous expérimentez le conflit au cœur même de votre être, et vous êtes souvent perturbé, morose et retiré.

La tâche à laquelle vous faites tous face est d'établir une polarisation dans la tête, qui tienne compte de la nature émotionnelle, en l'utilisant correctement au service de l'organisme dans son ensemble.

Nous irons plus en détail sur ce sujet au cours de la prochaine leçon. En attendant, identifiez votre propre polarisation à partir de ce qui précède, et préparez-vous à déménager. Comme lorsque vous vous apprêtez à déménager d'une maison à une autre, mettez vos choses en ordre, dans cet endroit où vous vivez dans votre corps. Regardez tout ce qui vous est familier, et décidez ce que vous prendrez avec vous et ce dont vous allez vous défaire. Examinez vos pensées, vos sentiments et vos habitudes. Est-ce que cela vaut la peine de les déménager? Est-ce que certains éléments devraient être laissés derrière vous? Faites une liste de tout ce que vous souhaitez prendre avec vous, et de tout ce que vous considérez comme dépassé et n'étant plus nécessaire ou souhaitable pour votre bien-être.

De cet endroit où vous vivez dans votre corps, contemplez votre identité en tant qu'enfant-Christ de Dieu. Considérez votre montée dans la tête, « la place sacrée du Très Haut », dans le temple du Dieu vivant, et remerciez le Père, pour qu'enfin, vous soyez prêt à entrer en contact plus étroit avec Lui.

LEÇON 9

LE PASSAGE DE LA POLARISATION ÉMOTIONNELLE À LA POLARISATION MENTALE

Le service des États-Unis

La vérité et les droits de l'homme

Amener la conscience d'une polarisation émotionnelle à une polarisation mentale

Le centre du Cœur, la méditation et les exercices réguliers de méditation

Le voyage sur la montagne

*   *   *

Il y a à peine quelques siècles, un groupe de personnes a quitté le vieux continent pour émigrer vers les grandes terres sauvages et inexplorées de l'Amérique. Dans cette vaste étendue de territoires inconnus et inexplorés, ces personnes ont été confrontées à de nombreux dangers et à des conditions de vie totalement différentes de celles auxquelles elles étaient habituées.

Certaines de ces personnes étaient motivées par un grand désir de liberté, la liberté de culte, la liberté de vivre et de contrôler leurs propres vies. D'autres étaient motivées très simplement par l'esprit intérieur du pionnier. C'était un défi qui était aussi difficile à refuser pour certains que difficile à accepter pour d'autres.

Pourtant, tous ceux et celles qui sont venus étaient motivés consciemment ou inconsciemment, par la nécessité et par la chance qui leur était offerte. Une nouvelle nation devait être fondée, une nation basée sur le principe de la liberté religieuse et marquée par le destin pour devenir une puissance mondiale pendant une période de grande crise. Sa façon d'utiliser cette puissance serait déterminée par sa conscience collective nationale, en répondant aux besoins mondiaux et par la prise de conscience de sa propre position parmi les autres nations.

Nous sommes maintenant dans cette période de crise. Les États-Unis s'éveillent à peine à leur conscience nationale collective, à leur position et à leur puissance dans le monde. Nous sommes encore vaguement conscients de l'occasion qui nous est présentée de rendre un réel service à l'humanité. Où se situe ce service?

Il se situe dans le domaine de la Vérité et des droits de l'homme. Si nous, un peuple épris de liberté, ayant aujourd'hui la plus grande puissance économique du monde, pouvons nous syntoniser avec sensibilité aux besoins de notre époque, nous pourrons amener une nouvelle ère de paix, qui bénéficiera à toute l'humanité. C'est notre chance comme conscience nationale. Cependant, cela ne peut être réalisé que par cette conscience agissant ensemble, comme groupe *dédié* au service du bien, du vrai et du beau pour l'humanité et partout où il y a des êtres humains. Ni nos dirigeants, ni un groupe séparé parmi nous ne peuvent réaliser cela seuls. En fait, nos dirigeants reflètent la volonté de notre peuple et, tant que la volonté du peuple ne sera pas tournée dans cette direction, ils seront impuissants à accomplir cela, même s'ils le veulent. Amener notre puissante économie à soutenir la paix dans le monde requerra la participation de nous tous.

Nous ne pourrons pas non plus saisir cette chance à partir d'une polarisation émotionnelle qui réagit à tous les stimuli extérieurs, à partir des réponses intériorisées des peurs et des désirs égoïstes. Nous devrons nous élever dans notre mental et y élire domicile, là où il nous sera possible d'atteindre la perspective qui inclut l'ensemble de l'humanité, plutôt que soi uniquement. Alors là, il nous sera possible d'examiner les problèmes du monde avec la raison et d'élaborer des solutions avec la raison, non biaisée par les brouillards des émotions.

Dans un sens, nous sommes comme ces premiers pionniers qui ont construit une nation à partir de la nature sauvage. Nous entrons dans un monde nouveau, dans lequel, jusqu'à maintenant, quelques membres seulement de la famille humaine se sont aventurés. Il nous revient d'établir ses frontières, de déterminer ses lois et d'apprendre à faire bon usage de ses ressources. Nous affronterons et surmonterons ses dangers afin que ceux qui suivent puissent établir une résidence sécuritaire et saine, à l'intérieur de ce nouveau pays.

Nous l'appelons le monde du mental et celui-ci nous attire avec autant d'assurance et de persistance que l'attrait exercé par les planètes et les étoiles sur ceux qui échapperaient à la gravité de notre terre et des confins de notre système solaire.

Comment faisons-nous le voyage initial d'une polarisation émotionnelle à une polarisation mentale? Nous le faisons dans notre conscience, à mesure que nous apprenons à focaliser cette conscience dans une direction donnée.

Devenez calme à cet endroit où vous vivez à l'intérieur de votre corps et contemplez votre identité consciente comme fils (fille) de Dieu.

« Moi, … (votre nom), je suis le fils, la fille de Dieu, habitant ce corps pour un temps, afin de croître en ressemblance à mon Père céleste. »

Puis, indépendamment de l'endroit où vous vous

trouvez dans votre corps, dirigez votre attention à un point situé à environ trois pouces à l'extérieur et derrière votre corps physique, entre vos omoplates. Rappelez-vous que c'est à l'arrière et *non pas* à l'avant du corps.

Nous appelons cette zone le centre du cœur. C'est un foyer d'énergie d'une fréquence plus élevée que celle de la substance physique, de sorte que vous ne pouvez pas le voir ou le sentir avec votre perception physique habituelle. Vous pouvez imaginer ce centre comme étant composé de lignes de forces électriques bleu-blanc, de forme sphérique, qui conduisent l'énergie dorée d'Amour dans le corps émotionnel.

1. Maintenant, pendant que vous portez votre attention sur ce centre, apprenez à y focaliser votre conscience, en imaginant que vous vous trouvez, en miniature, dans ce centre qui a l'apparence d'une caverne. Voyez-vous dans cette caverne, dans le centre du cœur, comme une minuscule réplique dorée de cette forme que vous connaissez, et tentez d'élever votre conscience (le « Je » conscient et pensant) de son point normal de concentration à l'image que vous avez créée. Cela peut être difficile au début. Par conséquent, si vous ne réussissez pas les premières fois, procédez comme si vous étiez capable de le faire.

2. Après avoir focalisé votre conscience sur cette image, pendant quelques instants, réfléchissez au concept suivant :

   « Je suis l'enfant-Christ de Dieu, né dans la caverne du cœur, afin de connaître et de faire l'expérience de l'Amour. »

3. Prenez quelques instants pour rayonner l'Amour vers votre famille, vos amis, vos ennemis et vers

tous les êtres humains où qu'ils soient.

Relâchez votre attention et revenez à votre état de conscience habituel.

Vous venez de faire un exercice de méditation. La méditation est le véhicule qui vous amènera d'un point à un autre, dans la conscience. La caverne dans le centre du cœur est la station, pour ainsi dire, où vous obtiendrez votre billet pour le voyage. Le billet est l'Amour que vous avez demandé au Père et pour lequel vous avez payé le prix, par la méditation que vous venez de faire.

Dans la conscience, le monde du mental est à une bonne distance du monde des émotions et il ne peut être atteint seulement en quelques instants. Cela vous prendra vingt-huit jours, à partir de la prochaine nouvelle lune, pour accomplir la première partie de votre voyage.

Effectuez l'exercice suivant chaque matin, à partir de maintenant, jusqu'au vingt-huitième jour suivant la prochaine nouvelle lune :

Créez l'image de vous-même en miniature dans la caverne dans le centre du cœur, en vous rappelant que ce centre est situé en dehors et à l'arrière du corps, dans la zone entre les omoplates.

Suivez les étapes 1, 2, 3 et poursuivez la méditation comme suit :

4. Dirigez votre amour vers le haut, dans la tête, *en restant où vous êtes*, mais en aspirant avec amour à aller dans le Royaume du Père.

5. Finalement, imaginez, à partir du point où vous êtes focalisé dans le centre du cœur, un centre similaire situé à environ trois pouces *devant votre front*. C'est votre premier arrêt dans ce long voyage

vers le Nouveau Monde. Vous allez l'atteindre approximativement dans vingt-huit jours, après la prochaine nouvelle lune. Votre aspiration vous y amènera, mais rappelez-vous que l'aspiration doit être portée à partir d'un point de conscience focalisé dans la caverne du cœur.

6. Détendez-vous et revenez à votre état de conscience habituel.

Dans votre routine quotidienne, vous faciliterez votre progrès en rayonnant l'Amour dans toutes vos activités.

En plus de la méditation ci-dessus qui, pour être efficace, doit être faite à la même heure, chaque matin, effectuez l'exercice suivant avant d'aller au lit :

Sans vous concentrer spécifiquement, imaginez que vous avez devant vous une très haute montagne à gravir. La moitié supérieure de la montagne est cachée de votre vue, par des nuages bas et opaques. Vous allez atteindre le sommet dans exactement vingt-huit jours, après la prochaine nouvelle lune.

Avec l'Amour comme seul équipement, commencez votre ascension, en expérimentant en imagination, la difficulté de chaque pas sur le chemin, avançant un peu chaque nuit, jusqu'à ce qu'au moment prévu, vous atteigniez le sommet. Prenez de cinq à dix minutes chaque soir pour poursuivre votre ascension de la montagne, en repartant de l'endroit que vous avez atteint le soir précédent.

Prenez conscience qu'en effectuant cet exercice, par l'intermédiaire d'un symbole de votre désir intérieur et de votre volonté, vous mettez les lois du mental en action. Dans l'œil du mental, votre imagination dépeindra extérieurement l'effort intérieur et le progrès réalisé. Vos efforts et votre progrès seront aussi facilités si vous entreprenez en même temps une profonde thérapie spirituelle dans votre corps émotionnel.

Les obstacles que vous allez rencontrer sur la montagne
symboliseront les problèmes émotionnels auxquels vous
êtes confrontés, dans votre tentative pour élever votre
conscience vers une polarisation mentale. À mesure que
vous surmonterez ces obstacles et que vous poursuivrez
l'ascension, le mental lui-même fonctionnera de façon à
résoudre les problèmes émotionnels correspondants.

Durant toute la période de méditation et de l'exercice de
la soirée, vous ferez l'expérience d'un nettoyage et d'une
purification intérieurs, de même qu'une élévation de votre conscience, d'une perspective émotionnelle à un début de perspective mentale.

Nous vous suggérons de prendre quotidiennement des
notes sur l'expérience de la montagne, ainsi que sur la
méditation du matin. Ces notes vous seront d'une valeur
inestimable ultérieurement.

La Pensée Créatrice

LEÇON 10

RÉÉVALUEZ VOTRE BUT

Le sens intérieur de votre vie : dessein, but et condition extérieure

Réalisez que vous êtes un fils (une fille) de Dieu

Vous n'êtes pas seul

*   *   *

Vous avez amorcé consciemment un processus de croissance pour tenter de vous polariser mentalement. Vous avez entrepris le long voyage d'ascension de votre propre montagne et vous portez votre regard vers l'avant, vers une réalisation que vous ressentez vaguement.

Mais, au-delà de la simple symbolique des mots utilisés pour décrire le but, qu'est-ce que tout cela signifie pour vous? Savez-vous vraiment où vous allez, et pourquoi?

Il est maintenant temps, alors que vous entreprenez votre voyage, de réévaluer le but vers lequel vous vous dirigez, afin de saisir et d'absorber aussi clairement que possible le sens profond de la polarisation mentale, du contrôle émotionnel et de votre propre identité en tant que fils (fille) de Dieu.

D'abord, quel est le sens de la vie que vous avez vécue et que vous vivez maintenant? Faites une pause et prenez quelques moments pour écrire la réponse à cette question en trois parties :

1. Quel a été le dessein de votre vie pendant la majeure

partie de celle-ci? Si vous n'avez jamais consciemment formulé ce dessein auparavant, cette question peut être difficile à répondre pour certains d'entre vous. Néanmoins, vous pouvez y répondre. Vous devez réaliser que le dessein est la *raison* pour laquelle vous avez fait ce que vous avez fait. C'est la cause consciente ou inconsciente qui a donné sa direction particulière à votre vie.

2. Quel a été votre but principal dans la vie? Cette question est plus facile à répondre puisqu'elle s'adresse plus particulièrement à la vie intérieure des désirs, vie que vous avez nourrie. Cette vie de désirs concerne toujours la fonction et le pouvoir, puisqu'elle implique la place de l'ego dans le monde des activités.

3. Quel est l'état de votre vie extérieure et de vos activités? Cet état, reflète-t-il votre dessein et votre but, et sinon, en quoi diffèrent-ils?

Sur une première feuille, écrivez votre réponse sous le titre : « Le Sens Intérieur de Ma Vie » et sur une autre feuille, les sous-titres suivants : « Le Dessein », « Le But » et « L'État de ma vie extérieure ». D'autres instructions suivront plus tard.

Examinons maintenant ce que pourraient être les réponses habituelles à ces questions, résultant des formes-pensées raciales créées et entretenues par les êtres humains qui vivent dans une société occidentale et dans un environnement occidental.

Exemple 1.

A. Le Dessein :

Avoir le maximum de plaisir.

78

Ceci veut dire que, naturellement, l'individu aime plus que tout au monde, éprouver du plaisir. Par conséquent, son plaisir personnel est la cause qui motive chacune de ses actions.

B. Le But :

Devenir très riche.

Pour cet individu, la richesse représente la manière de combler sa soif de plaisir. Avec une richesse considérable, pense-t-il, il sera dans une position de pouvoir et en mesure de forcer les autres à obéir à sa volonté, c'est-à-dire à lui procurer du plaisir.

C. L'État de ma vie extérieure :

Mécontentement, frustration, morosité générale, que la personne soit riche ou non.

En d'autres termes, l'état de sa vie extérieure pourrait refléter ou ne pas refléter le but de cette personne, mais il ne pourrait jamais refléter son dessein, parce que ce dessein n'est pas relié à la réalité. Il présuppose que l'homme ou la femme, selon le cas, est une existence séparée, totalement coupée et indépendante de toutes les autres vies. Alors, la vie extérieure ne pourrait refléter que le conflit entre le dessein conscient ou inconscient et le véritable dessein de cette vie dans laquelle nous vivons *tous*, nous nous mouvons et nous avons notre être.

Exemple 2.

A. Le Dessein :

Échapper à la souffrance.

Cet individu ne recherche pas le plaisir personnel. Il

a appris la leçon (inconsciemment peut-être) qu'un tel plaisir ne peut être trouvé dans ce monde. Il prend délibérément cette direction qui, pense-t-il, l'éloignera de la souffrance. C'est la cause qui motive chacune de ses actions.

B. Le But :

Parvenir à être totalement indépendant des autres.

Cette personne se replie sur elle-même, essaie d'éviter les situations difficiles avec les autres et essaie, autant que possible, d'être autosuffisante, particulièrement en matière financière. Le plus souvent, elle est de type intellectuel. L'indépendance et la connaissance représentent, pour elle, le pouvoir d'échapper à la souffrance.

C. L'État de ma vie extérieure :

Peur, souffrance et morosité générale, qu'elle ait réussi ou non à réaliser, dans une certaine mesure, son indépendance désirée.

Une fois de plus, sa vie extérieure ne pourrait jamais refléter son dessein intérieur, et dans ce cas-ci, elle ne pourrait pas refléter complètement son but, parce qu'on ne peut pas vivre seul.

Pour cette question, nous pourrions énumérer beaucoup d'autres réponses similaires, et trouver en chacune le même problème commun. Le dessein personnel est en contradiction avec la loi de la vie. Nous ne pouvons pas avoir un dessein séparé et isolé du dessein de toute autre personne, parce qu'il y a une cause sous-jacente qui motive la vie et les activités de la famille humaine.

Examinons un autre exemple qui pourrait nous donner la réponse, mais seulement pour la personne qui a at-

teint un certain degré de polarisation mentale et d'identification à l'Âme.

Exemple 3.

A. Le Dessein :

Le service de la Vie Une dans laquelle cette personne
vit consciemment, se meut et a son être.

B. Le But :

Voir l'humanité comme un tout et prendre sa place
dans le Règne divin.

C. L'État de ma vie extérieure :

Paix, amour et travail créateur incessant.

Cette personne, indépendamment du poste qu'elle occupe dans le monde des activités (enseignant, médecin,
scientifique, menuisier, etc.), travaille sans relâche pour
créer des conditions dans lesquelles l'humanité pourra
le mieux accéder à son héritage divin. Elle travaille
dans le domaine pour lequel elle est la mieux adaptée;
elle est en paix avec elle-même et elle irradie un amour
qui dépasse toute compréhension. Son dessein et son but
sont en accord avec la vie inhérente à toutes formes; par
conséquent, ses activités extérieures reflètent l'harmonie de cette vie.

Cette personne a appris que par elle-même, elle ne peut
rien faire, que par elle-même, elle ne peut rien être. De
sa place à l'intérieur de son mental, elle a ouvert son
cœur au Christ, Lui permettant d'agir par son instrument (son mental, ses émotions et son corps) pour accomplir le dessein et le But divins pour la famille des
enfants de Dieu.

Une telle personne se rend compte que son sacrifice est celui de son identité séparée afin de se joindre au Christ, le fils de Dieu.

C'est ce que cela signifie de réaliser que vous êtes un fils, une fille de Dieu. Vous êtes une partie de cette grande Conscience et de cette Vie (le fils ou la fille de Dieu) qui habite en chaque être humain.

« Je suis *Cela*. Je suis. »

Puisqu'il est nécessaire que votre conscience se développe du germe à la pleine réalisation et à l'identification complète à la vie Une, vous pouvez entreprendre ce développement maintenant.

« Par moi-même, je ne puis rien faire. »

En poursuivant votre voyage dans le monde du mental, qui n'est qu'un moyen pour entrer dans le Règne divin, permettez à cet énoncé de dicter votre attitude intérieure.

« Par moi-même, je ne puis rien faire. »

Comme ego conscient de lui-même, séparé et isolé de toute autre vie, vous ne pourriez même pas faire ce voyage seul, parce que, comme tel, vous n'avez pas d'existence dans la réalité.

Devenez aussi conscient que possible de cette vie qui est à l'intérieur de vous et de chaque être humain, et comprenez que votre voyage se fait en compagnie de tous vos frères, même si bon nombre d'entre eux n'en sont pas encore conscients.

Chaque soir, après avoir complété l'exercice de la montagne, prenez vos papiers et ajoutez sous Dessein, But et État de ma vie extérieure, toute prise de conscience à leur sujet. Soyez très honnête avec vous-même et ne vous empêchez pas d'écrire ce qui pourrait vous sembler peu important.

Plus tard, vous allez apprendre comment changer le dessein et le but illusoires qui, jusqu'ici, ont été en grande partie inconscients, par une réalisation consciente du dessein unique et du but de la vie humaine. En faisant cela, vous allez également apprendre à contrôler votre état extérieur, afin qu'il reflète l'Intention divine.

La Pensée Créatrice

LEÇON 11

CONSCIENCE ET POLARISATION MENTALE

Apprendre à vivre ensemble en paix

L'amour

La polarisation mentale et le contrôle de vos réponses

Observer objectivement vos corps

Devenir positif à votre environnement

*   *   *

La polarisation mentale est un terme qui deviendra bien connu des étudiants de la Sagesse ancienne, au cours des prochaines années. Cette évolution est le résultat d'une nouvelle attention portée à la nature du mental par l'ensemble de l'humanité et par la science elle-même. Alors que la science avance lentement dans cette direction, de grands pas ont été faits dans les domaines de la psychologie et de la psychiatrie, et de plus grands pas encore seront sans doute réalisés dans un avenir proche, au fur et à mesure que l'humanité continuera à s'éveiller aux potentialités latentes du mental.

Une nouvelle ère s'ouvre à nous où il sera révélé que l'humanité est une unité de conscience, qui vit dans un mental et qui a des émotions et un corps. Durant cette période de transition entre l'ancien et le nouveau, le plus grand danger serait que ce champ de découverte ne soit pas accompagné d'un développement spirituel, afin d'assurer une utilisation juste du potentiel mental.

C'est la raison pour laquelle l'enseignement de la Sagesse

renforce l'idée que l'humanité est un Fils (une Fille) de Dieu. Elle n'est pas plus son mental qu'elle n'est son corps physique. D'ailleurs, il existe déjà des groupes qui croient et qui enseignent que l'humanité est le mental, qu'elle est l'intelligence suprême et qu'elle n'a pas de comptes à rendre, ni à être responsable envers quiconque, sinon qu'à elle-même. Il y a ici un danger, un danger aussi grand pour la vie et pour le développement futur de l'humanité que celui de la bombe atomique, à notre époque actuelle.

La dernière partie de ce (vingtième) siècle va déterminer le futur de l'humanité, à mesure que se fera le choix du sentier que nous suivrons pour entrer dans la nouvelle ère qui s'ouvre maintenant à nous. Ce futur pourrait en être un de développement conscient, de fraternité, d'amour, et par-dessus tout, de compréhension et de conscience toujours plus grande de la vie, ou encore, il pourrait être une répétition du passé avec des guerres, des persécutions, de la peur, des désirs et une ignorance spirituelle. Le choix est le nôtre et nous le faisons quotidiennement par notre attitude intérieure envers nous-mêmes, envers les autres et envers notre futur.

Quels sont les pensées, les sentiments, les souhaits et les désirs particuliers qui nous interpellent le plus? Voulons-nous des choses seulement pour nous-mêmes, quel qu'en soit le coût pour les autres, ou est-ce que nos souhaits incluent le bien du plus grand nombre? C'est une question d'une importance vitale parce que la réponse à cette question révèle l'état de l'humanité en cette période de grande crise, alors que le monde réclame à grands cris de l'amour, de l'indulgence et une gestion intelligente des affaires du monde.

Si bon nombre d'entre nous, préoccupés par nos propres problèmes, excluons les autres, ce n'est pas par égoïsme délibéré, mais simplement parce que nous n'avons pas appris à être altruistes et désintéressés. Le stress de notre époque, l'insistance mise par notre éducation et par notre environnement sur notre contexte particulier, la division de la société en classes et la pression constante pour répondre à nos besoins quotidiens, nous ont rendus insensibles aux besoins du monde. Nous devons encore apprendre que nous sommes tous et chacun les gardiens de nos frères, et que nous devons prendre soin de ceux qui ne sont pas dans notre champ de vision immédiat. C'est une chose que d'entendre parler d'une guerre, d'une famine ou d'une souffrance dans un pays lointain, mais c'est autre chose que d'en être témoin, de voir et de ressentir l'impact de l'agonie d'une autre personne.

Pourtant, nous nous éveillons lentement au fait que, d'une manière ou d'une autre, nous devrons apprendre à vivre en paix les uns avec les autres. Cet éveil se produit lorsque nous craignons pour notre bien-être, face à l'impact des réalisations scientifiques dans l'arène des conflits internationaux.

Que pouvons-nous faire, les petites gens comme vous et moi, dont l'influence ne s'étend pas au-delà de notre environnement immédiat? Cela nous apparaît tellement désespéré. Cependant, nous pouvons apprendre que *l'amour amène la raison* et que la raison enclenche un processus de raisonnement qui résoudra les problèmes du monde. Il est impossible qu'un préjudice puisse vivre dans un mental et dans une nature émotionnelle qui connaissent et qui pratiquent l'amour.

« Si j'ai de l'amour, je ne peux pas haïr. Si j'ai de l'amour, je vois les besoins de mon frère dans ses gestes, et je réponds à ses besoins dans mes propres gestes. Si mon cœur connaît la compassion, il ne peut connaître le préjudice, et lorsque mon mental connaît la raison, qui est amour, il ne peut pas devenir irrationnel. Par conséquent, si j'ai de l'amour, je suis un ami et un frère pour tous les hommes. »

Nous entendons dire que l'amour est ambivalent, mais ce n'est pas vraiment de l'amour. L'ambivalence survient lorsque nous dirigeons notre énergie d'amour vers nous-mêmes. Dans de tels cas, la démonstration d'attention et d'affection est orientée vers soi plutôt que vers l'autre. Ainsi, notre amour n'est trop souvent qu'un besoin de posséder, de détenir et de commander.

Aussi longtemps que l'humanité vivra et dirigera sa vie et ses activités à partir de ses émotions, l'amour véritable, qui est une expression de l'énergie de Dieu, lui sera inconnu. Les gens qui vivent à ce niveau sont les victimes de leurs désirs, de leurs peurs et de leurs ressentiments. Ils sont victimes des réponses automatiques qui ont été construites au sein de leur corps émotionnel par les circonstances de leur environnement initial et de leur éducation. Ils ne peuvent pas s'élever au-dessus d'elles, ni changer ce qui s'est produit dans leur enfance, parce qu'ils sont prisonniers de la sphère des émotions qui ne connaissent pas la raison.

C'est seulement à partir d'une polarisation à l'intérieur du mental que les gens peuvent commencer à exercer un contrôle de leurs propres réponses. À partir de cette perspective, ils sont capables de voir clair dans les situations qui, auparavant, auraient automatiquement produit des réactions déplaisantes et irrationnelles; ils sont capables de comprendre ce qui les a produites, et ce qui constitue l'action juste pour les résoudre. Ainsi, ils ne dispersent pas leur énergie inutilement dans des réactions qui ne font qu'ajouter à leurs difficultés. Ces gens suivent consciemment un processus de raisonnement, qui leur révèle le plan d'action le plus intelligent, applicable à la situation donnée.

La polarisation, comme nous l'employons ici, est reliée à deux facteurs :

1. À la relation entre vous (le « Je » conscient et pen-

sant) et vos corps.

En observant objectivement votre mental, vos émotions et votre corps, vous pourrez les voir comme des instruments de contact et d'action dans le monde dans lequel vous vivez. Ces trois corps d'énergie vous permettent de recevoir, de percevoir et de distribuer les forces actives dans votre monde.

Le mental est concerné principalement par le sens ou par la raison. Il est capable de reconnaître la signification sous-jacente d'un objet ou d'une situation sur quoi il porte son attention, et il peut rediriger cette signification dans une manifestation extérieure, par une activité intelligente qu'il dirige par le cerveau.

La nature émotionnelle est concernée principalement par les forces puissantes, invisibles et ressenties par chacun de nous, forces qui résultent en la manifestation extérieure d'une forme. Le mental peut observer le sens, et en conséquence, il peut formuler un plan, mais s'il n'est pas accompagné du flux de puissance provenant du corps émotionnel, le plan ne prendra jamais forme dans le monde. Il demeurera intangible dans le mental du rêveur.

Le corps physique coordonne et amène ces forces en une manifestation physique extérieure, par une activité qui les transforme en une réalité objective.

On peut facilement voir que ces corps doivent être intégrés, et que leurs activités doivent être dirigées intelligemment, pour que le « Je » conscient et pensant puisse réaliser ses souhaits et ses ambitions dans le monde des activités humaines.

Si la conscience est maintenue prisonnière au-dessous du mental, dans la nature émotionnelle, nous disons d'une telle personne qu'elle est polarisée émotionnellement. Cela signifie que pour elle, son mental, son corps physique, tout comme sa conscience, sont négatifs à son mécanisme de réponse émotionnelle. Sa volonté ne peut être utilisée à rien d'autre; ainsi, sa volonté est captive de ses émotions, et la personne en est la victime.

Si la conscience est polarisée dans le mental, et si l'individu est également orienté spirituellement, alors il est en voie de devenir maître de son propre destin ou de son aspect forme. Le corps émotionnel et le corps physique sont négatifs à sa conscience qui réside dans le mental. La conscience est alors en mesure d'exercer le contrôle qui rend possible l'accomplissement de son dessein.

    2. À la relation entre vous et votre environnement.

La plupart d'entre nous sont plus ou moins négatifs par rapport à notre environnement et aux forces qui ont un impact sur nous de l'extérieur.

Par exemple, pensez à un alcoolique qui décide de bonne foi d'arrêter de boire. Dans son environnement immédiat, personne ne le croit, parce qu'on pense trop bien le connaître. Ainsi, il est littéralement bombardé jour et nuit, de l'extérieur, de pensées et de sentiments qu'il n'en est pas capable ou qu'il ne réalisera pas sa décision. Parce que cet homme est polarisé émotionnellement et qu'il est négatif aux forces provenant de son environnement, il échoue misérablement. Sa conscience accepte la commande des pensées et des sentiments qui le bombardent, et son corps physique amène ces forces en manifestation. L'homme boit.

Dans ce cas-ci, nous réalisons que l'influence environnementale n'est pas la cause première parce qu'elle réside profondément dans l'état intérieur de conscience de l'homme, en tant que voie de moindre résistance déjà créée. Bien que ce soit une cause secondaire, au moment où l'homme prend sa décision de changer, elle devient une cause importante. Sa position est déjà faible, car il a une bataille très difficile à livrer en lui-même. Lorsque l'opposition à l'intérieur de lui est renforcée par celle venant de l'extérieur, il ne peut qu'être perdant.

Lorsque nous nous arrêtons pour analyser nos actions, nous découvrons qu'elles sont souvent le résultat de l'influence environnementale plus que celle de notre propre pensée lucide. Nous devenons les outils de la pensée et de la vie émotionnelle de notre environnement quotidien, en donnant une voix aux impacts combinés des pensées et des sentiments de nos associés, et en agissant en conséquence.

Si un individu est polarisé positivement, il contrôle l'environnement tout comme ses propres actions, par le rayonnement constant de son dessein sur eux. La polarisation mentale rend la personne dans le mental et dans le cerveau positive à ses émotions, à son corps, et à son environnement. Avec le temps, une telle personne devient un leader pour l'humanité, et si elle est orientée spirituellement, elle devient une puissante influence pour le bien dans le monde.

Être polarisé mentalement et être orienté spirituellement, c'est être identifié positivement, au mental, en tant que fils (fille) de Dieu.

La Pensée Créatrice

LEÇON 12

CHOISIR NOS SENTIMENTS

Le mécanisme de réponse automatique

L'énergie ou la force des sentiments

Contrôler la réponse

*   *   *

Les émotions sont des sentiments qui ne surgissent pas simplement en nous par hasard. Nous les créons consciemment ou inconsciemment en réagissant aux situations, aux gens, et aux choses.

Un enfant crée une émotion par une volonté imitative. La plupart des réactions des enfants bien qu'elles semblent véritables, sont imitatives. Ils tendent à répondre avec amour ou colère, volonté de coopérer ou opposition, gaieté ou dépression, en fonction des réactions des personnes auxquelles ils sont quotidiennement assujettis.

Quand le petit Robert crie dans le téléphone chaque fois qu'il sonne, souvent sa mère se fâche. Elle le réprimande d'une voix forte, avec des mots sévères, en utilisant des phrases courtes et sèches qui laissent entendre une menace terrible et imminente à son bien-être. Puis, elle l'éloigne du téléphone et elle se met à parler au téléphone. Elle oublie sa colère à mesure que son intérêt est attiré par le sujet de la conversation, et Robert s'efface et se met à jouer calmement.

Plus tard, lorsque la mère sort son garçon de son carré

de sable pour lui donner son bain de l'après-midi, avant de le mettre au lit pour une sieste, il réagit avec une voix forte, avec des expressions menaçantes, et il essaie de l'éloigner. Parfois, il donne des coups de pied et crie de colère, pour tout oublier quelques instants plus tard, en mettant son voilier rouge et blanc à la mer, dans la baignoire.

Il imite les réponses de sa mère qu'il a pu observer à maintes reprises. Il est en train d'apprendre comment vivre dans le monde et il apprend bien ses leçons. Jusqu'ici, il a découvert que lorsque notre volonté est contrariée, on se fâche. Il éprouve une certaine satisfaction et il s'endort rapidement et facilement, parce que son ego a été renforcé par son action. Il est en train de grandir.

Généralisez cet exemple et voyez comment une nation ou une race entière apprend la violence, comme *manière de vivre.*

La plupart d'entre nous ne réalisent pas qu'il y a plusieurs manières de réagir à une situation donnée. Nous pouvons choisir nos sentiments, tout comme nous choisissons nos vêtements, en fonction de l'effet que nous souhaitons créer.

Quand elle avait deux ans, Diane devint très excitée lorsqu'elle découvrit ce mystérieux instrument noir dont la sonnerie annonçait la magie de pouvoir entendre et d'être entendue par quelqu'un qu'elle ne voyait pas. Elle criait dans l'appareil en babillant des sons sans signification, qui provoquèrent des rires à l'autre bout de la ligne. La mère arriva en courant. Doucement, elle dégagea sa fille du téléphone, demanda à la personne qui l'appelait d'attendre quelques instants et, avec une compréhension aimante, elle expliqua à Diane pourquoi elle ne devrait pas crier au téléphone.

Avec son bras autour de sa petite fille, elle lui dit : « Tu vois chérie, quand ça sonne, cela signifie que quelqu'un veut parler avec nous. Si nous crions, nous faisons mal à ses oreilles et il ne se sentira pas bien. Nous ne voulons blesser personne, n'est-ce pas » ?

Diane hocha la tête en acquiesçant, les yeux pleins de sympathie. « Non » imita-t-elle, « Nous ne voulons blesser personne, n'est-ce pas » ?

Dès lors, sa mère a pu donner son attention à celui qui l'appelait, et Diane est retournée à ses jeux.

Plus tard, la mère de Diane lui enseigna à répondre au téléphone, et pour le temps où son intérêt dura, la mère sage donna à Diane la responsabilité de cette petite tâche, pour construire la force de son ego et son caractère.

Diane grandissait en essayant d'être comme sa mère. Elle apprenait à répondre avec amour au lieu de répondre avec colère, de répondre avec la raison plutôt qu'avec les émotions.

Tout individu qui répond à ce type d'enseignement, le fait à partir d'une prise de conscience croissante de la nécessité de s'améliorer. Il a un vague sentiment du potentiel divin de l'humanité, sentiment qui est en contradiction avec son comportement, et le grand désir d'amener ces deux en équilibre. Certains sont soucieux de cet équilibre en relation à l'ensemble de l'humanité, alors que d'autres le sont seulement par rapport à eux-mêmes, mais tous doivent commencer par le commencement, s'ils veulent atteindre leur but. Nous commençons par nous-mêmes, comme individus, en nous efforçant d'élever notre performance au niveau de nos habiletés potentielles. En premier lieu, nous devons faire face au mécanisme de réponse automatique que nous avons incorporé, qui nous confère notre caractère ou notre manque de caractère, et qui est responsable de notre bonheur ou de notre tristesse, et de notre état d'être en tout temps, au niveau de nos sentiments.

C'est une révélation merveilleuse que de découvrir que l'énergie dépensée dans le ressentiment est la même énergie que nous employons lorsque nous aimons. C'est la même force que nous dirigeons vers un sentiment de dépression ou vers un sentiment de joie. Il n'y a aucune différence dans l'énergie ou dans la force, qui est la vie de l'expression. La différence réside dans la forme-pensée qui a été construite dans notre mécanisme de réponse, en un schème de réaction automatique. Ainsi, nous réagissons presque toujours en fonction de ces schèmes qui ont été établis comme réponses habituelles, dans notre système nerveux cérébro-spinal.

Si les gens sont traités avec brutalité, ils réagiront de la même manière parce qu'ils *pensent* qu'ils doivent réagir de cette façon. Ils pourraient réagir tout aussi facilement avec amour et compréhension, avec une sagesse qui enseignerait à l'autre une meilleure manière d'agir, et transmuterait leur brutalité en quelque chose de plus bienfaisant. Il n'y a rien de plus efficace que de réagir avec amour et bonne volonté à celui qui abuse de nous.

Comme le bonheur est si illusoire, la plupart d'entre nous ne savent pas vraiment ce qu'il est. Nous le recherchons en tous lieux et essayons de l'atteindre en nous entourant de choses. Il y a ceux qui pensent que nous pouvons l'acheter avec de l'argent ou le commander avec le pouvoir. D'autres n'y croient pas, tout simplement, et par conséquent, ils ne le recherchent pas.

Le bonheur est un sentiment général, constitué de plusieurs petites réponses à la vie elle-même. On ne peut pas le trouver; on doit le créer. Rien dans le monde extérieur ne peut amener le bonheur à quelqu'un, parce qu'il naît dans le cœur de l'individu qui le conçoit à l'intérieur de son être. Alors là, un tel individu le rayonne comme une influence, apportant aux autres le bénéfice de ce qu'il a créé.

Le bonheur est constitué du mélange harmonieux de compréhension, d'amour, de gentillesse, de foi et de toutes ces expressions qui sont le résultat d'une véritable bonne volonté manifestée envers toute l'humanité, plus l'acceptation sereine des choses de la vie que l'effort humain ne peut pas changer.

Ces expressions ne sont pas difficiles à produire et nous n'avons pas à attendre que le destin ou une chance particulière nous fournisse un bon prétexte pour en faire l'expérience.

Lorsque quelqu'un vous fait quelque chose qui, d'habitude, amènerait une réponse négative, arrêtez-vous quelques instants et analysez la situation. Est-ce que cela va vous aider ou va aider l'autre personne impliquée si vous tombez dans la vieille réponse habituelle? Ou cela ne fera-t-il qu'ajouter plus de négativité à une situation déjà déplaisante?

Durant cette pause, utilisez votre mental pour découvrir ce qui, dans ce cas, constituerait l'action juste. Prenez le contrôle du mécanisme de réponse, et entraînez-le à suivre votre volonté, en véhiculant de l'amour dans votre timbre de voix, dans votre expression faciale, dans votre discours et dans vos gestes.

En faisant cela, sentez réellement cet amour en essayant de comprendre la raison de l'attitude ou de l'action de l'autre. Habituellement, ils ne font que réagir à votre impact sur eux, par leurs propres mécanismes de réponse. Si vous répondez à cette réaction avec un acte créateur d'amour et de bonne volonté, vous leur fournirez une occasion de s'arrêter et de réfléchir. Vous créerez une atmosphère dans laquelle ils pourront, tout comme vous-mêmes, découvrir une nouvelle relation appelée la fraternité.

On suggère à ceux parmi vous qui souhaitent vraiment contrôler leurs mécanismes de réponse automatique, de faire une liste des réponses qui surviennent le plus souvent au cours de la journée. Énumérez-les sous les titres suivants :

Réponse positive : Condition ou circonstance causale

Réponse négative : Condition ou circonstance causale

Puis étudiez-les, en vous familiarisant le plus possible avec le genre, la force et la qualité de réponse que vous générez par rapport à l'impact extérieur. De cette manière, vous en viendrez à vous voir davantage comme les autres vous voient, et vous allez également devenir rapidement conscient de vos propres mécanismes de réponse automatique. Il est difficile de changer ou d'altérer ce que vous ne voyez pas ou que vous ne connaissez pas.

LEÇON 13

Reconstruire le mécanisme de réponse

Reconstruire et non pas inhiber

La récapitulation du développement évolutif

Les impressions des formes-pensées

Construire de nouvelles formes-pensées
dans le mécanisme de réponse automatique

*   *   *

À ce moment-ci, il est extrêmement important que les étudiants voient bien la différence entre la reconstruction du mécanisme de réponse automatique et l'inhibition de leurs réponses émotionnelles face à la vie. Trop d'entre nous inhibent, même dans notre conscience de veille, les sentiments qui nous ont été enseignés comme mauvais.

Aux divers stades de sa croissance, il est naturel que l'enfant manifeste certaines réponses négatives, puisque ce processus de croissance est, en fait, une récapitulation du développement évolutif atteint jusqu'ici. N'oubliez pas que, lorsque des bébés viennent au monde, ils arrivent avec un passé. Ce n'est pas leur première expérience de la vie. Ils ont un long vécu derrière eux, au cours duquel ils ont développé leur état de conscience individuel. Ils ont vécu dans plusieurs corps, ils ont créé et laissé de côté de nombreuses personnalités; de chacune, ils ont glané l'essence de l'expérience de sorte que, lorsqu'ils naissent dans un nouveau corps et dans un nouvel environnement, ils arrivent avec un état de conscience intérieur déjà développé, qui a ses propres tendances, ses talents et ses aversions.

Au cours de la période allant de la naissance à la maturité, ils récapitulent le développement déjà réalisé, afin de le poursuivre dans cette vie, à partir de là où ils étaient rendus dans la vie précédente. De cette façon, la continuité entre le passé, le présent et le futur est maintenue, bien que cette continuité soit inconsciente, jusqu'à ce qu'un certain point de développement soit atteint.

Il est parfaitement normal et naturel pour l'enfant d'éprouver certaines émotions en réponse aux impacts de l'environnement sur son état de conscience intérieur. Si, dans sa récapitulation, l'expression de ces émotions peut être faite au moment adéquat selon le stade de développement normal pour son âge, aucun mal n'est fait. Il ne construira pas de schèmes de comportements automatiques au cours de cette période, si cette expression émotionnelle est permise sans renforcer l'intensité de cette expression « pour le bien de l'enfant », et sans créer en lui un sentiment de culpabilité pour avoir fait quelque chose de mal.

Il est difficile pour les parents de trouver la meilleure manière d'élever leurs enfants à une époque où le processus de récapitulation est si peu connu. Mais nous devons commencer quelque part.

Une étude de la littérature courante sur la psychologie de l'enfant apportera une compréhension qui aidera les parents à développer une nouvelle perspective. Ils découvriront que la manière la plus efficace d'enseigner un bon comportement à leur enfant est de le transmettre par leur propre mécanisme de réponse automatique. N'oubliez pas que l'enfant en bas âge apprend par imitation consciente et inconsciente.

Au cours du processus de récapitulation, on nous enseigne le plus souvent à inhiber les émotions considérées comme répréhensibles par les personnes civilisées. Alors, on laisse libre cours au *schème* qui produit la réponse, tandis que la réponse elle-même est inhibée ou retenue dans le corps émotionnel. Cela est dangereux pour la santé mentale, émotionnelle et physique, parce que, même si la réponse a été inhibée au niveau de son expression consciente, aussi longtemps que le schème est présent, la réponse doit trouver une voie d'expression. Cela produira un effet quelque part dans l'instrument. Habituellement, cet effet se traduit par une maladie dans le corps physique, sous une forme ou sous une autre.

L'étudiant doit être très attentif pour voir clairement la différence entre l'inhibition d'une émotion et la correction d'une réponse automatique qui produit l'émotion. Trop d'individus qui essayent sincèrement de suivre le chemin du Christ réussissent seulement à se rendre malades, par inhibition.

La différence entre une émotion et une réponse automatique, c'est la différence entre le sentiment et la pensée. Une émotion est un sentiment produit par une forme-pensée. Une réponse automatique est un *schème* de pensée que nous appelons une forme-pensée. Cette forme-pensée dicte la réponse des sentiments dans une situation donnée. La réponse des sentiments dicte l'action qui en résulte, à moins qu'elle soit inhibée par une autre forme-pensée qui dit « non, non, cela n'est pas un comportement acceptable ».

À un certain niveau de notre conscience, nous savons tous ou on nous a enseigné que c'est mieux d'aimer que de haïr, de pardonner que de chercher à se venger. Mais est-ce qu'on nous a dit comment gérer les sentiments qui surgissent, en dépit de tout ce que nous pouvons faire pour les arrêter? En général, on ne l'a pas fait, et ainsi, nous pataugeons dans l'océan trouble des réponses sentimentales, de la culpabilité et du désir ardent d'éprouver de la gentillesse.

Un schème de réponse automatique est une forme-pensée que nous avons acceptée dans notre cerveau. La forme-pensée qui est dans notre cerveau est généralement inconnue de notre mental conscient, y ayant été établie par imitation, au cours de notre enfance. Elle a un accès direct au thalamus et, par conséquent, elle imprègne le thalamus (le grand terminal nerveux à la base du cerveau) de la réponse émotionnelle qui sera mise en action par le système nerveux. Nous faisons alors l'expérience d'une émotion dans l'aspect sentiment de notre conscience (à moins qu'une autre pensée inhibe cette émotion), et nous agissons en conséquence, avant que nous ayons eu le temps d'évaluer correctement la situation.

Exemple : Marie pense joyeusement à une soirée de gala, à un dîner à l'extérieur et à une pièce de théâtre. Elle est excitée parce que la représentation est celle qu'elle désirait voir depuis longtemps. Il y a quelques semaines, Jean-Pierre, son mari, lui a fait une surprise avec les billets et la promesse d'un bon moment exceptionnel. Elle s'est préparée toute la journée, se coiffant, se faisant les ongles, planifiant ce qu'elle allait porter, et en pensant à la chance qu'elle avait d'avoir un mari merveilleux.

Plus tard, dans l'après-midi, Jean-Pierre l'appelle pour lui annoncer que quelque chose est survenu au bureau et qu'il ne pourra quitter le bureau que tard dans la soirée. Ils devront oublier cette soirée pour l'instant, et la remettre à un autre moment.

Pendant que Marie écoute l'explication de Jean-Pierre au téléphone, la nouvelle est transmise à son cerveau par une série d'impulsions électriques minuscules, déclenchant une forme-pensée (une réponse automatique) qui dit, non en mots, mais en réalité, « C'est injuste envers moi. Lorsque quelqu'un a fait une promesse, il doit la respecter. S'il ne la respecte pas, je suis fâchée ».

La forme-pensée émet son impulsion électrique au thalamus qui génère immédiatement le sentiment qui sera amené en action, par le système nerveux.

Si Marie n'est pas inhibée, elle exprimera immédiatement sa colère à Jean-Pierre. Cependant, s'il y a en elle une autre forme-pensée plus puissante qui ne permet pas une expression de colère, elle parlera calmement au téléphone, acceptant, en apparence, la situation de bonne grâce. Cependant, au même moment, la petite impulsion électrique va voyager de la première forme-pensée vers le thalamus, y créant un sentiment qui ne peut pas être exprimé ouvertement, mais qui, néanmoins, demeure présent et qui doit être canalisé vers une certaine forme d'expression par le système nerveux. Dans ce cas-ci, son arthrite deviendra probablement très douloureuse ou elle développera un mal de tête, etc.

De toute façon, elle sera incapable d'évaluer correctement la situation avant que la réaction se produise. Plus tard, lorsque la raison aura eu le temps de reprendre sa place, elle pardonnera à Jean-Pierre (au moins en partie) et la vie continuera comme d'habitude, mais non sans la cicatrice de cette lésion dans leur relation.

Comment Marie aurait-elle pu gérer cette situation sans récolter un résultat aussi malheureux? Certainement pas par l'inhibition. Il aurait fallu qu'elle traite la réponse automatique à une situation de ce genre avant que celle-ci ne se produise réellement. En d'autres termes, il aurait fallu qu'elle devienne consciente de son existence, qu'elle en ait réalisé la fausseté, et qu'elle ait au moins commencé à construire une autre réponse à cette sorte d'expérience.

De quelle autre réponse s'agit-il? Vous pourriez bien vous le demander, parce que la plupart d'entre nous se sentent parfaitement justifiés, dans les couches les plus profondes de leur état de conscience intérieur, des réponses qu'ils font à la vie. En fait, on avait enseigné à Marie qu'il est mal de manquer à une promesse. Elle avait une excuse valable pour se fâcher, parce que, lorsqu'on fait une promesse, elle *doit* être respectée. Rien dans son entraînement initial ou même dans son environnement social actuel, n'a pu lui enseigner cette compréhension qui lui aurait permis de voir immédiatement la déception de Jean-Pierre, tout comme la sienne.

Dans le processus de reconstruction, la première forme-pensée que nous devons intégrer dans le mécanisme de réponse automatique, c'est celle de s'arrêter et de faire appel à la raison dans l'éventualité où surviendrait une expérience qui produirait normalement une explosion d'émotions, de nature plaisante ou déplaisante. C'est un point important à se rappeler. Toute violence émotionnelle, qu'elle soit plaisante ou déplaisante, est indésirable à cause de ses effets sur les autres, sur les situations, et sur notre propre bien-être. Cela ne signifie pas que nous devons éliminer la joie de nos vies, car la joie n'est ni hilarante, ni délirante.

Dans une leçon ultérieure, nous considérerons une technique pour construire la nouvelle réponse décrite ci-dessus. En attendant, étudiez bien cette leçon et posez-vous cette question, en y répondant très honnêtement : « Quelle serait ma réponse si j'étais placé dans la situation de Marie » ? Alors, réfléchissez-y et considérez s'il est avisé et s'il est possible d'incorporer en vous-même une réponse automatique qui vous donnera le temps d'évaluer correctement une situation avant de réagir.

LEÇON 14

Contrôler les mécanismes de réponse automatique

Les formes-pensées raciales

Découvrir les formes-pensées

Éradiquer les formes pensées par la raison et la réévaluation et leur substituer un nouveau schème

*   *   *

Lorsque nous naissons, nous ne venons pas uniquement dans un environnement physique d'actions et de mots, mais nous entrons également dans un environnement émotionnel et mental. Les groupes d'individus ont tendance à penser et à ressentir de manières similaires dans des situations données. Ces pensées et ces sentiments, bien qu'invisibles, créent une atmosphère de conditionnement intangible, et jouent un rôle important dans la construction de nos réponses à la vie. Ils ont un impact constant sur le subconscient, produisant en nous, par imitation inconsciente, des pensées et des sentiments similaires.

C'est une erreur que de se fier entièrement à un processus de thérapie analytique, qui fouille profondément le subconscient, pour déraciner des expériences oubliées qui, pensons-nous, renferment les causes de plusieurs de nos réactions. Quelle que soit la profondeur où nous allons, plusieurs de ces causes ne seront jamais découvertes, parce qu'elles ne se trouvent pas au niveau d'expériences tangibles qui peuvent être remémorées. Leurs racines se trouvent dans l'environnement mental et émotionnel dans lequel nous avons grandi et celui dans lequel nous vivons aujourd'hui. Certaines d'entre elles sont les formes nationales ou raciales créées dans le monde de la pensée et de l'émotion humaine. Ces automatismes que nous partageons collectivement sont appelés formes-pensées du mental racial, et c'est là où nous devons aller pour comprendre nos propres réponses.

Afin de contrôler un mécanisme de réponse émotionnelle (qui est déclenché, en fait, par une série de schèmes qui font impression sur le cerveau), nous devons procéder en suivant certaines règles pour nous assurer d'un déroulement sain et sécuritaire.

1. Nous devons découvrir, dans le cerveau, la forme-pensée qui dicte la réponse émotionnelle.

2. Nous devons alors l'enlever à l'aide de la raison et de la réévaluation.

3. Nous devons ensuite la remplacer par un nouveau schème de direction.

Ces trois règles sont simples et claires. Chacune est mise en pratique par un processus spécifique tel que :

1. La découverte de la forme-pensée dans le cerveau.

   Nous avons déjà discuté du fait que la plupart d'entre nous ne connaissent pas consciemment tout ce que qu'ils pensent sur un sujet particulier. Il y a tellement de pensées qui surviennent automatiquement sous le seuil de notre conscience, que nous sommes rarement conscients du grand nombre de pensées que nous entretenons constamment.

   Il y a un certain nombre de techniques que nous

pouvons utiliser pour nous aider à découvrir les formes-pensées que nous avons acceptées comme des vérités dans notre conscience et dans notre cerveau. Elles sont énumérées ci-dessous :

a. Mettre par écrit le schème de pensée.

C'est une technique efficace et couramment utilisée, qui peut être employée avant de passer à d'autres techniques. L'individu écrit simplement chaque pensée qui lui vient à l'esprit, sur une situation donnée, jusqu'à ce que le schème qui contrôle se révèle.

Exemple : Écrivez chaque pensée qui vous vient à l'esprit concernant une expérience comme celle de Marie décrite à la leçon 13.

Cette rédaction se poursuit durant plusieurs jours jusqu'à ce que l'individu ait fait le tour de toute la gamme des expériences qui lui sont habituelles. Il peut également écrire chaque pensée qui lui vient à l'esprit sur divers sujets d'intérêt, découvrant de cette façon plusieurs schèmes qui contrôlent sa pensée.

b. L'association automatique d'une émotion à une pensée.

L'individu pense à une réponse émotionnelle, telle que pleurer par exemple, puis il essaye d'imaginer tous les différents schèmes de pensée qui pourraient le faire pleurer. En faisant cela, il associe la pensée et l'émotion, avant de visualiser l'expérience, évitant ainsi les blocages qu'il pourrait avoir acquis concernant certains types d'expériences.

c. La personne observe les formes-pensées du

mental racial qu'elle peut partager inconsciemment avec ses semblables et considère l'effet de ces formes-pensées sur sa vie et sur ses activités.

Nous avons déjà parlé de certaines de ces formes-pensées dans d'autres leçons. Pouvez-vous en découvrir d'autres? Examinez les divers préjugés et les attitudes séparatrices de votre propre groupe, et examinez en particulier les formes-pensées qui sont généralement acceptées comme des évidences.

C'est dans cette sphère d'acceptation commune que se trouve la majorité de nos schèmes raciaux. Dans le passé, les humains ont cru que la terre était plate et, en raison de cette acceptation commune, ils avaient peur de naviguer trop loin sur l'océan, par crainte de tomber dans le précipice. On croyait également que le soleil et les étoiles tournaient autour de la terre; on croyait que seul un sacrifice de sang pouvait apaiser la colère des dieux; on croyait que l'atome était la plus petite particule indivisible de substance dans l'univers.

Que croyons-nous aujourd'hui? Quelles sont les idées et les croyances que notre conscience collective accepte comme des faits, sans preuve ni raison?

Que croyez-vous concernant l'au-delà? Par rapport à la vie sur d'autres planètes? Par rapport à la relation entre Dieu et l'humanité? Par rapport à la naissance et à la mort?

Ce ne sont là que quelques questions parmi tant d'autres, qui devraient être considérées attentivement.

Faites une liste de toutes les formes-pensées raciales que vous pouvez découvrir et qui ont influencé, d'une manière ou d'une autre, vos pensées, vos sentiments et vos réactions physiques.

Leçon 14

Par exemple, quelle est votre attitude face aux Anglais, aux Allemands, aux noirs américains, aux blancs américains, aux Juifs, aux Orientaux, aux Russes, aux riches, aux pauvres, etc.?

  2. L'élimination de la forme-pensée par la raison et par la réévaluation.

Cela est un peu plus difficile pour le débutant, parce que cela exige une compréhension de base de la vérité universelle. La forme-pensée est comparée à la vérité universelle. Est-ce que la forme-pensée véhicule la réalité de la vérité ou l'illusion créée par le mental et par les émotions de l'humanité? On doit se rappeler qu'une réalité, dans la vérité abstraite, s'applique autant à l'un qu'à l'autre, et inclut toujours le plus grand bien du plus grand nombre. Ceci ne doit pas être mal interprété comme signifiant le plus grand bien du plus grand nombre, au détriment d'une minorité, parce que le plus grand nombre inclut tous les individus.

Si le concept de base de fraternité (dérivé du concept de base d'une Parenté divine) est accepté et mis en application, toutes les formes-pensées raciales qui portent préjudice à un groupe par rapport à un autre groupe doivent être abandonnées, parce qu'elles ne résistent pas à la lumière de la raison. Une personne éduquée dans la vérité ne peut pas en condamner une autre, comme inférieure ou constituée d'une argile différente, parce que cette personne sait que nous sommes tous unis dans une Vie Une, cette Vie étant le fils (la fille) de Dieu.

Les débutants doivent être parfaitement au courant de ces concepts qui *sont* d'application universelle, pour le bon, le vrai, et le beau, avant de compléter cette deuxième étape. Ils cherchent la connaissance, mais par-dessus tout, ils cherchent la connaissance de la Sagesse.

3. La substitution du vieux schème de direction par un nouveau.

C'est un processus de croissance mis en œuvre consciemment que nous appelons l'incorporation. Quand un concept de vérité est enfin compris par le « Je » conscient et pensant, ce « Je » se met en action pour l'incorporer. L'individu choisit de l'incorporer dans sa propre conscience et dans son instrument, de manière à ce que son contraire ne puisse jamais s'exprimer en lui. Il le grave dans son cerveau à la place du vieux schème de pensée habituel, en se concentrant et en méditant sur lui.

Exemple : Si un individu en arrive, dans sa conscience, à une compréhension de la Paternité de Dieu et de la Fraternité de l'Humanité, et qu'en même temps, il est devenu conscient de certains schèmes de pensée qui déclenchent dans son cerveau des réponses automatiques contradictoires à sa prise de conscience, il se met alors en action pour remplacer le vieux schème par un nouveau, de la façon suivante :

1. Il médite quotidiennement sur la Paternité de Dieu et sur la Fraternité de l'Humanité.

2. Il formule un nouveau schème de pensée à la place de l'ancien et il se concentre sur lui quotidiennement.

Par exemple, si Jean a entretenu une aversion envers Henri durant nombre d'années à cause d'un automatisme qui lui disait qu'il devrait détester Henri (indépendamment de la justification de cette aversion), il va formuler alors le nouveau schème de pensée ainsi :

Henri est un fils de Dieu. Je suis son frère. Il est mon frère. La relation fondamentale entre nous est la fraternité. Sa qualité est l'Amour.

Il se concentrera sur cette nouvelle forme-pensée de trois à cinq minutes chaque jour jusqu'à ce que la vieille réponse disparaisse.

Ceci est un entraînement positif, une discipline qui amorce véritablement le développement et l'expression de la conscience de l'humanité dans sa réalisation consciente d'être une Âme, une expression divinement créée de la Vie de Dieu.

Les techniques décrites ci-dessus font partie de la nouvelle philosophie appliquée, par laquelle l'humanité transformera l'ensemble de sa civilisation, en un reflet plus vrai du royaume de Dieu.

Parce que vous êtes parmi les premiers à recevoir ces techniques, vous avez une responsabilité que vous devriez considérer profondément. Si toute l'humanité, ou la majorité des humains, ou même si une minorité de personnes dans chaque nation connaissait et appliquait les techniques décrites dans cette leçon, nos peurs face à la guerre, les menaces et les mouvements forcés pour provoquer la guerre pourraient se transformer en un réel effort pour la paix.

Aujourd'hui, les hommes et les femmes ne sont pas tous intéressés à un enseignement de ce genre, parce qu'ils ne se sont pas encore éveillés à ses possibilités ou au besoin de cet enseignement dans le monde. Vous pouvez contribuer à amener cet éveil en discutant de la Philosophie Appliquée avec vos amis, vos voisins, et avec tous ceux qui se trouvent dans votre sphère d'influence.

La Pensée Créatrice

LEÇON 15

SE CONNAÎTRE SOI-MÊME

L'Esprit, la conscience et la matière

Le voyage et l'identification

La conscience, une interaction de forces entre l'Esprit et
la matière

Passer du monde de l'émotion au monde du mental

*   *   *

La connaissance de soi est l'une des tâches les plus difficiles qu'une personne puisse entreprendre. Rien en ce
monde ne présente autant de mystère et de questions
que l'énigme de l'identité ou de la réalité intérieure de
l'être humain. Pourtant, à chaque époque, le chercheur
a toujours été exhorté par le sage et par l'adepte à se
connaître lui-même.

Nous recherchons la connaissance des étoiles, de l'atome
et du monde dans lequel nous vivons. Nous recherchons
la richesse, le statut et le pouvoir en ce monde, ou encore nous cherchons à avoir un minimum de confort et à
échapper à la souffrance. Mais tout cela nous est de peu
d'utilité si nous sommes ignorants de notre constitution
et de notre nature.

Nous connaissons notre nom et notre adresse. Nous savons que nous sommes de l'espèce Homo Sapiens. Nous
avons une idée limitée de notre apparence physique et
de nos sentiments intérieurs, mais *que savons-nous
vraiment de nous-mêmes?*

Au-delà des éléments qui constituent notre corps physique, de quoi sommes-nous constitués? D'où venons-nous et où allons-nous? Qui peut comprendre le miracle de la conscience de veille ou le miracle du mental et du processus de la pensée ou encore de la vie elle-même?

La plupart des gens n'osent pas se poser ces questions, parmi tant d'autres, parce qu'elles réveillent souvent des sentiments d'insécurité et d'anxiété face à l'inconnu. La vie elle-même est si impénétrable, qu'inconsciemment, ils ont peur que le fait de se questionner sur la vie puisse amener la mort.

Bien que le mystère semble impossible à résoudre, on peut le connaître et le comprendre à la lumière de la vérité. On nous a dit que « la vérité nous rendra libres », et elle le fera, mais nous devons d'abord la rechercher.

L'humanité est tout d'abord une étincelle du Feu divin. Au centre même de notre être, nous sommes un point de focalisation de l'Esprit qui est une partie de cette Vie dans laquelle nous vivons tous, nous nous mouvons et nous avons notre être.

Deuxièmement, l'humanité en tant qu'Âme est un rayonnement de conscience, qui émane de manière sphérique de l'étincelle.

Troisièmement, l'humanité est un état de conscience habitant un corps d'énergies et de forces organisées, à la périphérie de cette sphère rayonnante que nous appelons l'Âme. L'apparence est définie comme une personnalité. C'est une aide à la compréhension que de réaliser que le mot personnalité est dérivé de la racine latine, persona, qui signifie masque.

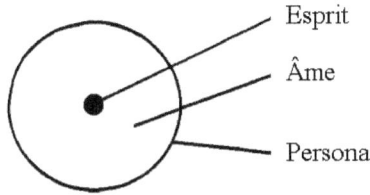

Esprit

Âme

Persona

Lorsque la conscience, qui est l'Âme, est identifiée à son corps d'apparence, elle est orientée vers la persona et identifiée à elle. Elle est limitée à la périphérie extérieure de son être, prisonnière des énergies et des forces qui constituent ce corps, et sa nature est séparatrice, parce que le corps apparaît comme une vie séparée de toutes les autres vies.

La périphérie elle-même est de nature triple, puisqu'elle est, dans un sens, un reflet de la nature triple de l'humanité, l'entité divine. Ainsi, l'Esprit est reflété dans une nature mentale, l'Âme est reflétée dans une nature émotionnelle et l'aspect matière substantielle, qui donne forme à l'étincelle divine, est reflété dans un corps physique.

Quand la conscience entreprend son voyage de retour vers le Royaume du Père d'où elle provient, elle se tourne vers l'intérieur, vers le centre de son être. Ainsi, la conscience passe de l'aspect purement physique, vers la nature émotionnelle pour en faire l'expérience. C'est là où l'humanité se trouve aujourd'hui.

Avec le mouvement intérieur de l'aspect émotionnel vers l'aspect mental, nous devenons sciemment conscients du processus. Nous sommes maintenant capables d'aider ce passage par l'utilisation de notre volonté.

Dans le mental, nous commençons à nous identifier à cette Vie émanante, Vie que nous sommes en réalité, l'Âme, et à regarder en direction de l'Étincelle divine qui

115

est notre identité spirituelle dans la Vie Une.

Pendant quelque temps survient un conflit entre l'identification à la persona, les vieilles habitudes enracinées dans la nature de la persona et la Vérité de l'Âme qui nous adombre et qui demande à être incarnée. Nous sommes déchirés entre les paires d'opposés, et nos sentiments intérieurs reflètent cette dualité. Nous traversons alors une période au cours de laquelle nous sommes à la fois une persona et une Âme, et où cette conscience double se reflète dans notre vie et dans nos activités, comme des paires d'opposés. La lutte entre le bien et le mal devient très accentuée, et des problèmes psychologiques apparentés à ceux du docteur Jeckel et de monsieur Hyde peuvent en résulter si le conflit est maintenu sous le niveau de la conscience par un schème de répression bien ancré dans les habitudes de l'individu.

C'est vers cette zone de la périphérie (la nature mentale) que l'humanité se dirige aujourd'hui.

À mesure que la conscience abstrait son identification de l'aspect forme de la périphérie, c'est-à-dire de la persona, elle s'identifie à l'Âme et elle devient tellement consciente de cette Étincelle divine, de ce qu'elle est au centre de son être, qu'elle devient le Christ qui est Un avec le Père et avec toute Vie.

La description ci-dessus se réfère non seulement à l'individu, mais également à la vie collective de l'humanité.

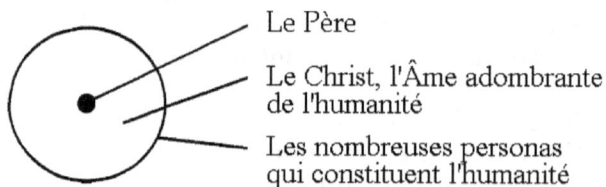

Le Père

Le Christ, l'Âme adombrante de l'humanité

Les nombreuses personas qui constituent l'humanité

La conscience éveillée, le soi, où qu'elle se trouve, est toujours le résultat d'une interaction de forces (relation) entre l'Esprit et la matière. C'est donc une expression et une évidence de Dieu.

Pour connaître Dieu et notre relation avec Lui, il suffit d'élever notre conscience de l'aspect forme ou matière à laquelle nous nous sommes identifiés par nos perceptions sensorielles, vers l'Esprit invisible, mais ressenti, qui habite la forme.

Par la croissance évolutive, nous devons développer une perception spirituelle qui nous révélera l'évidence de ce que nous ne pouvons pas percevoir avec les cinq sens physiques. C'est ainsi que naît notre sécurité spirituelle qui nous conduira pour le reste du chemin, vers le Royaume du Père.

La concentration et la méditation cycliques pendant des jours, des semaines, des mois et des années sur le symbole donné dans cette leçon et sur sa signification, aideront l'étudiant sincère dans sa recherche de la vérité. Cependant, à moins que l'étudiant soit prêt et déterminé à discipliner sa conscience, à vivre en fonction des plus hautes vérités connues, et à discipliner l'aspect forme afin qu'il incarne ces vérités, un tel procédé n'est pas sécuritaire. Si le dessein n'est pas sincère, sans consécration totale au Christ, il est extrêmement dangereux de suivre un tel chemin.

Une fois que notre conscience atteint le mental et commence à s'identifier comme Âme, nous entrons symboliquement dans le Temple de la Sagesse. Cela signifie que nous sommes entrés dans la zone du mental qui détient la connaissance de la Vérité spirituelle, cette aire de la conscience qui détient la sagesse d'utiliser la Vérité pour le bien de l'humanité. Ainsi commence réellement notre éducation spirituelle, et nous apprenons alors à contrôler les énergies et les forces des trois mondes inférieurs (mental, astral-émotionnel et physique) au moyen de notre triple instrument, pour créer les effets désirés dans la vie et dans les activités extérieures.

Vous êtes maintenant en train d'effectuer le processus de transfert du monde de l'émotion vers le monde du mental. Que trouverez-vous quand vous y serez?

1. Une identification plus facile à la conscience qu'à la combinaison des pensées, des sentiments, et des sensations corporelles. Le fait que *vous*, le « Je » conscient et pensant, êtes l'Âme, va commencer à prendre plus de sens et, graduellement, vous commencerez à percevoir le monde par l'œil nouvellement ouvert de l'Âme, avec une plus grande compréhension des significations intérieures, derrière les événements extérieurs.

2. Que vous avez une volonté et que vous pouvez graduellement apprendre à contrôler les forces de vos corps. Vous commencerez à comprendre que la volonté est une extension de l'Esprit, dans votre mental, et que par son orientation juste et par sa bonne utilisation, vous pouvez consciemment créer vos propres effets, dans le monde substantiel des apparences.

3. Enfin, vous découvrirez que la méditation est le mode d'opération de l'Âme et vous apprendrez graduellement à l'utiliser aussi facilement que vous utilisez la parole ou toute autre faculté que vous avez développée. C'est peut-être la plus gratifiante de toutes vos découvertes, car, par la méditation, Dieu est connu, le mystère du processus créateur est éclairci, et le soi se perfectionne pour devenir un vrai fils de Dieu.

Contemplez ces découvertes comme une nouvelle manière de vivre, et imaginez-vous vivre de la sorte. Qu'est-ce que cela signifiera pour vous, comme individu, et qu'est-ce que cela signifiera pour vos collègues? Considérez vos relations et imaginez l'effet que vous produiriez sur vos collègues comme fils (fille) de Dieu, conscient de son Âme?

Comment accueilleriez-vous les divers événements de la journée, la récolte des semences plantées dans le passé? Et finalement, comment accueilleriez-vous la mort?

Ce sont des questions qui valent la peine d'être posées lorsque vous atteignez le sommet de votre montagne. Ce sont des questions que vous apporterez dans le monde du mental et auxquelles vous répondrez en communiant avec la vie et la complexité de son dessein.

Vivre consciemment, c'est vivre pleinement chaque moment, en extrayant de chaque expérience l'essence de la sagesse, en sachant que la volonté-de-bien est ce qui remplit le cœur de joie et le mental d'amour. Pour faire cela, nous devons nous éveiller, et nous ne nous éveillons qu'en allant vers l'intérieur et en cherchant avec intrépidité. Osez questionner cette vie dans laquelle vous vivez, vous vous mouvez et vous avez votre être.

La Pensée Créatrice

LEÇON 16

LE SOMMET DE LA MONTAGNE

Le voile noir

Dieu le Père, Dieu la Mère et Dieu le Fils

Le centre ajna

Le centre dans la tête

Les fils d'argent et d'or

*   *   *

À ce moment-ci, vous devriez avoir atteint le sommet de votre montagne, n'attendant que l'étape finale pour amorcer une polarisation mentale. Cette leçon décrit cette étape. Alors, accordez-lui toute votre attention, et suivez les directives présentées.

Que trouvez-vous après cette longue ascension? Étendez votre regard et observez le paysage. Il semble que vous vous teniez sur le sommet du monde, avec les collines et les vallées qui s'étalent plus bas, au loin. Assez près se trouvent des fermes et des villages, des ruisseaux et des rivières et, à l'horizon, il y a des océans et des villes. On peut voir ceux dont les épaules sont voûtées sous le fardeau de la vie et d'autres dont le chant reflète la joie de vivre. C'est le monde, peuplé de millions d'êtres humains, tous seuls à l'intérieur d'eux-mêmes, enfermés dans une prison de chair, de pensées et d'émotions, la tombe de l'Esprit! Pourtant, ici et là, l'Esprit brûle avec éclat, et une lumière s'irradie à partir d'un point, à l'intérieur de la prison, pour atteindre et toucher d'autres points. Nous sommes unis par cette lumière, mais la plupart d'entre nous ont peur, et nous nous terrons encore plus profondément dans la masse des ténèbres qui nous entourent.

Vaguement, à travers les nuages, vous pouvez voir cet endroit d'où vous vous êtes élevés, et ceux, semble-t-il, que vous avez laissés derrière vous.

Maintenant, portez votre regard sur le ciel immense et regardez le soleil briller sur vous. D'abord, vous voyez sa teinte dorée, et à force de regarder, vous notez son centre immobile de couleur bleue, tel un grand œil qui voit tout, et sa couronne orange se projetant très loin dans l'espace qui l'entoure. L'œil est magnétique et il semble vous appeler; vous aspirez au soleil, mais, entre le soleil et vous, il n'y a que de l'espace, sans possibilité de le traverser.

Vous êtes rempli de désespoir, parce que, dans votre vision, se trouve une promesse de vie éternelle et de sagesse. Ici réside la résurrection de votre Âme, des ténèbres à la Lumière, et pourtant, vous êtes coupé d'elle par l'abîme de l'espace.

Pendant que vous regardez, l'espace devient noir et vous reculez, troublé et effrayé. Le soleil vous attire toujours. Il est clairement visible, et pourtant, entre vous et le soleil, il y a un vide noir.

Dans votre cœur, vous savez ce qu'est ce vide. C'est votre propre peur, la noirceur de votre propre ignorance qui s'étend devant vous pour vous barrer l'entrée dans la lumière salvatrice du soleil.

Sachant cela, vous vous ressaisissez et sans détourner les yeux, vous regardez à travers le vide dans l'œil bleu du soleil. Depuis cet œil, un sentier de fils de lumière argentés et dorés se forme à travers l'espace. Il est tellement étroit qu'il ressemble à une lame de rasoir; c'est sur ce pont étroit que vous devez traverser le vide.

Soudainement, étant conscient de ne pas avoir fait un seul pas, vous vous retrouvez profondément à l'intérieur du cœur du soleil, et ici, vous connaissez la réalité.

Ici se trouve l'humanité que vous pensiez avoir laissée derrière vous. L'humanité dans son ensemble est une, parce qu'en elle se trouve la Vie Une qui pénètre profondément dans le cœur et dans le mental de chacun, pour former son Âme et pour lui donner des moyens de subsistance. C'est le Christ qui s'est donné sur la croix de la chair, afin que l'humanité puisse vivre.

Ici, nous sommes des frères dans le Christ, et pourtant, dans ce monde sombre et terne, nous l'ignorons. Ici se trouvent Dieu, le Père, Dieu, la Mère, et Dieu, le Fils. Ici se trouvent le bon, le vrai, le beau, cette vie dans laquelle nous vivons, nous agissons et nous avons notre être, et dans laquelle nous sommes un.

Tout aussi soudainement, vous êtes de retour sur le sommet de votre montagne, vous tenant à deux doigts du vide, le ruban étroit de lumière argentée et dorée s'étendant devant vous, sachant que c'est votre tâche de le traverser pas à pas. Plus tard, beaucoup plus tard, vous découvrirez une signification plus profonde à ce fil minuscule de lumière, mais pour l'instant, vous savez seulement qu'il constitue le sentier qui vous conduira de votre ignorance spirituelle à la sagesse de votre Âme.

Le sommet de la montagne symbolise le centre entre les sourcils et ce sera votre première demeure, dans le monde du mental. C'est ici que vous établirez votre demeure, en apprenant consciemment à vivre dans votre tête. On appelle ce centre entre les sourcils, le centre ajna, et c'est à partir de ce point de convergence qu'il devient possible de contrôler les forces de notre instrument. De ce point, nous observons notre monde avec une vision claire de ce qu'il est en réalité, libre des nuages des émotions qui, chez tant de gens, cachent la réalité.

Avec une telle vision, les mécanismes de réponse automatique peuvent être amenés sous contrôle, afin que nos réponses à notre environnement soient préméditées pour produire le plus grand bien du plus grand nombre. Il est impossible d'être perturbé émotionnellement ou en perte de contrôle lorsque nous nous tenons calmement dans ce centre.

Lorsqu'une réaction émotionnelle menace de vous engloutir, apprenez à vous maintenir fermement dans le centre ajna, et de là, contemplez la Vérité.

Le soleil, qui brille bien haut au-dessus du sommet de la montagne, symbolise votre Âme, mais, en même temps, parce que votre Soi Supérieur ne connaît aucune séparation, il symbolise l'Âme de tous, l'Âme de l'humanité, cette vie qui est habitée par le Christ.

Le centre de l'Âme ressemble au soleil, mais naturellement, il ne se trouve pas dans la fréquence de la substance du plan physique. Il se situe à une fréquence beaucoup plus élevée, au-dessus du sommet de la tête où il adombre la personnalité.

Par contre, lorsque la personnalité commence à aspirer à l'Âme, ce centre est reflété dans le centre de la tête, comme une petite sphère de lumière dorée, ressemblant à un minuscule soleil doré. À mesure que la personnalité continue à rechercher la Vérité et s'efforce d'appliquer cette Vérité dans sa vie et dans ses activités quotidiennes, l'Âme adombrante infuse ses énergies à la personnalité, par ce reflet d'elle-même, dans le centre de la tête.

Il faut comprendre que ce centre n'existe pas réellement jusqu'à ce que la personnalité commence à invoquer l'attention de l'Âme adombrante vers le bas, par ses propres efforts. Lorsque cela commence à se produire, la sagesse de l'Âme se déverse dans le mental et dans le cerveau de la personnalité, et graduellement, nous devenons illuminés.

Le vaste espace du ciel entre le sommet de la montagne et le soleil symbolise le secteur du mental, où doit être construit le pont par la personnalité qui y aspire, avant que nous puissions renaître dans la conscience de l'Âme.

Lorsque nous le contemplons, le vide devient noir, d'abord, parce qu'il est inconnu, et ensuite, parce que nous le remplissons de la terreur et de l'ignorance de notre propre subconscient.

Nous faisons l'expérience d'une vision momentanée de notre Soi Supérieur, dans le Royaume de Dieu. Pendant un moment palpitant, nous connaissons la joie de la réalisation promise puis, de nouveau, nous sommes face à ce vide noir que nous devons traverser.

Dans notre désespoir, alors que nous fixons notre regard sur le Cœur de la Vie Une d'où émane notre dessein, un sentier prend forme. Il est fait d'un fil de lumière argent et or, si étroit qu'il ressemble à une lame de rasoir.

La lumière argentée est celle du Christ Qui s'avance pour aider l'aspirant disciple. La lumière dorée est celle de la conscience même du disciple qui s'avance pour joindre sa vie à celle du Christ.

« Je suis la Résurrection et la Vie. » (Jean 11:25)

Nous devons trouver notre chemin vers le Royaume du Père par ce sentier étroit, à travers le vide de notre propre mental, en pleine conscience éveillée de nous-mêmes, en tant que fils ou filles de Dieu.

Vous noterez que le terme « disciple » est employé dans un paragraphe précédent. Cela est dû au fait que la personnalité qui y aspire est devenue le disciple du Christ au moment où elle s'est avancée avec sa propre conscience, pour traverser le vide.

La voie du mental est reflétée extérieurement dans la vie des disciples, à mesure qu'ils appliquent les enseignements du Christ à leurs activités journalières. Ils foulent un sentier bien étroit dans le monde, et pourtant, il est large au point d'inclure tout être humain comme leur frère.

Arrêtez-vous un moment et focalisez votre conscience dans la caverne du centre du cœur comme vous l'avez fait chaque matin dans votre méditation.

Visualisez le centre entre les sourcils (similaire en apparence au centre du cœur, sauf qu'il est de couleur jaune doré), et considérez-le comme étant votre nouveau centre de résidence, dans votre corps.

Ensuite, visualisez la réplique en miniature dorée de vous-même dans ce centre, et focalisez votre conscience à cet endroit.

Calme et posé dans la tête, dans le centre ajna entre les sourcils, contemplez le concept suivant pendant quelques instants.

« Moi... (votre nom), fils ou fille de Dieu, j'intègre les forces de mon corps, de mes émotions et de mon mental, pour aspirer au Royaume de mon Père. Que la Lumière brille sur mon chemin. »

Ensuite, prenez quelques instants pour rayonner la Lumière et l'Amour dans votre environnement et par celui-ci.

Faites cet exercice de méditation chaque matin à heure régulière et efforcez-vous de vaquer à vos activités tout au long de la journée, à partir du point de concentration du centre ajna.

LEÇON 17

CHOISIR ET DIRIGER SES PENSÉES

La force de la volonté

Le plan mental

Travailler sur la cause

La magie blanche et la magie noire

La croisée du chemin de décision

S'aligner avec les forces de Lumière

*   *   *

La mesure de notre volonté est notre habileté à choisir et à diriger nos pensées en fonction d'un dessein qui nous est connu.

Toute personne peut penser à un niveau plus ou moins élevé, mais peu de gens ont développé la force de volonté nécessaire pour choisir les pensées auxquelles ils pensent à chaque instant. Cette minorité s'est rendu compte que la vie-de-la-pensée d'un individu est le moule de son monde extérieur, que les formes créées dans la substance mentale sont les schèmes à partir desquels sa vie quotidienne est façonnée.

Il est difficile de se rendre compte de cette vérité, parce que la vie-de-la-pensée peut rarement être perçue avec suffisamment d'objectivité pour pouvoir l'associer aux événements qui en sont les conséquences naturelles. Le mental lutte pour comprendre ses propres lois et pour s'entraîner à une utilisation juste de ces lois.

C'est le problème des personnes qui apprennent à vivre à partir d'un point de référence mental. Dans le passé, ces personnes ont été les victimes de leur pensée, plutôt que d'en être les créateurs ou les conducteurs. À partir de leur polarisation émotionnelle, elles ont agi en fonction d'un ensemble de lois ressenties qui fonctionnent, mais qui ne s'appliquent qu'à la fréquence des émotions.

Maintenant, elles se voient devenir matures et se dégager de la vie émotionnelle, pour entreprendre une polarisation mentale qui est, pour elles, un terrain inaccessible, jusqu'à ce qu'elles en apprennent les lois. Les vieilles lois qui leur étaient familières depuis si longtemps et qu'elles avaient appris à manipuler plus ou moins pour leur propre profit ne fonctionnent plus. Elles sont comme les personnes d'Amérique qui, en Angleterre, se retrouvent soudainement à conduire du mauvais côté de la route. Elles sont en grand danger, tout comme les personnes près d'elles, parce qu'elles violent une loi de la circulation du nouveau pays dans lequel elles sont entrées.

D'une certaine façon, elles sont comme des adolescents qui se retrouvent soudainement entre deux mondes. Ils sont arrivés à une stature d'adulte, alors qu'ils sont encore trop jeunes pour être familiers avec les sentiments et les façons de faire des adultes. Leur situation est douloureuse, mais bien réelle, parce qu'ils n'appartiennent pas encore à ce monde. Ils doivent arriver à s'y faire une place et ils ne peuvent le faire qu'en apprenant les techniques du monde des adultes.

Le plan mental est la sphère de substance créatrice qui est la cause de la manifestation du plan physique. Les gens qui y vivent et qui dirigent leurs actions à partir de la fréquence de cette substance travaillent avec les causes plutôt qu'avec les effets. C'est la différence essentielle entre les personnes polarisées mentalement et les personnes qui vivent encore à partir d'un point de référence émotionnel. Ces dernières sont constamment confrontées aux effets et doivent travailler sur les effets et avec eux. Les causes, pour la plupart, leur sont inconnues et elles sont victimes des circonstances. Ce qu'elles entendent faire dépend toujours d'un « si » : si telle situation ou telle autre est favorable, elles pourront atteindre leur but, etc.

Les individus qui sont devenus polarisés mentalement ne dépendent pas du « si » pour la réalisation de leurs activités. En contrôlant les causes, ils créent les conditions et les circonstances nécessaires à la réalisation de leurs plans et de leurs desseins. Ils mettent la cause en mouvement à partir des niveaux du mental, pour que se manifestent, dans les substances émotionnelle et physique, les effets qu'ils *choisissent* de manifester.

Cependant, il faut se rappeler qu'ils agissent ainsi parce qu'ils ont appris à le faire, et non pas simplement parce qu'ils l'on développé à la suite d'un processus évolutif inconscient. Une personne devient polarisée mentalement par un effort conscient pour y parvenir. Elle apprend à utiliser les lois du mental par une étude sérieuse de ces lois, et par un entraînement discipliné qu'elle s'impose pour appliquer ces lois. Ainsi, elle met en œuvre sa propre croissance pour atteindre un nouveau niveau de compréhension spirituelle.

Au cours des âges, travailler avec la cause a été considéré comme de la magie, parce que les résultats semblaient être provoqués par des méthodes surhumaines ou surnaturelles. Nous continuons à utiliser le terme magie, mais nous lui donnons une signification différente. Pour ceux d'entre nous qui sont familiers avec ce terme, cela définit simplement le processus créateur, lorsqu'il est appliqué à la vie et aux activités d'une personne.

« La magie est l'utilisation de la loi divine, pour produire une série d'effets ordonnés, dans le temps et dans l'espace. »

Il y a, bien sûr, une application positive ou négative d'une telle activité, puisque les paires d'opposés se manifestent toujours dans la vie et dans les activités des êtres humains. Il y a une magie blanche et une magie noire. Il y a des magiciens blancs et il y a des magiciens noirs. En nous engageant sur le sentier du développement mental, nous choisissons, par notre attitude et par nos actions, ce que nous deviendrons.

« La magie blanche est l'utilisation de la loi divine, pour produire une série d'effets ordonnés dans le temps et dans l'espace, qui manifestent le bon, le vrai et le beau pour l'humanité ».

Les magiciens blancs sont intéressés aux effets qui ont un rapport avec le mieux-être de l'humanité dans son ensemble. Ce sont les disciples du Christ. Leur dessein est de servir la Vie du Christ qui adombre l'humanité et qui y réside. Ils ont incarné ou essayent sincèrement d'incarner le principe de l'altruisme dont le résultat est l'innocuité dans l'intention et la bienveillance dans l'action.

« La magie noire est l'utilisation de la loi divine, pour produire une série d'effets ordonnés dans le temps et dans l'espace, qui manifeste les buts séparateurs du magicien ». Le magicien noir est intéressé à lui-même, à son ascension au pouvoir ou à l'accumulation de gains matériels. Il se moque de l'humanité, et il se sépare à la fois de Dieu et de l'humanité, dans le refuge de son propre ego.

Les gens qui foulent le sentier du développement mental vont soit à droite, vers la magie blanche, soit à gauche, vers la magie noire. C'est en effectuant les nombreux petits choix reliés à la routine de la vie quotidienne

130

qu'ils sont confrontés à la croisée du chemin de décision. Ils font l'apprentissage du processus créateur et de la mise en place, dans la substance mentale, des schèmes qui dirigent la force de leur créativité, soit vers les forces de lumière pour le mieux-être de l'humanité, soit vers les forces de l'ombre pour ce qu'ils pensent être un gain personnel.

La décision majeure contenue dans l'ensemble des petits choix faits au cours d'une incarnation affectera leur vie et leurs affaires au cours de nombreuses incarnations à venir, parce qu'ils construisent dans leur instrument des schèmes d'action, des tendances, des attractions et des répulsions, etc., qui seront reportés dans leur prochaine incarnation, comme une partie des soi-disant caractéristiques héritées. Celles-ci affecteront l'état intérieur de la conscience qui va naître dans la chair, jusqu'au moment où l'expérience aura enseigné à cette conscience qu'elle est une partie de la Vie du Christ.

Alors, on peut facilement voir que cette phase particulière du développement évolutif (le début de la polarisation mentale) est d'une très grande importance. Au cours de ce cycle de développement, une personne met en branle les causes qui vont affecter sa vie et ses activités au cours de plusieurs incarnations. Ces individus posent les pieds sur le sentier qui fera d'eux un Christ ou un démon, au niveau de leur influence dans le monde.

C'est un concept sur lequel on doit réfléchir profondément. Toute conscience évolue vers une expression plus parfaite de ce qu'elle est au niveau de son intention. Alors que l'Intention divine pour l'humanité est l'expression du Christ, une personne peut refuser d'accepter cette destinée, et plusieurs le font. Quand cela se produit, le développement évolutif va vers le côté obscur, et nous voyons la montée d'une personne vers le pouvoir comme Hitler. De telles personnes forment leur propre

intention séparatrice et se coupent du dessein de la Vie
Une. Quel lourd karma presque inépuisable pour ces
personnes que l'évolution a amenées à ce point! Bien
qu'elles aient pu avoir mérité une telle expérience, avoir
été le véhicule de précipitation du karma de souffrance
ou d'asservissement d'une masse de personnes implique
un châtiment presque impossible à envisager. Il vaut
mieux avoir été l'instrument par lequel la grâce salvatrice du Christ aura pu toucher les masses.

Cependant, il faut se rappeler que ni l'un ni l'autre n'est
le résultat d'une seule vie. La destinée de chacun se tis-
se au cours de plusieurs incarnations de progrès évolutif. Ce n'est qu'après plusieurs vies de développement
évolutif qu'Hitler a réussi son ascension vers le pouvoir
et est devenu un point de concentration par lequel les
forces noires se sont déchaînées sur l'humanité. Il y a
plusieurs siècles, il était là où la plupart d'entre vous se
trouvent maintenant, à la croisée du chemin de décision.
Ses nombreux petits choix ont été faits en sa faveur
comme personnalité, et bien qu'à ce moment-là, ils
n'aient pas semblé importants, ils ont par la suite mené
à cette incarnation où son influence était tellement
grande qu'elle a provoqué une guerre mondiale et des
souffrances indescriptibles pour des millions de personnes.

Dans les prochaines leçons, nous vous donnerons les rudiments de la science de cause à effet. Vous apprendrez
à utiliser les énergies à partir d'un point de concentration de la volonté, dans la substance mentale. Au cours
des prochaines incarnations, vous deviendrez consciemment créateur, à un degré qu'il vous est impossible
d'imaginer présentement. Au cours de la prochaine semaine, il serait sage de vous arrêter et de réfléchir profondément à la décision constituée de vos attitudes et de
vos actions, pendant le reste de votre vie.

Faites en sorte que votre décision soit une décision consciente, prise dans la conscience des conséquences qu'elle aura éventuellement.

En dirigeant votre pensée, alignez-vous sur les forces de Lumière irradiées par le Christ et, par la prière, invoquez ces forces pour qu'elles vous guident dans les petits choix qui constituent cette décision majeure. Placez vos pieds fermement sur le sentier de la main droite, consacrant votre créativité à la manifestation du bon, du vrai et du beau, pour tous ceux avec qui vous entrez en contact.

La Pensée Créatrice

LEÇON 18

Pourquoi l'énergie suit la pensée

Le processus créateur

La Loi de la Polarité

La Loi du Contrôle Magnétique

La Loi de la Précipitation

La construction des formes-pensées

*   *   *

Une des premières lois du mental que le chercheur doit saisir et comprendre est fort simple et la plupart d'entre vous en ont entendu parler à maintes reprises. « L'énergie suit la pensée. » C'est une vérité fondamentale qui comporte plusieurs implications qui doivent être parfaitement comprises avant qu'une personne devienne maître de son aspect forme ou de son propre destin.

Avant de pouvoir commencer à comprendre ces implications, nous devons apprendre *pourquoi* l'énergie suit la pensée. Quelles sont les lois obscures derrière cette affirmation qui en fait un fait de la nature? Qu'est-ce qui se passe exactement quand la substance mentale est formulée en pensées?

Les pensées sont intangibles puisque nous ne pouvons pas les voir, les entendre, les goûter, les toucher ou les sentir. Nous pouvons seulement les penser et ainsi, pour la plupart des individus, les pensées n'ont aucun fondement dans la réalité. Et pourtant, elles sont les causes derrière tout ce que nous expérimentons dans le monde extérieur des événements. Avant qu'il y ait expérience, il doit y avoir une conscience qui formule une pensée, dans un mental. Ce mental dirigera l'énergie vers une forme d'expérience. Ainsi, nous voyons que toute expérience, quelle que soit sa nature, est l'effet direct d'une vie-de-la-pensée.

Alors, qu'est-ce qui est le plus près de la réalité? Le plan mental où la cause est mise en mouvement, ou le plan physique où l'effet de la pensée prend une apparence, pour les sens physiques d'une conscience incarnée dans un corps physique?

Les trois lois obscures, derrière le fait que l'énergie suit la pensée, peuvent être définies de la façon suivante :

1. La Loi de la Polarité : quand les forces polaires de la Volonté et du mental sont mises en relation, le processus créateur commence. Par cette polarité, un champ magnétique est créé dans le mental.

2. La Loi du Contrôle Magnétique : quand un champ magnétique est créé dans le mental et qu'il y est maintenu, la substance mentale est mise en mouvement selon le schème dicté par la volonté. Une pensée naît par le contrôle magnétique de la substance.

3. La Loi de la Précipitation : quand une pensée naît, un triangle d'énergie de précipitation est amené en juxtaposition au temps et à l'espace.

Le magicien (indépendamment de son alignement sur les forces blanches ou noires), pour créer une circonstance ou une situation prédéterminée dans sa vie et dans ses activités, doit s'approprier et utiliser consciemment ces trois lois. Prenez conscience que cela n'est pas de la théorie. Il existe dans le monde d'aujourd'hui, comme cela a toujours été le cas, des gens qui vivent seulement à partir du processus créateur décrit ci-dessus. Cela fait partie du développement évolutif, et tous en feront l'expérience éventuellement. Le temps approche où l'ensemble de la race humaine démontrera cet aspect de son héritage divin.

« L'homme a été créé *à l'image et à la ressemblance* de Dieu. » Nous sommes donc créateurs par notre ressemblance avec le Père.

Un concept peut être inséré ici, pour contemplation et méditation ultérieure.

« La Volonté d'Être, focalisée dans le Mental de Dieu, a créé la première pensée du Soi. Ainsi naquit le 'Je' conscient et pensant. »

Les personnes qui s'efforcent de devenir polarisées mentalement sont confrontées à la nécessité de comprendre ces trois lois majeures reliées au processus créateur. Elles doivent créer. Elles doivent commencer à dominer leur aspect forme et les circonstances environnantes de leur vie, parce que cela est devenu leur nature intérieure. Elles ne peuvent plus accepter la domination d'un destin imprévisible parce que la nature de la conscience polarisée au niveau mental est de créer et de contrôler son propre destin.

La conscience recherche alors la connaissance par l'étude, la méditation, et l'expérimentation. Dans leurs efforts, ces personnes feront l'expérience de succès et d'échecs, de résultats plaisants et déplaisants, jusqu'à ce que, éventuellement, elles développent une pleine connaissance de la magie et l'habileté à appliquer cette connaissance dans leur vie et dans leurs activités. Leur influence sera bonne ou mauvaise en fonction de leurs motifs personnels, et elles récolteront leurs récompenses en conséquence.

Parce que tellement de personnes ont atteint l'étape du processus évolutif où elles se tiennent au seuil de ce développement, les connaissances concernant ce développement sont maintenant devenues facilement disponibles en réponse à leurs demandes conscientes et inconscientes.

Cette série d'instructions s'ajoute à plusieurs autres qui font leur apparition partout à travers le monde d'aujourd'hui, dans un effort pour aider à guider les chercheurs le long du chemin de l'aventure spirituelle. On espère que, de cette façon, certains des dangers qui guettent les chercheurs pourront être amenés à leur attention, et que leur décision concernant le sentier de la main droite ou de la main gauche sera prise en pleine connaissance de ce qu'ils font.

Le processus créateur, tel qu'il s'applique à l'être humain polarisé mentalement, est décrit ici avec suffisamment de clarté, pour que toute personne vraiment désireuse de l'utiliser puisse apprendre à le faire.

En même temps, comme pour toute chose, l'étudiant est averti qu'il y a un bon et un mauvais usage de ce processus. Les répercussions de l'un ou de l'autre sont beaucoup plus grandes que tout ce que vous avez connu dans le passé. Le choix est le vôtre, la responsabilité de ce choix est la vôtre, et les effets créés dans le futur par les graines semées dans le présent seront également les vôtres.

La formulation de la pensée, qui est le premier acte du processus créateur, a lieu quand une conscience amène sa volonté à se focaliser sur le mental. Elle utilise la loi de la polarité. La volonté en cours d'utilisation n'est rien d'autre que *l'intention focalisée*. L'habileté d'un individu à amener une intention en un point focalisé dans son mental déterminera le niveau de son potentiel créateur.

Considérez ce qui se produit dans le mental, lorsque des gens commencent à établir un contrôle créateur sur leur vie et sur leurs activités. L'effort premier et le plus naturel sera de mettre de l'ordre dans leur vie. Ils choisiront habituellement de redresser certaines situations (parce qu'elles sont dysfonctionnelles ou déplaisantes) en eux-mêmes ou dans leur environnement. S'ils souffrent d'une maladie chronique, ils vont naturellement essayer de la guérir. S'ils n'aiment pas leur travail, ils essayeront d'en créer un meilleur. Si leurs relations les font souffrir, ils essaieront soit de les réajuster ou d'en chercher de nouvelles.

Ils doivent se rendre compte que la condition qu'ils n'aiment pas, est le résultat de leur propre vie-de-la-pensée. Quelque part dans le mental ils ont focalisé une intention pour manifester la situation ou la circonstance qu'ils essayent de changer. Bien qu'ils puissent être incapables d'accéder à la raison originelle de la focalisation d'une telle intention, ils peuvent néanmoins se rendre compte de sa présence dans leur mental. Lorsqu'ils le font, ils peuvent, par un effort déterminé, neutraliser la vieille intention par une nouvelle.

Exemple :

Une femme qui souffre d'arthrite chronique entre sur le sentier du développement mental et décide de se guérir. En étudiant les lois de la créativité, elle se rend compte qu'elle doit focaliser l'intention de manifester cette maladie dans son corps, car, autrement, elle n'en souffrirait pas. Une telle chose semble impossible, parce que, consciemment, elle ne veut certainement pas être malade. Cependant, parce qu'elle ne sait pas vraiment si le concept est vrai et qu'elle ne peut pas le savoir jusqu'à ce qu'elle l'applique, elle décide, par la pratique, de le prouver ou de le réfuter.

Si elle est correctement guidée, elle construira cons-

ciemment une forme-pensée de santé parfaite, se manifestant dans son corps, en focalisant dans son mental
l'intention de manifester la santé.

La première réponse du mental sera de contredire une
telle pensée. Après tout, elle est une femme malade. Elle
peut sentir la douleur en ce moment. Elle peut regarder
ses mains et voir de ses propres yeux qu'elles sont dé-
formées par l'arthrite. Elle connaît ou pense qu'elle
connaît les faits médicaux qui nient toute possibilité
qu'elle se libère de cette maladie. Comment peut-elle
être assez idiote pour s'asseoir et penser à une santé
parfaite dans ce corps?

Pour plusieurs, ce sera la fin de l'effort. Ils auront
échoué avant même d'avoir réellement commencé.

Pour certains, une foi émotionnelle en Dieu calmera les
doutes et permettra à la nouvelle intention de rester focalisée. Ce sont les individus dont la nature émotionnelle est dévouée à Dieu et qui acceptent volontiers Son
pouvoir mystérieux.

Pour un très petit nombre, la contradiction entre le
mental et l'intention nouvellement focalisée sera un défi
qui servira à renforcer leur détermination à mettre leur
dessein à exécution. Ils se rendront compte que les doutes sont le résultat de la vieille intention d'être malade.
Ils peuvent ne pas savoir pourquoi ou comment cette intention a été formulée, mais ils reconnaîtront sa présence et, à cause d'un tel constat, ils acquerront la force de
la vaincre.

Cette personne aussi démontrera également une foi en
Dieu, mais elle sera d'une nature différente de celle de
son frère plus émotif. Elle connaîtra non seulement le
Pouvoir du Dieu transcendant, mais aussi le Pouvoir du
Dieu immanent. Elle réalisera qu'elle a hérité des fa-
cultés créatrices de son Parent et que c'est son destin de

les utiliser.

Dans son mental, elle deviendra une femme en bonne santé en focalisant et en maintenant son intention de l'être.

Émotionnellement, elle deviendra graduellement une femme en bonne santé, à mesure qu'elle acceptera les énergies de santé précipitées par la forme-pensée créée dans son mental.

La substance de son corps physique répondra finalement au flux descendant d'énergie positive dirigé sur elle, et dans son corps, elle deviendra une femme en bonne santé.

Cette femme aura consciemment utilisé les Lois de la Polarité, du Contrôle Magnétique et de la Précipitation pour créer un effet prédéterminé dans le temps et dans l'espace.

La Pensée Créatrice

Leçon 19

LE BUT DU PROCESSUS ÉVOLUTIF

Contrôler la substance

La relation Esprit, matière et conscience

Le sentier du développement mental

La rédemption de la substance

L'impulsion motivante

Le Dessein divin de la volonté

La volonté développée

*   *   *

Lorsqu'on observe les efforts de l'humanité pour toujours surpasser ce qu'elle a fait ou ce qu'elle n'a pas fait, nous en venons à réaliser que le processus d'évolution est voué principalement à une grande réalisation. La conscience humaine, en toute situation et en toute circonstance, même au sein de la bataille sans fin pour la survie, lutte pour conquérir et pour contrôler la substance.

Un être humain est une créature synthétique, une combinaison d'Esprit, de matière et de conscience, qui vit d'abord comme forme, ensuite, comme conscience dans une forme, et finalement, comme un jeune Dieu dans le Royaume du Père de l'Esprit et de la matière. Ces deux forces, qui peuvent être plus facilement comprises lorsqu'elles sont définies comme volonté et intelligence, constituent la polarité créatrice que Dieu ou l'humain *doit* manier pour amener quoi que ce soi en manifestation, dans le monde des apparences.

Au cours de nombreux et longs siècles où une unité de conscience s'incarne encore et encore, cette conscience réussit graduellement, par ses efforts, à contrôler la substance, à la soumettre à sa volonté, à la mouler en des formes qui, pour une raison ou pour une autre, lui apportent plaisir et satisfaction. L'individu se rend compte que ses efforts pour faire de l'argent, pour construire une communauté ou pour répondre aux exigences de ses responsabilités apparentes, sont semblables à ceux d'un enfant qui est confronté à une page de problèmes dans une classe d'arithmétique. Ces efforts lui enseignent les rudiments d'une science qu'il utilisera à mesure qu'il approchera de la maturité spirituelle.

Ces individus s'engagent sur le sentier du développement mental, recherchant sciemment cette connaissance qui les rendra maîtres de leur propre destin. Recherchant la pierre philosophale ou les mystères de la créativité, ils reconnaissent finalement les forces polaires de leur être : la volonté et l'intelligence. Telle une lumière qui illumine tout ce qu'elle touche, la prise de conscience se produit. L'équation qu'ils cherchent, la clef du processus créateur, réside dans la relation juste de l'Esprit, de la matière et de la conscience. Ils sont la conscience; leur volonté est une extension de l'Esprit et leur mental constitue leur quote-part de la substance intelligente.

Ils ont maintenant saisi le fil de la sagesse qui dénoue le mystère, rendant tout ce qui, pour eux, était diffus, sombre et inconnu, clair, beau et connaissable. Ils se sont engagés sur le sentier de la sagesse, où les secrets de l'Esprit et de la matière se révèlent à leur conscience. Ils ont goûté à la connaissance et ils sont avides d'en savoir davantage.

Leur prochain pas sur ce nouveau sentier leur enseigne

où et comment trouver cette connaissance. Dans leur mental, ils retracent les pas qu'ils ont faits dans le passé, examinant de près les faits simples avec lesquels ils sont devenus si familiers. Ils ne négligent rien maintenant, pas même les simples banalités, parce qu'ici, au plus profond de leur coeur, peut se trouver une autre indication sur le mystère. Ils savent que toute expérience et que toute forme dans le monde, que ce soit la conception, la vie fœtale, la naissance d'un enfant ou l'achat de son propre ensemble de vêtements, est le résultat du processus créateur. Rien n'arrive par hasard. Même un accident n'est pas accidentel. Tout ce qui existe a dû être créé par le même processus qui a amené l'âme humaine en manifestation. Ce processus fonctionne, que son utilisateur en soit conscient ou non. Alors, la tâche est de devenir conscient de ce processus, d'apprendre à l'employer délibérément et à dessein. Lorsque les humains pourront faire cela, ils pourront participer à la réhabilitation de la substance, réhabilitant l'aspect forme, pour la croissance et le développement spirituel de la conscience humaine.

Lorsque les chercheurs portent à nouveau leur œil nouvellement ouvert sur leur monde de la forme, ils utilisent la loi de la correspondance, pour éclaircir davantage le mystère. « Ce qui est en haut est comme ce qui est en bas. » La loi créatrice fonctionne à tous les niveaux et en tout lieu. Nous la découvrons en l'observant en action.

L'Esprit divin que nous appelons le Père est l'Impulsion mobilisatrice derrière tout ce qui vit. C'est la vie, cachée par la forme, qui travaille à l'intérieur de cette forme, pour produire le développement de la conscience. Il se donne à la matière, et pourtant, Il demeure Lui-même, à l'intérieur de la matière. C'est Dieu le Père, le pôle positif de la manifestation.

L'aspect matière qui, dans sa fréquence la plus élevée,

est le Mental de Dieu, est aussi la substance de construction de la forme qui s'organise selon le schème dicté par l'Esprit. L'Esprit entre dans la matière, l'Intention mobilisatrice entre dans l'Intelligence, et ainsi, les fils de Dieu sont nés. Ils sont les unités de conscience nées de l'Esprit et de la matière, comme deuxième personne de la Sainte Trinité. Ainsi, nous concevons Dieu comme étant trois personnes en une. Le Père, le Fils et le Saint-Esprit; ou l'Esprit, le Christ et la matière.

« Ce qui est en haut est comme ce qui est en bas. »

« L'homme est créé à l'Image et à la Ressemblance de Dieu. »

L'âme humaine, le petit enfant de Dieu, doit être alors une trinité en elle-même, capable du processus créateur. Elle est une conscience qui possède une Volonté créatrice et une Intelligence active et, parce qu'elle existe, elle s'est reflétée extérieurement dans un corps, dans le monde des apparences. Ce corps est son instrument de contact avec la fréquence de la substance dans laquelle elle vit temporairement.

Par son développement intérieur et par son contact avec cette fréquence particulière de la substance, l'âme humaine l'élèvera éventuellement au Royaume du Père.

En fonction de l'utilisation de sa volonté et de son mental, l'âme humaine crée les expériences qui la font évoluer vers la maturité, comme le Christ.

Les chercheurs qui se rendent jusqu'ici sur le chemin du développement mental examinent le développement de leur volonté. Si leur volonté est un prolongement de l'Esprit, et non pas simplement une partie de leur propriété personnelle, elle est déjà imprégnée d'une Intention divine. C'est qu'elle porte un dessein qui se situe au-dessus et au-delà du soi personnel. En fait, leur soi personnel est inclus dans ce dessein, puisqu'il (le dessein) fait partie de la Vie Une et qu'il inclut toute l'humanité.

Alors, par leur volonté, les chercheurs découvrent la Volonté de Dieu. Ils alignent leur volonté sur la Volonté de Dieu.

Arrêtez-vous quelques instants et centrez-vous dans le centre entre les sourcils.

Contemplez votre faculté de Volonté. Réalisez que cette même faculté fait partie de l'Héritage divin de l'humanité, que chaque être humain, indépendamment de qui il est, est habité par ce même Esprit qui Se manifeste comme Volonté.

Contemplez Son dessein :

« Quel est le Dessein divin de ma volonté? »

Alignez-la avec la Volonté de Dieu :

« Non pas ma volonté, mais la Tienne. »

Quand nous réalisons que ce que nous avons considéré comme une volonté personnelle est, finalement, une extension de l'Esprit, nous réalisons ce que l'on veut dire par volonté libre. L'humanité a reçu le droit d'utiliser la Volonté de Dieu, Son Esprit mobilisateur, le pôle positif du processus créateur.

Si cette Volonté est utilisée pour l'intérêt du soi séparé, plutôt que pour le bien de la famille humaine, elle est mal utilisée. Une erreur est alors créée dans la nature de la vie parce que la Volonté, toute volonté, est la Volonté de Dieu, et elle s'applique à l'ensemble de l'expression manifestée de Lui-Même. D'où l'injonction : « Pas ma volonté, mais la Sienne ».

On suggère à l'étudiant d'accorder une bonne période de réflexion et de contemplation à ce concept, parce qu'il porte en lui la lumière claire de l'illumination. Une telle illumination révèle le dessein de la vie même, de l'humanité, et de l'individu.

Efforcez-vous de vous familiariser avec cette faculté. Comment fonctionne-t-elle? Quel est son stade ou son niveau de développement en vous?

Une volonté développée est :

1. Directrice : elle dirige la vie et les activités en fonction d'un dessein connu.

2. Créatrice : elle crée les formes qui aideront la vie à réaliser ses plans.

3. Magnétique : elle attire à la vie tout ce qui est nécessaire pour mener à bien l'activité planifiée.

En plus de ce qui précède, la volonté, une fois alignée sur sa source, devient la faculté de l'inspiration. Elle amène, dans le mental, toute connaissance relative au développement et à l'expansion de la conscience impliquée.

LEÇON 20

LE MAGICIEN BLANC

Les formes-pensées dirigent les sentiments

Nous pouvons choisir nos sentiments

Choisir et créer consciemment

Se développer dans l'expression du Christ en pratiquant
les techniques

S'approprier la Loi de la Polarité

Construire une forme-pensée

L'énergie suit la pensée

*　　*　　*

Comment la volonté a-t-elle été utilisée dans le passé
pour avoir créé les expériences familières à l'étudiant
dont il est souvent rassasié?

Si vous vous rappelez, il est dit dans la leçon 12 : « Les
émotions sont des sentiments qui ne surgissent pas en
nous par hasard. Nous les créons consciemment ou inconsciemment lorsque nous réagissons aux situations,
aux gens et aux choses ».

Les êtres humains vont ressentir tout ce qu'ils choisissent de ressentir. Dans une circonstance donnée, ils réagissent avec une émotion particulière parce que, à un
certain moment dans le passé, ils ont créé avec leur volonté, dans leur mental, une forme-pensée qui dirige l'expression de leurs énergies émotionnelles de cette manière.

149

Afin que l'étudiant saisisse la réalité de ce concept, il peut faire certaines expériences qui prouveront sa vérité.

1. Arrêtez-vous quelques instants et choisissez de ressentir une certaine émotion. Ne pensez pas à une raison pour laquelle vous ressentez ce sentiment, mais simplement à la couleur particulière de l'émotion elle-même.

   Maintenant, avec la volonté focalisée dans le mental, produisez l'émotion jusqu'à ce que vous expérimentiez la profondeur de sa réaction au niveau sentiment.

   Laissez aller la réaction (laissez-la simplement disparaître) et calmez la nature émotionnelle.

2. Choisissez une émotion différente, l'opposé de celle que vous venez tout juste de créer et, encore une fois, avec la volonté, produisez son expression jusqu'à ce que vous expérimentiez la profondeur de sa réaction au niveau sentiment.

   Laissez-la aller, et calmez la nature émotionnelle.

3. Considérez une situation qui, normalement, déclenche une réponse émotionnelle spécifique en vous (de préférence une émotion de ressentiment ou de dépression). Permettez à la réaction sentimentale de s'amplifier dans votre nature émotionnelle pendant que vous observez la situation, jusqu'à ce qu'elle atteigne son zénith.

   Maintenant, avec la volonté focalisée dans le mental, prenez le contrôle de cette réaction. Rendez-vous compte que les énergies que vous dépensez dans cette réaction émotionnelle particulière sont les *mêmes énergies* que vous dépenseriez si c'était une réaction d'amour et de compréhension. C'est la *même énergie*, mais imprégnée d'une intention différente par votre volonté.

Posez-vous alors ces questions :

a. Est-ce que cette réaction émotionnelle ajoute de la force aux forces de lumière ou aux forces des ténèbres dans mon monde?

b. Ses effets sont-ils de nature bénéfique ou nocive?

c. Est-ce que je veux réellement réagir de cette manière?

Consciemment et délibérément, choisissez le sentiment avec lequel vous réagirez dans cette situation à l'avenir. Établissez la nouvelle intention en créant une forme-pensée dans votre mental qui, en réaction à la même situation, transformera l'émotion en une expression d'Amour Christique.

Créez cette émotion, jusqu'à ce que vous sentiez l'amour émaner de vous, vers la situation et vers les personnes impliquées. Alors, avec cet amour, demandez à l'Esprit du Christ de manifester des relations justes avec toutes les personnes impliquées.

Laissez aller la réaction, et calmez la nature émotionnelle-sentimentale en l'inondant de Paix.

Qu'est-ce qui constitue une cause? Quelle est cette cause et où est-elle? Est-ce qu'elle se trouve dans l'expérience ou dans le mental qui crée l'expérience?

« Mais il y a certaines expériences que je sais ne pas avoir créées » protesta l'étudiant.

La Pensée Créatrice

Est-ce qu'il en existe vraiment?

Si un être humain entretient dans son mental une for-me-pensée qui dit : « Je n'aime pas les personnes autori-taires, je les déteste et j'éprouve du ressentiment envers elles », il attirera ces personnes vers lui par la qualité magnétique de sa volonté. La volonté attire à soi tout ce qui est nécessaire pour exécuter une activité planifiée, et la forme-pensée constitue un plan créé inconsciem-ment – pour détester les personnes autoritaires. Avec sa volonté, il crée l'expérience nécessaire à son développe-ment, dans ce cas-ci, de passer de la haine à l'amour.

Une forme-pensée, quelle que soit sa nature, est une ac-tivité planifiée, parce que l'énergie suit la pensée. Elle produit une réaction émotionnelle et physique.

Il est suggéré que les étudiants utilisent les trois expé-riences de cette leçon comme pratique quotidienne, jus-qu'à ce qu'ils aient appris à choisir et à créer consciem-ment, plutôt qu'inconsciemment.

Les chercheurs adultes font trop souvent preuve de né-gligence dans l'application de ce qui est recherché et de ce qui a été trouvé. Lorsque les enfants apprennent à li-re à l'école, on les discipline à pratiquer la lecture cha-que jour, jusqu'à ce que cette habileté devienne automa-tique.

Quand les jeunes adultes entrent au collège pour ap-prendre une profession ou un métier, ils doivent se dis-cipliner pour en pratiquer les mécanismes, jusqu'à ce qu'ils deviennent techniquement habiles dans leur do-maine. Ils enseignent à leur aspect forme à répondre de certaines manières en s'imposant la discipline d'un pro-gramme d'entraînement spécifique. Une fois que cet en-traînement est devenu une partie intégrante de leur mécanisme de réponse et qu'il sombre dans leur sub-conscient, leur mental peut alors être libéré pour aborder des questions plus larges reliées à leur profession, mais pas avant qu'ils n'aient acquis les habiletés nécessaires.

Ceci s'applique aux techniques ci-dessus, comme à toute autre chose. Si un être humain se fixe un objectif de croissance et de développement, il doit discipliner son aspect forme, pour réaliser cette croissance par la pratique et l'entraînement.

Souvent, un étudiant va lire d'un bout à l'autre, une ou deux fois, une série d'instructions comme celle-ci; il acceptera les concepts présentés avec la joie de la découverte et de la reconnaissance, pour plus tard être désillusionné, parce qu'il ne peut pas les mettre en pratique.

Il peut appliquer la troisième expérience présentée dans cette leçon à une réaction qu'il souhaite sincèrement changer, travaillant pendant dix ou quinze minutes pour transformer un schème qu'il a pris des années à construire. Si et quand il réagit encore en fonction de l'ancien schème, il est consterné, désillusionné, et parfois amer. Cela n'a pas fonctionné.

Bien sûr, cela n'a pas fonctionné. Est-ce qu'un individu joue du Chopin après avoir pratiqué ses gammes une, deux, ou même trois fois? Est-ce que le génie potentiel en mathématique peut réussir à exprimer son génie s'il n'est pas entraîné aux notions élémentaires de l'arithmétique, lors de ses années scolaires ou d'une période de sa vie?

De la même manière, les gens deviennent l'expression du Christ en s'entraînant aux techniques de l'Amour et de la Lumière reliées au Principe Christique.

Un disciple devient un magicien blanc en pratiquant les techniques de la magie blanche.

Les étudiants sincères établiront une routine quotidienne dans laquelle ils appliqueront les techniques données avec une persévérance qui les incorporera dans leur aspect forme.

Nous avons dit qu'il y a trois lois majeures inhérentes au processus créateur que les étudiants doivent apprendre à utiliser afin de maîtriser leur propre destin.

Pour y arriver, ils doivent travailler avec chacune de ces lois, séparément, jusqu'à ce que, par la pratique, ils les comprennent et puissent les appliquer, dans des relations justes les unes envers les autres. Les trois exercices suivants sont donnés comme une partie du programme d'entraînement quotidien, dans lequel l'étudiant sérieux doit s'engager.

Exercice #1 - La Loi de la Polarité. L'étudiant doit se l'approprier par la compréhension et par un acte de volonté de la conscience créatrice.

a. Réalisez que les forces de Volonté et d'Intelligence sont les forces polaires de la créativité. Pour l'Âme, elles sont ce que sont l'Esprit et la matière pour la conscience de Dieu.

b. Réalisez que vous avez reçu comme héritage divin, ces deux forces de la Vie Une, et que c'est votre droit divin, comme fils (fille) de Dieu, de les utiliser.

c. Alors, entraînez-vous à les relier, à les mettre ensemble, afin de créer un champ magnétique de créativité.

1. Focalisez votre conscience fermement dans le centre entre les sourcils et amenez l'intention de la volonté à contrôler le mental. (Faites en sorte que votre intention soit une intention positive de manifester le

Principe Christique, dans votre vie et dans vos activités.)

2. Imaginez ces deux forces, la Volonté et le Mental, s'unissant dans le centre ajna pour créer un champ magnétique de créativité.

3. Puis, séparez-les, en permettant à la volonté (l'intention focalisée) de se retirer dans votre tête, et à la substance intelligente du mental de devenir tranquille.

Faites cet exercice trois ou quatre fois par jour, devenant, chaque fois, aussi conscient que possible de la volonté et du mental intelligent, en tant que deux forces en polarité. Si vous persistez à faire cette activité quotidienne, vous comprendrez que les forces polaires et la Loi de la Polarité sont une réalité.

Exercice #2 - Une forme-pensée est construite lorsque le champ magnétique créé par les forces polaires de la volonté et du mental est maintenu dans le mental.

a. Focalisez la conscience fermement dans le centre entre les sourcils et amenez la volonté à contrôler le mental par l'intention focalisée de devenir consciemment créateur.

b. Maintenez le champ magnétique dans le mental, en maintenant fermement l'intention et observez la construction de la forme-pensée. N'interférez pas dans l'activité créatrice qui a lieu, mais observez plutôt la pensée qui naît dans le champ magnétique, résultant de votre intention.

Exercice #3 « L'énergie suit la pensée ».

a. Permettez à une forme-pensée avec laquelle vous êtes familier d'occuper votre mental et observez la direction du flux résultant de la précipitation de l'énergie. Quelles réactions fait-elle apparaître dans le temps et dans l'espace? Comment vous fait-elle vous sentir? Qu'est-ce qu'elle vous amènera à faire, si vous lui permettez de persister?

b. Dans votre mental, maintenez la pensée créée au cours du second exercice, et observez le type d'énergie qu'elle évoque. Comment vous fait-elle vous sentir? Qu'est-ce qu'elle vous incitera à faire *si* vous la maintenez fermement dans votre conscience?

c. Considérez l'effet qu'aura cette forme-pensée dans votre vie et dans vos activités, si elle est implantée comme mécanisme de réponse automatique?

LEÇON 21

LA CONSCIENCE DE SOI

La Vie Une, le sentiment de solitude, la peur de la mort

Les sept règnes de la nature : le règne minéral, végétal, animal, humain, le règne spirituel des Âmes conscientes, le règne des Monades, le règne des Logos

L'intégration du corps, des émotions et du mental en aspirant au règne du Père

*   *   *

L'humanité est une partie intégrante de la Vie dans laquelle nous vivons, nous nous mouvons et nous avons notre être. En tant qu'entité séparée, notre apparence est indépendante des autres vies, bien que reliée à elles, et à cause de cette apparence, nous sommes rarement conscients de notre véritable identité ou de notre champ de relations spirituelles.

Les individus pensent qu'ils viennent au monde seuls et qu'ils en repartent seuls, que leurs pensées et que leurs émotions intimes leur sont particulières et différentes en quelque sorte du mental et des émotions de qui que ce soit d'autre.

Dans le dictionnaire collégial Webster, on trouve cette définition du soi d'une personne : « Homo-homme : type de mammifère constitué de l'humanité, habituellement considéré comme appartenant à l'ordre des primates qui comprennent également les singes et les lémurs ».

De nos jours, l'humanité est un animal auto-conscient dont la conscience consciente est contenue à l'intérieur

157

de la coquille séparatrice de son ego. Les relations des humains avec leur monde et dans leur monde se font à partir d'une perspective égocentrique. Leur vision est basée sur le soi, en tant que centre; ainsi, tout ce qui se passe à l'extérieur arrive par eux, pour eux et à cause d'eux. Leur Dieu se trouve en dehors d'eux, et leur planète, quelque part dans la vaste et lointaine immensité du ciel. Dans leur conscience, ils sont séparés de Dieu. En effet, les individus affirment « Je suis Moi, Je suis moi-même. Tu (signifiant la Déité) es Dieu. Nous sommes séparés, différents, et éloignés l'un de l'autre ».

Ils perçoivent les autres êtres humains comme des formes qui, de l'extérieur, affectent leur conscience, formes qu'ils ne peuvent jamais réellement connaître, parce qu'elles *sont* à l'extérieur. Et pourtant, ces autres formes *leur* apportent du plaisir et/ou de la souffrance.

Leur sentiment de solitude, même au milieu d'un groupe, est pratiquement le sentiment le plus profond qu'ils éprouvent. Il domine tout le reste, et il leur apporte une insécurité intérieure de perte.

Ils gardent cette insécurité plus ou moins cachée à leur mental conscient, mais bien qu'ils l'enterrent profondément dans leur subconscient, elle dicte plusieurs de leurs attitudes et de leurs réponses.

Les individus ont peur de mourir, parce qu'ils ne croient pas vraiment à l'existence de quoi que ce soit en dehors d'eux-mêmes. Leur « soi » est l'aspect forme : leur corps, leurs sentiments et leurs pensées. Quand ceux-ci disparaissent, ils disparaissent aussi, Dieu disparaît, de même que leurs semblables humains.

Pourtant, l'humanité est une partie intégrante de cette Vie dans laquelle nous vivons, nous nous mouvons et nous avons notre être. Nous ne venons pas en incarnation seuls et sans assistance, tout comme c'est le cas lorsque nous en sortons. Un individu n'est pas une minuscule sphère de conscience, séparée de tous les autres êtres. Il n'a qu'à s'ouvrir à la réalité de la Vie Une dans sa conscience, pour vivre l'expérience de la réalisation de son être.

La Vie Une habite chaque forme, à partir de Son centre d'origine cosmique, donnant à chacune une identité et une expression d'Elle-même. Elle afflue et Elle Se focalise dans les nombreuses étoiles qui constituent le cosmos, donnant à chacune une vie manifestée et des activités qui lui sont propres. De l'étoile, la Vie Une afflue et Se focalise dans les planètes en orbite, de sorte que chacune d'elles peut manifester la vie et les activités qui lui sont propres. C'est ainsi que naissent les systèmes solaires et les schèmes planétaires.

La Vie Une, focalisée dans une planète, continue à habiter dans la forme, Se focalisant dans les sept règnes de la nature. Sur notre planète, quatre de ces règnes sont en manifestation sur le plan physique. Ce sont :

1. Le règne minéral.

2. Le règne végétal ou le règne des plantes.

3. Le règne animal.

4. Le règne humain.

Jusqu'à présent, les trois autres règnes demeurent dans les fréquences plus élevées de substance, de sorte que nous ne les percevons pas avec les cinq sens physiques. Ce sont :

5. Le règne spirituel des Âmes conscientes. Ce règne est composé des vies qui ont développé la conscience d'être des Âmes et qui vivent en fonction des lois et des idéaux de l'Âme. Ce règne est en cours d'extériorisation; un nouveau règne de la nature est en train de naître sur le plan physique de la planète. Il

sera différent du règne humain, non seulement par son intelligence supérieure, fruit de sa sagesse, mais également par son amour altruiste. Il aura la conscience de groupe, chaque Âme plaçant le bien de l'humanité avant son plaisir ou sa souffrance personnelle. Ce règne est *maintenant* en cours d'extériorisation, et il sera reconnu par le public en général autour des années 2000. Il amène avec lui de nouvelles révélations extraordinaires sur l'origine de l'humanité, sur sa destinée et sur la nature de sa vie. Il amène également la réapparition du Christ, cet événement que nous espérons et pour lequel nous travaillons.

6. Le Règne des Monades, plus généralement connu comme celui des saints, des frères aînés ou des Maîtres. Ces grandes vies sont celles qui ont évolué à travers le règne humain et le règne des Âmes vers leur maturité, comme le Christ, le Fils de Dieu. Chacune d'elles est un point concentré de conscience dans cette grande Conscience qu'est le Christ, de sorte qu'ensemble, elles constituent la grâce adombrante rédemptrice de Dieu. En d'autres termes, leur présence sur cette planète, bien qu'invisible, vise à nous libérer de l'illusion de l'aspect forme. Ils veillent, guident par inspiration et interviennent, lorsqu'ils sont invoqués, dans la vie et les activités de l'humanité.

7. Le Règne des Logos. C'est le centre de conscience sur la planète qui inclut dans sa conscience, la conscience de tout ce qui y vit. Ce sont les Pères planétaires dont la Volonté directrice gouverne la vie et les activités de la planète, selon un dessein et un but connus. De là, la Volonté de Dieu imprègne toute substance contenue à l'intérieur du cercle infranchissable planétaire.

Note. (Un cercle infranchissable est cette fréquence

vibratoire de lumière, au-delà de laquelle la conscience d'une vie organisée ne peut passer. Il maintient
l'apparence ou la manifestation d'une identité séparée
dans la forme de toutes les autres formes. Éventuellement, par le processus de l'évolution, toute vie organisée perce son cercle infranchissable, pour se
joindre à cette vie à laquelle elle est reliée par un
alignement vertical et horizontal.)

Les trois derniers règnes de la nature peuvent en vérité
être appelés le Royaume du Père, parce qu'ici chaque vie
est consciemment reliée au Père.

En nous arrêtant un moment et en considérant encore une
fois, à la lumière de ce qui précède, le Cosmos avec ses
étoiles, ses planètes et ses règnes de la nature, il nous est
possible de commencer à *sentir* avec la faculté intuitive de
l'Âme et à répondre à la Vie Une. La Vie Une a d'abord
créé toutes ces formes lorsque sa « Volonté d'Être » impré-
gna son propre aspect Intelligence Pure. Ensuite, Elle s'est
déversée consciemment dans les formes, emprisonnant
une partie de Sa propre conscience dans chaque forme, en
tant qu'Âme de la forme. En même temps, Elle demeure
dans Son propre Centre d'origine Cosmique. Dieu est à la
fois immanent et transcendant.

Aujourd'hui, l'humain est un animal conscient de lui-
même. Que sera-t-il demain? L'humanité se trouve au
seuil de l'entrée dans le cinquième règne de la nature,
alors que de plus en plus de ses membres deviennent
conscients comme Âme. Une personne est un être humain, parce qu'elle est consciente d'elle-même. Un humain est un être spirituel lorsqu'il est conscient comme
Âme et parce qu'il est conscient comme Âme. Alors,
l'être humain conscient de lui-même devient le véhicule
d'expression de son Âme.

C'est un point critique dans le développement évolutif
de l'humanité et, par conséquent, nous voyons le monde

des activités manifester une crise après l'autre. Cela continuera jusqu'à ce que l'humanité ait complété la prochaine étape de son évolution. Lorsque suffisamment de ses membres seront conscients comme Âme, leur vie et leurs activités refléteront les motifs altruistes du 5e règne et une paix véritable sera vécue par toute l'humanité, comme la condition la plus favorable à sa croissance et à son développement spirituel.

Si vous avez pratiqué fidèlement chaque jour l'exercice qui vous a été donné à la leçon 16, vous êtes maintenant prêt pour un nouvel exercice de méditation. Si, et seulement si, vous l'avez pratiqué chaque jour, comme suggéré, vous pouvez le mettre de côté et employer celui-ci à sa place.

Visualisez la représentation miniature de vous-même dans le centre entre les sourcils, et focalisez-y votre conscience.

Focalisé dans la tête, dans le centre ajna entre les sourcils, contemplez le concept suivant pendant quelques instants.

« 'Je', votre nom, fils (fille) de Dieu, j'intègre les forces de mon corps, de mes émotions, et de mon mental pour aspirer au Royaume du Père. J'intègre la conscience de ma personnalité pour devenir conscient comme Âme ».

Puis, efforcez-vous de réaliser que vous êtes une Âme et, comme Âme, contemplez la Vie Une dont vous êtes une partie, en vous remémorant les concepts La concernant qui ont été donnés dans cette leçon.

Puis, prenez quelques instants pour rayonner la Lumière, l'Amour et votre prise de conscience de la Vie Une, dans votre environnement et par lui.

LEÇON 22

LES RELATIONS SPIRITUELLES DANS LA VIE UNE

S'éveiller au besoin du monde, les Nations Unies

Trouver un enseignement, une lueur d'amour

L'alignement vertical vers le haut

L'alignement vertical vers le bas

Guider les règnes inférieurs

Réorienter la vie et les activités

Refléter les relations spirituelles intérieures

La fraternité

Le développement de la conscience

*   *   *

Quand un être humain devient intuitivement conscient de la Vie Une, sa conscience s'éveille graduellement à son champ de relations spirituelles à l'intérieur de cette Vie.

Avant cela, sa conscience des relations se borne, en grande partie, à son cercle d'amis immédiats, à sa famille et, s'il en a, à ses ennemis. Pour certains, ce cercle est passablement large, incluant le secteur des affaires et des intérêts civiques. Mais pour la plupart, il est relativement petit et restreint, comprenant uniquement ceux qui sont importants pour l'individu en question.

Toutefois, graduellement, ces individus commencent à

s'éveiller et à répondre aux besoins de l'humanité. Ils lisent et suivent l'actualité, ce qui commence à avoir un réel impact sur eux. Ils se sentent de plus en plus concernés par ce qui arrive dans les affaires mondiales.

Ils peuvent lire un livre comme *La Source Silencieuse*, de Rachel Carson et, en conséquence, devenir conscients, jusqu'à un certain point, des problèmes environnementaux.

Ils écoutent les nouvelles concernant l'environnement dans leur propre pays et ils essayent de comprendre les deux côtés de ce problème. Dans leur mental, ils essaient de trouver des solutions et, très souvent, ils se forment une opinion, qui peut être sage ou non.

Ils étudient toute la littérature qu'ils peuvent trouver sur les Nations Unies, et s'ils sont idéalistes et réceptifs intuitivement aux besoins de l'humanité, ils seront souvent inspirés par ce grand organisme international créé pour servir l'humanité. En regard des affaires mondiales, voici une forme concrète qui reflète, en partie, le Plan divin pour l'humanité, dans l'étape actuelle de son évolution. Ici, des penseurs éminents de plusieurs nations peuvent se rencontrer et discuter de leurs problèmes communs; de telles discussions peuvent éviter une petite ou grande guerre. Ici, on peut considérer, planifier et mettre en action un système d'éducation et de santé, non seulement pour un seul groupe de jeunes, mais pour *tous* les enfants du monde.

Des problèmes comme les ajustements sociaux et économiques qui touchent des groupes de personnes dans les pays membres des Nations Unies, peuvent être entendus et résolus par la rencontre de penseurs dédiés au service de l'humanité.

Les Nations Unies sont souvent une source d'inspiration pour la personne qui vient tout juste de s'éveiller à la

Vie Une, et tout aussi souvent, ce peut être une source d'agitation et de pensées qui dérangent lorsqu'il est temps de dormir. « Où est-ce que je me situe dans cela », se demande-t-elle? « Qu'est-ce que je peux faire pour être utile » ?

Au niveau de leur conscience, ces individus passent de la petite sphère d'intérêt de l'ego à une nouvelle prise de conscience du monde dans lequel ils vivent. Ils veulent devenir une part active de ce monde.

Éventuellement, ils entrent en contact avec un enseignement de cette nature et, un jour, ils reconnaissent intuitivement que tous les membres de l'humanité sont intimement reliés les uns aux autres. Ils sont, tous et chacun, une partie de la Vie Une qui se déverse dans une étoile, dans une planète, dans un animal ou dans une personne.

Pour la première fois à leur mémoire consciente, ils connaissent l'amour, une lueur de cet Amour qui a fait que la Vie Une S'est donnée à une forme et à une expression. Soudainement, toute vie prend une nouvelle importance, parce que, indépendamment du fait que cette forme soit *simple* ou banale, elle fait partie de la Vie Une. Derrière son apparence et en elle se trouve un Dessein divin qui la pousse en avant.

Et si leur intuition est suffisamment développée, ils reconnaîtront, à ce moment, l'éternelle présence du Christ qui est la conscience de Dieu en toutes choses. Ils comprendront les mots de Jésus, « Et moi, je prierai le Père, et Il vous donnera un autre Consolateur, pour qu'Il demeure toujours avec vous; c'est l'Esprit de vérité, que le monde ne peut recevoir, parce qu'il ne Le voit point et ne Le connaît point : mais vous, vous Le connaissez, parce qu'Il demeure au milieu de vous; et Il sera en vous ». (Jean 14:16 - 17)

Dès les premiers instants de cette prise de conscience, les individus commencent à saisir les immenses implications de la Vie Une. Ils sont non seulement intimement reliés à l'humanité, mais également à tous les autres règnes de la nature, parce que, là où se trouve une forme, s'y trouve également la Vie Une.

En tant que partie du règne humain, ils sont, par un alignement vertical vers le haut, reliés aux règnes supérieurs de la nature, d'où proviennent leurs idéaux et leurs aspirations spirituelles. De leur propre conscience plus élevée du Plan divin, les Règnes supérieurs transfèrent ce Plan dans la conscience de l'humanité. L'humanité reçoit ce Plan dans son mental et dans son cerveau, sous forme d'idéaux auxquels elle aspire.

En tant que partie du règne humain, l'individu est intimement relié à la Vie planétaire dont l'humanité fait partie, et ainsi de suite à l'infini. De ce fait, il participe à cette Vie qui manifeste le Cosmos ordonné, cette Vie qui habite la forme et qui lui donne un sens, cette Vie qui est Dieu.

Par un alignement vertical vers le bas, les individus, comme membres de l'humanité, sont reliés aux règnes inférieurs de la nature. C'est la responsabilité de l'humanité de guider leur développement évolutif, tout comme c'est celle des Règnes plus élevés de la nature de guider l'évolution humaine.

Ainsi, ils établissent leur relation au sein de la Vie Une avec Ses nombreuses parties, en étant réceptifs et sensibles au flux des idéaux et des idées qui descendent des plans supérieurs, et en créant leur empreinte sur ceux qui sont en dessous, comme le règne animal et le règne végétal. C'est ainsi qu'évolue la Vie Une dans laquelle ils vivent, se meuvent et ont leur être.

Une telle expérience doit être suivie d'une période au

cours de laquelle l'individu réoriente sa vie et ses activités vers la Vie Une, parce que connaître cette Vie, c'est La servir. Il sert maintenant l'humanité, parce que c'est la partie de la Vie Une par laquelle il se trouve intimement relié aux autres. C'est l'obligation qu'il a en tant qu'être humain.

Il doit découvrir ses relations au sein de cette grande sphère de la Vie Une, afin de connaître et de comprendre le dessein de son Âme pour cette incarnation. Pourquoi son Âme est-elle venue dans ce corps et dans cet environnement? C'est pour croître en conscience, mais aussi pour servir. Cet individu ne se satisfait plus de son développement personnel uniquement. Il est intéressé à la croissance et au développement de la conscience humaine globalement afin qu'elle devienne semblable à celle de son Père. Comment peut-il y contribuer?

D'abord, de quoi est constitué le champ de ses relations spirituelles dans le corps de l'humanité? Il n'est pas relié aux autres uniquement au niveau de la forme, comme parent, enfant, mari, époux, employeur, employé, etc., mais au niveau de la conscience. C'est dans cette relation de conscience à conscience que le dessein est révélé.

Dans ce champ de relations, l'individu découvrira toujours ceux qui sont ses aînés et ceux qui sont ses frères plus jeunes, de même que ceux qui ont le même âge de développement spirituel que lui.

Note : L'âge spirituel fait référence à l'âge de l'Âme, et non pas à l'âge chronologique de la forme. Cela dépend du nombre de fois où l'Âme s'est réincarnée, et donc du niveau d'expérience acquise dans le monde de la forme.

Cette relation spirituelle intérieure ne se reflète pas nécessairement extérieurement dans la vie et dans les activités de l'individu. Un frère plus jeune peut être son supérieur immédiat dans la vie extérieure, tout comme un frère aîné qui est beaucoup plus avancé que lui en conscience peut être son enfant ou son employé. Par conséquent, il doit apprendre à reconnaître intuitivement ces relations, de façon à se relier correctement à l'intérieur de la Vie Une.

Partout dans le monde, les relations humaines justes sont un besoin et un problème. C'est peut-être notre problème le plus fondamental, la base de la pyramide de nos problèmes; pour le chercheur et pour l'étudiant de la vérité, c'est donc un sujet de grand intérêt et d'importance majeure.

La relation de base entre des individus et entre des groupes d'individus est celle de la fraternité. Toute l'humanité est une famille, des frères dans le Christ. La qualité de cette relation devrait être celle de l'amour. La forme qu'elle prend dans le monde est de nature karmique. C'est qu'elle est un résultat d'actions passées et/ou, pour ceux qui sont ainsi reliés entre eux, d'un besoin mutuel d'expériences qu'ils peuvent partager les uns avec les autres, en raison de leur développement particulier.

Dans le passé, vous avez pu ou vous n'avez pas pu vous incarner avec vos associés actuels, mais vous avez certainement été amenés ensemble, par un besoin mutuel de développement commun. Par l'interrelation de vos tendances, de vos talents et de vos problèmes, vous contribuez à l'évolution des uns et des autres. Ensemble, vous fournissez les facteurs qui vont servir à la croissance de chacun, et ainsi vous êtes reliés les uns aux autres extérieurement par les formes les plus aptes à favoriser cette croissance. C'est aussi vrai des ennemis que des amis, aussi vrai pour ceux qui s'opposent à vous, que pour ceux qui vous aident.

Ainsi, le dessein de toute relation, c'est la croissance et le développement de chacune des consciences impliquées. En maintenant cette prise de conscience fermement à l'esprit, les êtres humains nouvellement éveillés se mettent à la recherche de leur champ de relations spirituelles pour établir, suite à cette découverte, des relations justes dans leur vie et dans leurs activités quotidiennes.

Au début, ils utiliseront les trois techniques suivantes :

1. Ils observeront leurs proches associés d'un regard différent.

    a. Dans cette observation, ils s'efforceront de se détacher des connotations émotionnelles de la forme que prend la relation, et ils l'observeront aussi objectivement que possible.

    b. Quels sont les tendances, les talents et les problèmes des autres, dans la mesure où ils les connaissent?

    c. Comment ceux-ci sont-ils reliés à leurs propres tendances, à leurs propres talents et à leurs propres problèmes?

Par exemple : Les individus qui ont tendance à être impatients vont souvent se trouver en lien étroit avec ceux qui aggravent cette tendance. La relation sert à leur enseigner le besoin de patience et de compréhension aimante, tandis qu'elle enseigne à l'autre le besoin de considération pour les autres et de compréhension aimante.

ou

Une femme qui a une vie difficile à cause d'un problème

d'insécurité financière peut se retrouver dans une position de leader pour d'autres personnes qui ont un problème similaire.

Le dessein de cette relation peut être multiple :

a. Enseigner au leader de placer sa foi et sa sécurité en Dieu pour résoudre le problème et pour remplir sa fonction plus parfaitement.

b. Enseigner à ceux qui suivent de placer leur foi et leur sécurité en Dieu, plutôt que dans un leader.

c. Enseigner au leader et à ceux qui le suivent de travailler ensemble pour le bien commun du groupe.

2. Ils établiront cette qualité d'amour, qui est la fraternité, dans leurs relations, en servant consciemment la croissance indiquée qui est le dessein de la relation.

3. Graduellement, par reconnaissance intuitive, ils estimeront l'âge spirituel de la conscience impliquée, et ils s'efforceront d'ajuster leur relation en conséquence, par des services adéquats.

Exemple : Un homme qui reconnaît quelqu'un dont les idéaux et les aspirations sont spirituellement en avance sur les siennes, peut choisir de servir l'humanité, en aidant au transfert de tels idéaux et de telles aspirations à ceux qui sont spirituellement plus jeunes que lui et dont les besoins les placent dans une relation adéquate avec lui pour un tel transfert.

LEÇON 23

INTÉGRER LA PERSONA

Établir des relations justes avec le corps, les émotions et
le mental

L'interrelation de l'humanité

La paix sur la terre et la bonne volonté

La rééducation aux concepts de la Vérité

Intégrer les forces de l'humanité

La première approche réelle de l'Âme

Prouver la pensée abstraite par l'application pratique

*   *   *

Aujourd'hui, tous les efforts de l'être humain pour
s'améliorer sont une réponse inconsciente à la pression
de l'évolution pour intégrer les trois aspects de son instrument : le mental, les émotions et le corps, en une
personnalité unifiée et réceptive à son Âme. L'individu
s'efforce d'établir des relations justes à l'intérieur de son
véhicule d'expression triple afin de pouvoir l'utiliser
pour accomplir le dessein pour lequel il a été conçu.

L'intégration des forces substantielles de l'aspect forme
d'un individu n'est pas une tâche facile, comme en té-
moigne l'instabilité manifestée dans le corps de l'humanité d'aujourd'hui. Toutes ces forces doivent être amenées à une relation parfaite les unes par rapport aux
autres, et être dirigées vers des canaux où le travail divin est effectué. En d'autres termes, ces forces doivent

être amenées à servir un Dessein divin, en fonction d'un Plan divin pour que les problèmes mondiaux vécus par l'humanité d'aujourd'hui puissent être résolus. Il n'est plus sécuritaire pour les individus de poursuivre les anciens objectifs séparateurs et les ambitions qui séparent et mènent à l'isolement d'un groupe par rapport à un autre. Les forces de destruction sont devenues trop puissantes pour permettre que la haine et le ressentiment ou la rivalité existent entre frères. L'humanité doit trouver une manière de vivre ensemble dans la paix et la bonne volonté. L'évolution nous a amenés jusqu'ici.

Ce n'est pas non plus seulement la responsabilité d'une personne ou d'un groupe de personnes d'amener la paix et la bonne volonté désirée. Contribuer à l'effort que doit faire l'humanité devient la responsabilité de tous, envers eux-mêmes, envers leur famille, leurs frères et leur Dieu.

Pourquoi est-ce ainsi? Pourquoi n'est-il plus possible pour les individus de s'asseoir dans le confort de leur maison et de laisser l'humanité résoudre ses propres problèmes?

À cause du développement évolutif rapide des cinquante dernières années, l'humanité est devenue si interreliée que non seulement chacun de nous éprouve les effets de ces problèmes, mais contribue également à leur cause.

Si une nation, un groupe, ou une classe est privé de nourriture, de vêtements ou de logis adéquats, il devient un danger potentiel pour tous, car il est la proie de toute idéologie, de tout système de pensée, ou de tout régime qui lui apportera une amélioration des conditions dont il souffre. C'est ainsi que les divers « ismes » trouvent des véhicules par lesquels ils peuvent troubler la paix mondiale.

D'une part, le grand groupe d'êtres humains qui est bien

172

nourri, bien logé et bien vêtu tend à devenir complaisant, à s'engourdir dans son aisance et même à être irrité par l'impact sur sa sécurité, du fait d'être informé de la souffrance des autres. C'est un état de fait déplorable, parce que ceux qui suivent le sentier destructeur recherchent et trouvent les affamés par l'intermédiaire desquels ils travaillent, alors que la majorité des hommes et des femmes paisibles se réfugie dans la fausse sécurité de l'isolement, en essayant de jouir de leur paix.

La paix est une cause qui exige l'influence positive de ceux qui la recherchent.

Pour vivre la paix sur la terre, nous devons d'abord exercer la bonne volonté envers chacun. Un effort commun devrait être fait, par toutes les personnes pacifiques de la terre, indépendamment de leur allégeance nationale, de distribuer les ressources naturelles de la terre de façon à éliminer les dangers associés à une pauvreté extrême, dans la famille humaine. La pauvreté est l'un des premiers problèmes qui doivent être résolus pour que l'humanité connaisse une ère libre de la menace de la guerre et de la destruction. Le communisme a trouvé son entrée dans le corps de l'humanité par une telle pauvreté et, aujourd'hui (1960), il constitue la plus grande menace de toutes à l'évolution humaine. Le principe du partage, qui est une partie de l'enseignement du Christ, doit être mis en pratique comme réponse volontaire de l'amour de l'humanité pour l'humanité.

Ceci nous amène à un autre problème qui y est relié. Les masses de l'humanité doivent finalement recevoir une rééducation commune au niveau des concepts de base de la Vérité, concepts qui sont universels dans leur application à la vie et aux affaires de l'humanité. Si un concept est une vérité fondamentale, le bien commun doit en résulter; il doit être aussi applicable à soi qu'aux autres. Ça ne peut pas être une vérité fondamentale si ses résultats sont apparemment bons pour un groupe, au prix de la misère et de la souffrance pour un autre groupe.

Les êtres humains sont encore des enfants et ils réagissent comme tels. Ils ont tendance à penser en fonction des schèmes qui leur ont été imposés durant leur jeune âge. Peu sont des penseurs originaux et créateurs. Peu sont capables de discerner une vérité à travers les voiles des préjugés, d'une attitude séparatrice et de l'isolement. Laissez des personnes de nature idéaliste, mais ayant des préjugés contre l'autorité actuelle ou contre ceux qui sont riches, entrer en contact avec le communisme, et souvent, elles abandonneront joyeusement leur allégeance à une autorité pour une autre qui est bien plus dangereuse. Pour les foules affamées, la sympathie mal placée et le ressentiment contre ceux qui n'ont pas faim engendrent la révolution et la violence. Les âmes idéalistes et naturellement sympathiques doivent avoir un idéal à suivre, parce que la plupart d'entre elles sont des normalement des suiveurs. Ces êtres humains travailleront, combattront, iront en prison, ou mourront pour une cause qui est juste à leurs yeux. S'ils pouvaient être éduqués à une philosophie idéaliste, entraînés dans leur réponse à reconnaître cet idéal qui est celui du plus grand bien de chaque membre de l'humanité, on pourrait trouver de vraies solutions qui élimineraient la menace des divers « ismes », sans la guerre.

Cela représente une tâche colossale, car cela exige l'effort coopératif de ceux qui servent l'idée et l'idéal de paix, que de chercher les concepts fondamentaux de la vérité, de les incarner, et de les enseigner aux peuples du monde, concepts applicables à tous les humains comme enfants de Dieu. Si nous voulions vraiment vivre l'expérience de cette paix mondiale dont nous discutons constamment, et aller au-delà des moyens militaires de défense, nous devrions réaliser que nous sommes les gardiens de nos frères et servir le Plan divin pour ces frères.

Le monde extérieur des activités est un reflet du monde intérieur de l'humanité dont chaque individu est une partie. Si le monde intérieur en est un d'instabilité, d'insécurité et de conflit, le monde des activités reflétera ces conditions en tant que problèmes. Si les individus sont en guerre en eux-mêmes, ils seront en guerre avec les autres. Si plusieurs personnes sont en guerre intérieurement, elles refléteront leurs problèmes à l'extérieur comme étant la condition du monde.

La responsabilité doit alors être celle de chaque individu dans le monde, sans exception, car ils composent le corps de l'humanité.

Les êtres humains doivent intégrer leurs forces dans une seule direction avant de pouvoir espérer assumer leur pleine part de responsabilité envers leurs frères. L'intégration des forces substantielles de l'aspect forme est la première responsabilité de l'individu envers le groupe. Sa contribution personnelle à la paix et à la bonne volonté sera d'amener son propre instrument à devenir une unité intégrée qui répond à cet idéal.

Les forces substantielles de l'aspect forme sont ces forces qui agissent pour produire les activités de l'humanité, la pensée et la vie émotionnelle s'exprimant par le cerveau et par le corps, pour relier extérieurement les êtres humains les uns avec les autres dans l'harmonie ou dans le conflit. Nous appelons ces forces, dans leur totalité, une personnalité, le visage que l'Âme montre dans le monde des activités.

Comme les individus répondent à l'impact des besoins du monde pendant cette période de développement évolutif, l'intégration de la personnalité devient alors une nécessité. Afin de réaliser cette intégration, ils doivent d'abord comprendre :

1. L'aspect forme en général.

2. L'aspect forme en particulier :

   a. le mental,

   b. l'émotionnel,

   c. le physique.

3. La relation entre eux en tant que conscience et la forme qu'ils habitent.

En plus de la compréhension de ce qui précède, les individus doivent faire leur première approche véritable de leur Âme par l'aspiration à la Sagesse et par une consécration à la Vérité. Leur Âme devient leur idéal, et c'est vers cet idéal qu'ils dirigent tous leurs efforts de progrès personnel.

Qu'est-ce que l'Âme en relation à l'individu dans le cerveau? C'est toujours la question qui préoccupe et qui souvent déroute l'étudiant. Est-ce que cette Âme est quelque chose qui peut s'avérer pratique dans la vie et dans les activités quotidiennes? Ou est-ce simplement une théorie à laquelle nous croyons parce qu'elle nous plaît?

Une vérité est sans valeur pour l'individu, à moins et jusqu'à ce qu'elle se soit avérée pratique dans la vie quotidienne parce que c'est ici, dans le monde des activités, que nous sommes placés pour travailler à notre propre croissance et à notre développement. Que vaut le concept de l'Âme si ce n'est que quelque chose sur lequel nous rêvons et théorisons?

Par conséquent, le premier pas que font les chercheurs après avoir découvert la théorie abstraite, c'est de l'extérioriser dans des faits concrets qui sont une preuve vivante, au moins pour eux, de sa valeur spirituelle. Ils font cela par l'expérimentation d'une vérité énoncée, en utilisant la technique suggérée par l'abstraction elle-même.

Exemple :

1. Une Vérité abstraite qui peut être correcte ou non, dans la mesure où la personnalité est concernée :

L'Âme est un corps de conscience créé par le Père, dont le « Je » conscient et pensant (l'individu dans le cerveau) est une extension. La majeure partie de l'Âme, celle que nous appelons la conscience supérieure, adombre le corps par un centre situé au-dessus de la tête. Elle se tient en dehors et au-dessus de la fréquence de l'aspect forme, mais Elle maintient un petit fil de contact avec l'individu dans le cerveau. Par ce fil de contact, l'Âme Spirituelle adombrante extrait la sagesse gagnée par l'expérience de l'individu dans le monde de la forme. Par ce même fil de contact, lorsque l'individu dans le cerveau cherche à s'élever vers la Lumière, l'Âme Spirituelle déverse en lui sa guidance spirituelle sous forme d'idées, de prises de conscience de la Vérité, et de sagesse qui est applicable à sa situation particulière.

Plus tard, après que l'individu a évolué jusqu'à un certain point de développement, l'individu dans le cerveau élève le foyer de sa conscience dans le centre coronal (situé près de la glande pinéale) et la conscience de l'Âme Spirituelle adombrante descend par son fil de contact dans le centre coronal. Ici, dans ce centre de Lumière, les deux sont fusionnés en conscience. L'individu dans le cerveau devient l'Âme Consciente Incarnée, un initié dans la Grande Fraternité Blanche des Âmes conscientes.

2. Des faits concrets à prouver par l'expérimentation :

a. Que les êtres humains sont essentiellement une Âme.

b. Que les êtres humains ont à leur disposition cette sagesse qui apportera la paix, l'amour, et l'harmonie dans leur vie quotidienne.

c. Que l'humanité, dans sa conscience, est supérieure à l'aspect forme qu'elle habite, et qu'elle peut le commander pour répondre à ses demandes.

3. Techniques suggérées par l'abstraction elle-même :

a. Par la méditation, l'individu dans le cerveau aligne sa conscience sur celle de l'Âme Spirituelle adombrante et découvre son identité véritable.

Pour être efficace, cette technique doit être employée pendant un certain temps. Ces individus doivent réaliser qu'ils doivent devenir relativement habiles en méditation afin d'enregistrer l'impression de l'Âme. Si la méditation quotidienne est effectuée honnêtement, sincèrement et avec persévérance, les étudiants moyens auront habituellement la conscience de leur identité comme Âme dans un délai de trois ans.

b. Par la méditation, l'individu dans le cerveau aligne ses problèmes particuliers avec la Sagesse adombrante de son Âme, et, dans une réceptivité positive (en maintenant le mental tranquille, mais alerte et attentif), il attend l'influx de la Sagesse dans sa conscience.

Cela ne prend pas tellement de temps pour y parvenir, comme c'est le cas pour la prise de conscience de son identité véritable. Une méditation quotidienne sur un même problème apportera habituellement, en l'espace d'un à trois mois, une prise de conscience de sa solution sage. À mesure que les étudiants deviennent de plus en plus habiles dans l'utilisation de la technique, le temps requis diminue, jusqu'à ce qu'ils puissent voir la solution d'un problème particulier en une, deux, ou trois méditations.

c. Par la méditation, l'individu dans le cerveau peut invoquer la Volonté divine de l'Âme adombrante pour discipliner les réponses de l'aspect forme. L'aspect forme est aligné sur l'Âme adombrante plutôt que sur la volonté personnelle ou sur l'aspect désir de la persona. Le succès de l'individu dépendra de sa persistance à maintenir l'alignement tout au long des 24 heures de la journée. De cette façon, la conscience contrôle graduellement les corps qu'elle habite. Ainsi, les individus deviennent maîtres de leur propre instrument. Ce dernier ne les contrôle plus avec ses schèmes réactifs, ses goûts, ses aversions, etc.

On conseille à l'étudiant d'aller au-delà du superficiel pour trouver la vérité. Prouvez ou réfutez la valeur de toute vérité spirituelle pour vous-mêmes, par une investigation sérieuse. Expérimentez-la en mettant ses techniques en application et sortez des ténèbres par la découverte de votre propre sentier de Lumière. C'est par la poursuite de cet idéal que la personnalité intègre ses forces substantielles.

La Pensée Créatrice

LEÇON 24

LA VOLONTÉ DE DIEU

Les Lois de la Volonté de Dieu

En relation à la substance :
La Loi de l'Économie
La Loi de la Relativité
La Loi de la Périodicité

*   *   *

La forme est toujours transitoire parce que c'est sa nature. Elle est constituée de substance active, vivante et intelligente qui répond à la Volonté de Dieu. La Volonté de Dieu est exprimée par certaines lois qui se manifestent comme la nature d'une vie incarnée dans la forme. Ainsi, chaque forme reçoit sa nature propre de la Volonté focalisée de Dieu. L'humanité n'a qu'à comprendre cette forme pour l'employer consciemment à son propre avantage.

Sur cette planète, la Volonté de Dieu en relation avec la substance se manifeste par l'intermédiaire de trois lois majeures qui, à leur tour, manifestent un aspect fondamental à l'intérieur de toutes les formes.

Ces lois sont :

1. La *Loi de l'Économie* qui énonce en fait :

Que toutes les formes doivent servir l'économie de la Vie Une.

La Pensée Créatrice

L'activité de la Vie Une, dans la mesure où cette planète est concernée, est la croissance et le développement de toute conscience existante, en une expression de Sagesse et d'Amour divins. Ceci signifie que chaque forme sur la planète, qu'elle soit créée par Dieu ou par l'humanité, devra servir ce Dessein divin. Consciemment ou inconsciemment, qu'elle le veuille ou non, elle facilitera la croissance et le développement de la conscience en une expression de la Déité.

Même si les êtres humains choisissaient de s'opposer à la manifestation du Plan divin ou de la loi et de l'ordre, leur forme et la forme de leurs activités serviraient malgré tout le Dessein divin, ne fut-ce que par l'exemple. Ils peuvent souffrir et sembler provoquer chez les autres d'indicibles agonies à cause de leurs actions et pourtant, quelque part dans leur sphère d'influence, une conscience sera directement aidée dans son développement.

Il a été donné à l'humanité la liberté de choix, de construire toutes formes qu'elle peut et souhaite construire, mais c'est là l'étendue de son soi-disant libre arbitre. La Volonté de Dieu remplace toujours les infimes volontés de l'humanité, pour convertir ses œuvres en un résultat positif. Ainsi, il y a du bon en toutes choses, même dans une terrible mésaventure comme une guerre mondiale. Nous avons fait des pas de géants dans notre développement évolutif, même durant les deux derniers terribles conflits, dans lesquels la majeure partie de l'humanité a été engagée, détruisant des membres de sa propre famille. Alors que partout dans le monde, le mental et le cœur des hommes et des femmes étaient contrôlés et poussés par la cupidité, la haine, la peur et souvent par la confusion de tuer ou d'être tué, la croissance et le développement de la conscience se poursuivaient. À cause de leur expérience, beaucoup ont réalisé très clairement le besoin d'une intervention divine dans la vie et dans les affaires des êtres humains, et ils cherchent à l'invoquer dans la Présence du Christ. Ainsi, nous nous rendons compte que rien n'est jamais totalement mauvais ou prétendument mauvais.

C'est un concept important pour les individus qui s'efforcent de fouler le sentier supérieur, parce qu'il a plusieurs applications dans leur vie quotidienne et dans leurs affaires. Dans toute apparence d'opposition, de déception, ou d'échec, il y a une occasion de croissance. L'individu qui peut consciemment et avec intention saisir la possibilité apprend graduellement à maîtriser l'aspect forme.

    2. La *Loi de la Relativité* qui énonce en fait :

    Que toutes les formes sont interreliées et interdépendantes à l'intérieur de la Vie Une.

Rappelez-vous que la forme est composée de substance active, vivante et intelligente. Cette substance dans sa totalité est le corps substantiel de Dieu, l'aspect matière, ou la troisième personne de la Sainte Trinité. L'Âme ou l'aspect conscience naît comme résultat de l'interaction entre la Volonté divine et l'Intelligence divine, l'Esprit et la matière. Les corps de l'humanité sont construits de cette Substance divine dans trois registres d'activité vibratoire. Alors que la conscience attire ces vies intelligentes (particules de substance divine) à elle-même, et qu'elle reflète son propre Être sur elles, ces vies s'organisent en un schème qui, pour l'appareil sensoriel, prend l'apparence d'une forme, conformément à l'état d'Être reflété (la conscience ou l'Âme), auquel elles ont été attirées.

Si cela vous semble difficile, faites une pause pendant quelques instants et essayez de suivre le concept, lentement et avec attention.

Essayez d'imaginer l'Esprit et la matière comme les deux polarités d'une même énergie. L'Esprit est le pôle positif et il s'exprime en tant que Volonté divine. La matière est le pôle négatif, et elle s'exprime en tant qu'intelligence pure ou ce qu'on appelle substance.

Note : Il serait bénéfique pour l'étudiant de méditer sur les concepts d'intelligence et de substance comme étant des termes occultes ou spirituels synonymes.

De ces polarités et à cause de leur interaction, naît la conscience, un état d'Être identifié comme Âme, qui est d'abord sans forme.

Imaginez cette Âme ou cette Conscience comme étant magnétiquement attirante pour des millions de minuscules vies intelligentes que nous appelons substance. Voyez ces vies se déplacer vers l'Âme, s'organisant dans son champ magnétique en fonction des schèmes que crée Son état d'Être particulier, par radiation.

Imaginez maintenant les vies minuscules se rassembler en fonction du schème dicté, pour produire la forme d'un corps, dans trois registres d'activité vibratoire :

a. mental,

b. émotionnel,

c. physique.

Ainsi, la forme naît avec l'Âme ou l'aspect Conscience en son centre, et avec l'Esprit qui l'adombre.

L'Âme a quatre dimensions. Alors qu'elle existe au centre même de la forme, comme « Je » auto-conscient, elle existe également au-dessus et en dehors des fréquences de cette forme, comme le fils de Dieu créé.

Note : L'humanité doit tourner sa conscience graduellement vers l'intérieur, vers ce centre situé dans la caverne du cerveau, près de la glande pinéale, pour en venir à la réalisation de la signification du « Je » auto-conscient, avant qu'elle ne puisse se fusionner en conscience avec la conscience plus élevée qu'elle n'est en réalité.

La majeure partie de la conscience humaine s'est identifiée à l'aspect forme qu'elle habite et elle en est devenue prisonnière. Ceci veut dire que sa conscience qui se projette à l'extérieur à partir de son identité, dans une direction horizontale, a été prise dans le mirage de la forme. Elle s'identifie à l'aspect matière, dans un monde illusoire qui est son reflet. Au niveau de sa conscience, l'humanité est devenue négative à la forme qu'elle habite; ainsi, sa forme domine et engloutit son Identité spirituelle dans la Vie Une.

Le rayonnement magnétique fait partie de l'aspect conscience; ainsi, le « Je » auto-conscient qui habite une forme, continue à rayonner son état d'être conscient dans la forme et par la forme pour créer un autre champ magnétique. Ce deuxième champ magnétique se situe dans le monde extérieur des activités et c'est en lui que se trouvent les individus, leur environnement immédiat et leur sphère d'influence personnelle.

Sur le plan physique des activités, les formes sont, encore une fois, des vies intelligentes qui sont attirées dans un schème de relations, en fonction du rayonnement exercé sur elles par la conscience.

Encore une fois, arrêtez-vous et réfléchissez à ce concept avec attention.

L'individu dans le cerveau est une Âme, un état de conscience qui est un état d'être conscient. Les individus rayonnent cette conscience par leurs corps mental, émotionnel et physique, dans le monde des activités en tant que champ magnétique. Bien que nous ne puissions pas percevoir ce rayonnement avec nos sens physiques, nous pouvons voir ses effets dans la substance même de notre environnement.

Le rayonnement est magnétiquement attractif. Il attire la substance et les formes de l'environnement en des schèmes spécifiques de relations qui fournissent les expériences nécessaires à la croissance et au développement de la conscience concernée.

Si ceci vous semble difficile, considérez votre propre rayonnement. De quoi êtes-vous conscient? Si votre conscience en est une de limites, de morosité, etc., vous manifesterez, par attraction, cette même condition dans votre vie et dans vos activités.

Qu'est-ce que la vie, sinon le cadeau de Dieu à celui qui est vivant?

Qu'est-ce que l'Amour, sinon le cadeau de Dieu à celui qui aime?

Et qu'est-ce que la Joie, sinon le cadeau de Dieu à celui qui est joyeux?

À ce point-ci, c'est un bon exercice pour les étudiants de définir et de noter dans un cahier leur état particulier de conscience et ensuite de le comparer aux genres d'expériences récurrentes qu'ils vivent dans leur vie quotidienne. Ceci les amène à identifier clairement leurs besoins dans leur *conscience*, le besoin d'élargir leur conscience pour inclure et pour incorporer les vérités spirituelles qui sont d'une réelle valeur. Ainsi, notre sens des valeurs subit un changement rapide et parfois radical.

En raison de la Loi fondamentale de la Relativité, toute forme, que ce soit le corps d'un individu, ses pensées, ses sentiments ou ses expériences, a un effet spécifique sur toutes les autres formes et sur la conscience qui s'y trouve. Il s'agit d'une Vie Une, même au niveau le plus élémentaire de Son expression. La relation juste ou l'Ordre divin est réalisée lorsque la conscience se rend compte de ce fait et qu'elle relie ces formes qui la concernent principalement au dessein de la Vie Une. Ainsi la conscience met l'aspect forme au service du Plan divin et devient un disciple conscient du Christ. À ce propos, on retrouve un bon nombre de ces individus dans notre monde moderne.

Les formes (corps) de l'humanité ont une fonction particulière dans la Vie organisée dont elles font partie, fonction qui est leur relation divine dans et avec cette Vie. Les formes que construisent les individus, puisqu'elles sont construites de substance divine, devraient également avoir une fonction particulière qui corresponde à leur relation divine à la Vie Une. Une forme construite pour autre chose qu'un Dessein divin constitue un mauvais usage de l'énergie et de la substance.

3. La *Loi de la Périodicité* énonce en fait :

    a. Que toute forme a ses propres cycles inhérents de croissance, de maturité et de déclin, ces cycles ayant posé leur empreinte sur elle, au moment de sa conception, par l'intention focalisée de la conscience concernée.

    b. Que l'activité cyclique de toute forme est particulière à la forme elle-même, bien qu'elle soit sujette aux cycles plus puissants de la Vie organisée dont elle est une partie fonctionnelle.

Pour le jeune étudiant, cette loi est plus difficile à saisir et à comprendre que les deux premières, parce qu'elle est de nature plus complexe et couvre un champ de connaissances plus larges. Nous y reviendrons dans cette leçon et dans la suivante, et pour ceux qui sont intéressés, nous en ferons une étude plus approfondie dans un travail ultérieur.

Pour saisir le sens de cette loi, notre première considération porte sur le fait que chaque forme est porteuse, dans sa nature *inhérente*, de ses propres cycles d'activité. Ces cycles ont été imprimés sur elle ou imprégnés dans la forme, au moment de sa conception, par l'intention focalisée de la conscience créatrice.

Considérons l'Âme Spirituelle adombrante qui contemple la réincarnation, et qui dirige, de son propre plan, la construction de Son nouveau corps d'expression. L'Âme détient dans Sa conscience un dessein et un but précis dont la combinaison pourrait être définie comme un plan de développement et/ou de service à être accompli dans cette réincarnation. Le plan est l'Intention focalisée, la Volonté divine de l'Âme, qui agit en tant que cause mobilisatrice ou impulsion pour le nouveau cycle d'expression de la forme.

En plus de cela, l'Âme a une vieille argile avec laquelle elle doit fonctionner : la conscience de la personnalité, conscience développée au cours des incarnations passées. La vieille argile est moulée par l'impulsion mobilisatrice ou l'Intention focalisée de l'Âme Spirituelle adombrante, et une nouvelle forme est créée.

Le plan de l'Âme se trouve dans cette forme, tout comme un schème spécifique de croissance et de développement se trouve dans n'importe quelle graine. Le plan est manifesté à l'extérieur à mesure que le schème se déploie de l'intérieur, par des cycles rythmiques d'activité.

Ces cycles sont nombreux et variés, majeurs et mineurs. Dans leur ensemble, ils constituent les occasions, les possibilités et les impossibilités auxquelles la conscience qui s'incarne est confrontée dans sa vie et dans ses activités quotidiennes. Ces cycles sont le schème par lequel le dessein et le but de l'Âme Spirituelle peuvent être amenés en manifestation. Ces cycles sont véritablement les *saisons*, une partie vitale et importante de l'aspect forme, auxquelles la conscience qui s'incarne doit s'adapter, et avec lesquelles elle doit coopérer pour accomplir le plus grand bien sur le plan physique des activités.

Pour les débutants, il peut sembler difficile de croire qu'ils peuvent identifier et comprendre leurs propres cycles d'activités. Et pourtant, ce n'est pas seulement possible, mais cela fait partie du développement évolutif que tous atteindront un jour. Rendez-vous compte que c'est vers ce développement que vous vous dirigez maintenant. Considérez-le avec enthousiasme, et d'ici là, essayez de saisir ces concepts qui vous donneront accès à une compréhension plus profonde.

La connaissance de ses propres cycles d'activités est une partie de la Sagesse de l'Âme et elle peut être invoquée dans la conscience du cerveau par :

a. une aspiration juste,

b. une méditation juste,

c. une application juste.

La Pensée Créatrice

LEÇON 25

LES CYCLES DE LA VIE

Le mouvement de la forme
dans le temps et dans l'espace

La mort, une libération d'une phase de développement

Les trois cycles majeurs
et les neuf cycles mineurs de la vie

Le premier cycle majeur, le processus de récapitulation :
Le cycle physique, le cycle émotionnel, le cycle mental

Le second cycle majeur, le service:
Le service à l'environnement immédiat
Le service à la communauté
Le service à l'humanité

Le septième, huitième et neuvième cycle de la vie

*   *   *

Une Intention focalisée de l'Âme, à laquelle nous avons fait référence précédemment comme étant l'impulsion qui déclenche une réincarnation particulière, produit une activité planifiée (une forme) qui progresse vers sa conclusion par une modification cyclique et rythmique de la forme. La Loi de la Périodicité qui régit ce processus, conjointement avec d'autres lois, peut être comprise plus facilement comme la loi qui régit le mouvement de la forme dans le temps et dans l'espace. L'activité est le résultat de ce mouvement.

Le cycle majeur dans la vie de toute forme est celui qui régit sa durée de vie, le temps passé dans l'apparence.

L'Âme vient en incarnation en fonction d'un cycle déterminé par le plan de développement divin de cette vie
particulière, dans le monde de la forme. Ainsi, le germe
de la mort est présent dans la forme au moment même
de sa naissance. On peut énoncer correctement que la
cause de la mort est la naissance, l'initiation d'une activité planifiée. Un tel plan doit avoir une conclusion. Ne
vous méprenez pas, toute vie, si insignifiante soit-elle,
sert un Dessein divin en relation à la Vie Une. Ce dessein est le développement de la conscience. L'Âme plani-
fie à partir de la fin vers le commencement; ainsi, la
conclusion de Son plan, dont le résultat est la mort de la
forme, est, *en raison de sa nature*, un fait prédéterminé.

Pourquoi les humains craignent-ils la mort qui non seulement les libère de leur prison, mais marque l'aboutis-
sement d'un plan divinement créé? Si seulement les
humains pouvaient se rendre compte que la mort, lorsqu'elle survient, est leur plus grande possibilité, qu'elle
est leur libération et, dans un sens, leur promotion
d'une phase particulière de développement, ils pourraient y faire face intelligemment, en y retirant une certaine Sagesse qui ne peut être gagnée autrement. Cette
loi divine est une expression de la compassion de Dieu.

N'interprétez pas ou ne représentez pas faussement cette instruction comme une excuse pour le suicide, parce
que *ce n'est pas* le cas. L'Âme Spirituelle adombrante
abstrait la conscience incarnée de la forme, selon Son
Plan prédéterminé, au moment cyclique qui a été mis en
place à l'heure de la naissance.

Plus tard, à mesure que la sagesse de l'Âme deviendra
une partie de la conscience humaine, les humains vont
coopérer avec cet aspect de la loi, se préparant à leurs
désincarnations avec amour et avec compréhension,
pour finalement sortir de la forme en pleine conscience
de veille de ce qu'ils font et de pourquoi ils le font. Une
nouvelle science de la mort se développera dans le mon-

de des activités et, sous la guidance de leur Âme, les gens quitteront leurs corps et leurs œuvres avec un sentiment de satisfaction et de réussite. Jusqu'à ce que ce moment arrive (un autre grand cycle dans les activités humaines), la meilleure préparation est de surmonter la peur et la terreur par une compréhension juste du processus.

Dans la mesure où l'humanité actuelle est concernée, le cycle potentiel de vie d'une forme humaine est d'un siècle entier. Les cycles varient selon les individus pour des raisons particulières à l'Âme individuelle; cependant, ce cycle est standard ou normal comme potentiel pour la moyenne de l'humanité. L'Âme passe approximativement de deux cents quarante à trois cents ans en dehors du monde des activités entre les incarnations. Encore une fois, ce cycle peut varier dans des cas particuliers, mais il peut être considéré comme standard ou normal pour la moyenne de l'humanité.

Contenus dans le cycle d'une vie, se trouvent trois cycles majeurs et neuf cycles mineurs qui produisent la croissance, la maturité et le déclin de la forme, la menant à son apogée ou à sa conclusion. Ils sont décrits et définis comme suit :

Le premier cycle majeur est celui qui subvient aux besoins de croissance des corps et qui alloue du temps pour la récapitulation de ce qui s'est passé auparavant, donnant ainsi à la conscience la possibilité de s'intégrer en son temps et lieu, et de stabiliser cette conscience à son point de développement évolutif.

Ce premier cycle majeur comprend trois cycles mineurs et un intermède, chacun d'eux comprenant approximativement sept années. L'emphase de la croissance est mise sur :

1. Le corps physique, pendant le premier cycle de un

à sept ans.

2. Le corps émotionnel, pendant le deuxième cycle de sept à quatorze ans.

3. Le corps mental, pendant le troisième cycle de quatorze à vingt et un ans.

Au cours du premier cycle, la conscience qui s'incarne récapitule par expérience symbolique le développement réalisé lorsqu'elle était à peine plus qu'une vie animale. Cela inclut la période d'individualisation (lorsque l'être humain a réalisé qu'il était un « Je » auto-conscient) et celle du développement de la volonté personnelle focalisée, développement qui a été réalisé au cours de la bataille pour la survie, contre les dangers de la nature et des éléments. Les humains devaient trouver leur place dans la nature.

Ainsi, durant cette période, nous voyons l'enfant récapituler le développement d'une volonté essentiellement et normalement égocentrique, et la bataille de cette volonté pour la survie dans son environnement. Durant ce cycle, certains ajustements karmiques sont faits, de sorte qu'à chaque fois, plus de Sagesse s'ajoute à celle déjà acquise par l'Âme, à partir de l'expérience.

Durant le deuxième cycle, la conscience qui s'incarne récapitule par l'expérience symbolique le développement accompli jusqu'ici en tant qu'être humain émotionnel, en relation avec les gens et les choses. Ici, la conscience revit l'expérience du premier besoin de s'ajuster à une société d'individus, de se relier par les sentiments au-delà de la nécessité de la survie ou de l'existence, de sorte que la vie émotionnelle devient plus importante que la vie physique.

Durant le troisième cycle, la conscience qui s'incarne récapitule, toujours par l'expérience symbolique, le développement de l'aspect mental réalisé jusque-là. Selon son développement évolutif, elle apprend à utiliser son mental et à discipliner ses émotions à partir d'un contrôle mental. Elle se relie à son environnement par un intérêt mental et par un sens des responsabilités en développement. Pendant cette période et en ce lieu, dans la mesure où la majeure partie de l'humanité est concernée, il n'y a pas tellement de récapitulation ici, comme pour les deux autres cycles. La raison de cela en est que la masse de l'humanité se situe au point du développement évolutif qui porte sur le développement du mental et sur la construction d'un corps mental raffiné et clair. Aujourd'hui, l'humanité se trouve dans le processus d'élever son point d'attention focalisé, de l'aspect émotionnel de sa nature vers l'aspect mental. La récapitulation est réalisée en grande partie par la connaissance littéraire, le développement des habiletés et les expériences émotionnelles qui *exigent* une attention mentale. L'entraînement discipliné aux principes moraux et *éthiques*, au cours de la période de vie de quatorze à vingt et un ans, recevra bientôt une attention beaucoup plus grande que jamais auparavant dans l'histoire de notre civilisation.

Cela nous amène à l'intermède qui, encore une fois, couvre habituellement une période de sept ans. Un intermède est une pause entre deux activités majeures au cours de laquelle la conscience rassemble toutes ses forces dans un centre, pour préparer un nouvel effort initiatique. Au cours de ce premier intermède dans sa vie, l'individu intègre et stabilise le développement qui a été réalisé pendant les trois cycles précédents. À mesure que l'individu approche de la fin de l'intermède, il commence à s'aligner au dessein de cette incarnation particulière. Ici est présentée à chaque individu une occasion de devenir conscient du dessein de son Âme et, selon son développement évolutif, de devenir graduellement conscient du plan de son Âme. Non seulement prend-il conscience de sa responsabilité, mais il l'accepte et il se prépare, par des apprentissages plus poussés, à l'assumer. Lorsqu'il atteint vingt-huit ans, il devrait avoir atteint la maturité, c'est-à-dire être intégré dans le temps, ou avoir réalisé la continuité avec son passé.

Pourquoi voyons-nous si peu d'évidence de cette activité planifiée de l'Âme, dans le monde aujourd'hui? Parce que l'humanité a tellement peu de compréhension de ses cycles de possibilités. Le parent comprend rarement que son enfant récapitule son développement passé par son expérience quotidienne. À cause de cela, le parent comprend rarement l'enfant. Les parents sont handicapés face à l'aide qu'ils peuvent apporter au développement de l'Âme du jeune. À cause de cela, l'enfant ne réalise pas la continuité voulue et il n'a pas le développement nécessaire dans les secteurs où les ajustements n'ont pas été faits. De ce fait, nous sommes l'homme ou la femme adulte immature dans certaines zones de notre conscience et nous sommes rarement capables de tirer profit de nos cycles de possibilités. Nous ne nous sommes pas suffisamment libérés de notre passé par le processus de récapitulation.

C'est l'une des conditions qui se manifeste dans le monde aujourd'hui comme résultat du point de développement évolutif de l'humanité. Cependant, nous entrons dans un nouvel âge de développement dans lequel la sagesse de l'Âme se fera sentir dans la vie et dans les activités de tous et de chacun d'entre nous. L'éducation dans le nouvel âge se consacrera au développement de l'Âme chez l'enfant, vers cette maturité qui est une continuité de Son passé et vers une réalisation du dessein de l'Âme. Ainsi, les jeunes hommes et les jeunes femmes de demain avanceront dans le monde des activités à partir d'un nouveau foyer d'attention, avec un nouveau sens vital de direction et une connaissance de la destinée (cycles de possibilités). Le développement de l'individu, à partir de l'âge de vingt-huit ans environ, sera un *nouveau* développement, apportant de nouvelles expériences plutôt que la répétition incessante de vieilles situations et circonstances.

Le deuxième cycle majeur est celui qui fournit à la conscience mature sa possibilité d'apporter, par un effort initiatique, une contribution à la société et à la civilisation dans laquelle elle vit.

Il comprend trois cycles mineurs et un intermède, chacun comprenant habituellement neuf années. L'emphase de l'effort initiatique porte sur :

1. Le service à l'environnement immédiat et à la sphère d'influence, au cours du quatrième cycle mineur, de vingt-huit à trente-sept ans.

2. Le service à la communauté par une sphère d'influence en expansion, au cours du cinquième cycle mineur, de trente-sept à quarante-six ans.

3. Le service à l'humanité par une sphère d'influence toujours en expansion, au cours du sixième cycle mineur de quarante-six à cinquante-cinq ans.

Au cours du quatrième cycle mineur, l'homme ou la femme dans le cerveau a l'occasion de prendre des responsabilités karmiques envers la famille et les associés par une activité planifiée de service, qu'ils doivent eux-mêmes mettre en oeuvre. Ils ont alors l'occasion de régler de vieilles dettes karmiques, par un nouvel effort d'amour. Au cours de ce cycle de neuf ans, s'ils saisissent l'occasion présentée par leur Âme, ils peuvent compenser la majeure partie du karma personnel précipité du passé, dans l'incarnation actuelle. En faisant cela, ils introduisent non seulement la Loi et l'Ordre divins dans leur vie, mais ils l'orientent également vers la Vie Une dans laquelle ils vivent, se meuvent et ont leur être. Ils se syntonisent, pour ainsi dire, avec Dieu et ils récoltent les récompenses de plusieurs expériences spirituelles, dans leur conscience.

Au cours du cinquième cycle mineur, la conscience qui s'incarne tourne son attention vers un plus grand nombre de ses frères, élargissant sa sphère d'influence, pour inclure, dans un champ de service, la communauté dans laquelle elle est logée et nourrie. Ses activités planifiées sont réalisées en ayant à l'esprit le bien de la communauté ou du groupe plus large d'associés. Ainsi, l'occasion est offerte de compenser la majeure partie du karma de groupe, précipité du passé dans l'incarnation actuelle. En saisissant cette occasion, elle devient toujours plus consciente, dans sa conscience, qu'elle est une Âme, et que tout comme elle, ses frères sont des Âmes qui ont besoin de la contribution qu'elle doit apporter et ils y ont un droit divin.

Au cours du sixième cycle mineur, si la conscience qui s'incarne saisit l'occasion qui se trouve devant elle, elle commence à penser en termes de besoins humains. C'est ici, dans ce cycle, que son potentiel de service est exprimé et que sa contribution atteint un sommet ou un apogée. Selon son développement évolutif, l'individu peut maintenant apporter sa pleine contribution à la civilisation qu'il a aidée à construire lors d'incarnations antérieures. Il peut redresser un vieux méfait ou ajouter à une bonne action du passé; l'un ou l'autre aura un effet bénéfique pour plusieurs membres de l'humanité. Sa conscience devient de plus en plus enrichie de valeurs spirituelles qu'il manifeste dans sa vie.

Cela amène l'homme ou la femme au deuxième intermède, à l'âge approximatif de cinquante-cinq ans. Encore une fois, ils marquent un temps d'arrêt entre les activités et rassemblent leurs forces. À ce moment-là, au cours des neuf années de l'intermède, ils sont confrontés à une décision majeure dont l'issue est habituellement déterminée par leur développement évolutif, par le besoin de leur époque, et par leur relation à ce besoin. Ils doivent décider s'ils vont permettre à l'instrument de re-lâcher ses efforts alors qu'il amorce son déclin, ou s'ils vont le forcer vers de nouveaux sommets de service. In-dépendamment du choix qu'ils font, c'est un intermède ésotérique dans leur vie. Ils n'élargissent plus leur acti-vité, mais s'ils tirent pleinement avantage de la possibi-lité de cet interlude, ils maintiendront la fonction utile de leur activité de service. Ils intègrent et stabilisent leur service au niveau atteint pendant le sixième cycle mineur.

Le troisième cycle majeur fournit à la conscience qui s'incarne l'occasion de mettre en oeuvre un nouvel effort de service à l'humanité et à la Vie Une, et/ou de mettre leurs activités en ordre. Dans tous les cas, l'instrument est entré dans son cycle majeur de déclin, qui offre à la conscience une occasion jusqu'ici inégalée de progrès spirituel dans la vie de la forme. La conscience est auto-risée à fonctionner avec une liberté toujours plus gran-de, dégagée des demandes de l'aspect forme. Ce cycle comprend trois cycles mineurs et un interlude, habituel-lement de neuf années. L'accent de ce déclin touche :

1. Le corps physique au cours du septième cycle mi-neur de soixante-quatre à soixante-treize ans.

2. Le corps émotionnel au cours du huitième cycle mineur de soixante-treize à quatre-vingt-deux ans.

3. Et le corps mental au cours du neuvième cycle mi-neur de quatre-vingt-deux à quatre-vingt-onze ans.

Au cours du septième cycle, le corps physique commence à relâcher les demandes sensorielles sur la conscience qui s'incarne. Son activité décline graduellement en in-tensité, la conscience du cerveau cesse graduellement de réagir aux marées émotionnelles et l'environnement physique lui-même relâche son emprise sur l'être hu-main dans le cerveau.

Ceci peut être une période très difficile si elle n'est pas comprise correctement. C'est le cycle le plus craint par la conscience qui n'a pas le sens du dessein ou de la direction divine. Ces personnes se sentent glisser loin de tout ce qui leur est connu et de tout ce qui leur est cher. Si elles sont identifiées à la forme, il est naturellement effrayant d'observer son déclin. Ils se sentent mourir et, ne sachant pas ce que le futur leur réserve, ils vont soit ériger une résistance de dernière minute au déclin, soit tendre à limiter leur conscience et son efficacité, aux limites de leur instrument.

Au cours de ce cycle, la mauvaise interprétation de ce qui se produit et la peur du futur causent la maladie, l'effondrement des fonctions corporelles et la mort prématurée de tellement de gens. La sénilité à cet âge ou à tout âge, en cette matière, est une condition créée par l'humanité. Elle n'est pas normale ni pour la forme, ni pour la conscience.

Au cours de ce cycle de soixante-quatre à soixante-treize ans, la conscience qui s'incarne peut soit amorcer un nouvel effort de service mondial, soit se retirer graduellement du champ d'activités. Si elle se retire, elle a l'occasion d'entrer dans une vie d'études avancées, de méditation et de contemplation. Elle peut maintenant se consacrer à une vérité plus élevée, alors que l'aspect forme relâche ses demandes sur elle.

Au cours du huitième cycle mineur, l'aspect émotionnel relâche ses demandes, et toutes les ambitions et les désirs s'éloignent de l'être humain. Les marées émotionnelles cessent et les individus sont laissés libres de fonctionner presque entièrement dans leur aspect mental.

Si leur évolution est telle qu'ils ont un corps mental hautement développé, ils peuvent encore être d'un grand service à l'humanité. Ils sont capables de formuler la Sagesse dans des concepts de vérité, qui sont applicables à leur temps et à leur environnement. On peut faire appel à eux pour des avis et des conseils.

Si leur évolution n'a pas atteint ce point élevé de développement, l'occasion leur est offerte de se développer consciemment. Ils ont le temps et l'attrait pour des études plus élevées. Ils peuvent, s'ils le souhaitent, aller aussi loin que se préparer mentalement à de futures incarnations.

S'ils ont amorcé un nouvel effort de service dans le cycle précédent, il atteindra son apogée à un certain moment au cours de celui-ci, et l'individu se retirera du champ d'activités.

Durant le neuvième cycle mineur, le corps mental entre dans son déclin et la conscience qui s'incarne est libérée de ses demandes. Il cesse son activité incessante de construction de formes, de sorte que la vie-de-la-pensée devient graduellement tranquille. Ici est offerte à l'être humain l'occasion de réellement méditer, en étant libéré des formes-pensées qui se tenaient autrefois entre lui et sa réalisation de l'être pur. Il peut maintenant fonctionner dans le règne de l'Âme, s'il a tiré profit de tous les cycles précédents de possibilités qui lui ont été présentés.

Cela ne signifie pas que le mental devient négatif et impotent. Il est tenu tranquille, mais alerte, attentif à l'impression de l'Âme, de sorte que la lumière de l'Âme puisse se déverser par lui, pour illuminer la conscience en attente. Ceci présuppose une activité intérieure intense.

Cela amène l'individu à sa quatre-vingt-onzième année où il entre dans cet intermède entre vivre dans une forme et vivre hors d'une forme.

L'intermède offre l'occasion de réfléchir paisiblement sur le passé et de réévaluer tout ce qui est arrivé auparavant (dans cette incarnation), à la lumière de l'Âme.

Ces personnes partent en pleine conscience éveillée lorsqu'elles arrivent à la fin de leur cycle d'incarnation. Elles passent facilement de leur instrument et du monde des activités à cette vie après la mort qui est naturelle pour elles.

LEÇON 26

L'ASPECT FORME

Faire un usage juste de l'aspect forme

Invoquer la volonté divine

Deux caractéristiques de l'aspect négatif de la Déité :
l'inertie et l'activité

Les mouvements de l'Esprit et de la substance

Altérer le mouvement par l'intégration

L'Âme amorce un nouveau mouvement

Prendre résidence dans la tête

*   *   *

Les trois Lois divines fondamentales de l'Économie, de la Relativité et de la Périodicité donnent à la forme sa nature. C'est dans cette forme qu'est emprisonnée la conscience qui s'incarne et à laquelle la conscience s'identifie pour un long cycle de croissance, et c'est par un contrôle graduel et par une utilisation juste de cette forme que nous devenons finalement une Âme consciente incarnée.

À ce point-ci, l'étudiant doit apprendre à concrétiser et à appliquer la théorie à sa vie quotidienne afin de prouver ou de réfuter sa valeur de vérité. Comment une théorie comme celle-là peut-elle s'appliquer à la vie quotidienne et aux affaires courantes? Comment pouvons-nous relier l'abstrait au concret de manière telle à pouvoir construire une structure vivante de la vérité?

La Pensée Créatrice

La forme, nos corps et notre environnement, les pensées et les sentiments que nous entretenons et les gestes que nous posons, tout cela sert l'économie de la Vie Une. Alors, de par sa nature, tout est imprégné d'un Dessein divin qui est la croissance et le développement de la conscience dans une expression d'Amour-Sagesse divin, ou ce que nous pouvons définir par altruisme. Un être humain ne peut pas échapper à ce *fait inhérent à la nature*. Généralement, c'est notre dessein et plus spécialement dans les domaines où nous manquons particulièrement de motivations altruistes. Directement ou indirectement, par la souffrance ou l'accomplissement, la douleur ou le plaisir, selon notre choix conscient ou inconscient, nos pensées, nos sentiments et nos actions vont, en tant que partie de l'économie de la Vie Une, faire évoluer la conscience dans notre sphère d'influence, vers une plus grande connaissance de l'Amour divin. D'autres peuvent nous regarder et dire : « Ce n'est pas la bonne manière de se comporter. Voici la bonne manière ». Ainsi, nous servons, même sans le vouloir. Nous souffrons des répercussions de nos propres actions, nous évoluons et graduellement, nous raffinons notre expression jusqu'à ce qu'elle soit altruiste. Ainsi, nous ne pouvons pas échapper à ce dessein qui se manifeste comme une partie de l'aspect forme.

L'aspect forme ne peut pas faire autrement que de se relier à d'autres formes afin de servir ce dessein, parce que la relativité fait aussi partie de sa nature inhérente. Il doit se relier aux autres formes qui se trouvent dans sa sphère d'activité, et ce faisant, cela amène une relation consciente de la conscience qui l'habite avec d'autres unités de conscience. Les êtres humains vont aimer ou haïr. Ils vont attirer ou repousser. Ils ne peuvent pas rester indifférents et demeurer sains d'esprit. Les formes et les unités de conscience dans une sphère d'activité deviennent si étroitement reliées et interdépendantes qu'indépendamment de la qualité de la relation, elles ne peuvent pas vivre l'une sans l'autre.

Leçon 26

Ceci est devenu de plus en plus vrai dans notre monde moderne qui reflète l'évolution intérieure de la conscience humaine. Un être humain peut aimer ou haïr, apprécier ou détester, être attiré ou repoussé par les formes d'un épicier, d'un banquier, d'un drapier, etc., mais il ne peut pas vivre la vie qu'il a choisi sans ces formes. Il n'est plus possible pour une personne, une famille ou même une nation de demeurer une unité totalement indépendante. L'économie mondiale ne permettra plus l'isolement continuel d'une forme et d'une unité de conscience, de cette vie qui est *l'humanité*. L'interrelation de toutes les vies qui se reflètent dans l'économie de notre monde indique le chemin vers la reconstruction de l'humanité, après des siècles d'expériences douloureuses, vers une ère de paix et de bonne volonté.

Nous n'avons qu'à faire bon usage des caractéristiques que la forme nous présente dans les possibilités cycliques ou saisons, afin de traverser avec succès cette période transitoire d'une ère à une autre. Nous pouvons raccourcir la période de transition en faisant consciemment des pas pour évoluer, en coopération avec la loi.

Réalisant que nous sommes une partie de l'économie de la Vie Une, et que l'économie sert le Dessein divin de la Vie elle-même, nous pouvons nous approprier consciemment le Dessein divin et le pouvoir divin qui l'accompagne. Nous pouvons nous rendre compte que nous servons l'évolution de la conscience ou l'Âme, et aspirer à le faire d'une manière positive et créatrice.

Par une aspiration correctement motivée, nous pouvons invoquer la volonté divine pour illuminer notre conscience.

Réalisant que nous devons être en relation, parce que cela fait partie de notre nature fondamentale et de l'aspect forme, nous pouvons choisir consciemment d'entretenir avec amour des rapports fraternels, dans la famille de Dieu.

Nous pouvons alors observer les cycles de possibilités, qui nous sont présentés par la forme et, dans ces cycles ou saisons, poursuivre notre croissance et notre développement spirituels, créant ainsi une nouvelle civilisation dont la qualité est l'altruisme et dont l'activité produit le plus grand bien du plus grand nombre. N'oubliez pas que le plus grand bien du plus grand nombre doit commencer par le plus grand bien de chaque individu et l'inclure. La Vie Une est focalisée dans le groupe, et par le groupe dans l'individu.

Avant de laisser de côté notre considération de l'aspect forme, il y a deux autres caractéristiques encore plus fondamentales inhérentes à la forme, qui sont dérivées du pôle négatif de la Déité.

Ces deux caractéristiques inhérentes sont celles de la substance elle-même, avant que cette substance n'ait été assemblée en une forme. Ce sont :

a. l'inertie,

b. l'activité.

Il en résulte la capacité créatrice de la substance de s'organiser et de se maintenir dans n'importe quelle forme imprégnée sur elle par une Volonté focalisée.

Le mouvement normal de la substance est giratoire. Une particule de substance tourne sur son axe et tend à maintenir ce mouvement, à cause de son inertie.

Dès que l'Esprit pénètre dans le champ de réceptivité de la particule de substance, un nouveau mouvement ou activité est créé. C'est un mouvement circulaire. La particule de substance orbite autour de son pôle positif d'Esprit sur un sentier créé par l'Intention de l'Esprit. Son inertie fondamentale la maintiendra dans le premier sentier emprunté, de sorte que son orbite demeure fixe.

Lorsque la conscience ou l'Âme naît dans le champ magnétique créé entre la matière et l'Esprit, il se produit un nouveau mouvement de la substance. Non seulement la particule tourne sur son axe et orbite autour de son pôle positif, mais elle entre maintenant dans un schème d'activité en spirale. L'Âme, la médiatrice entre l'Esprit et la matière, exerce une influence magnétique sur la substance qui orbite. Cette substance commence à se déplacer en spirale, se rapprochant de son pôle positif, lorsque l'Âme exerce son attraction cyclique sur elle. Ainsi, l'évolution de l'aspect matière progresse avec l'évolution de l'Âme. Des formes sont créées, évoluent, et sont finalement élevées vers la fréquence de l'Esprit par la conscience ou l'Âme qui évolue, médiatrice entre l'Esprit et la matière.

On réalise que tout cela est abstrait et difficile à comprendre au début. Cependant, les caractéristiques fondamentales qui agissent de manière inhérente à l'aspect forme peuvent être reliées à la croissance et au développement de l'individu aussi bien qu'à sa vie et à ses activités, et y être appliquées.

Sous-jacente à la nature des formes avec lesquelles l'individu doit fonctionner se trouve un aspect de la matière encore plus puissant qui doit être pris en considération.

La forme tend naturellement à répéter sans cesse l'activité de la *première* impulsion. Ainsi, un mécanisme de réponse automatique est construit dans le cerveau physique et dans le système nerveux, des habitudes sont créées et des expériences sont répétées dans une succession de cycles pratiquement sans fin. Seule l'influence positive de la conscience, par une réévaluation consciente ou inconsciente, peut modifier le mouvement déjà établi (l'activité) d'une forme. La forme agira parce qu'elle y est contrainte, parce que c'est l'une de ses caractéristiques les plus fondamentales, mais elle agira dans le schème établi pour elle au départ, à moins que ou jusqu'à ce que la conscience le modifie avec un nouveau schème.

La manière la plus facile et la plus efficace de modifier le schème d'action se fait par l'attraction des forces substantielles des corps (l'énergie mentale, émotionnelle et physique) vers le haut, dans un alignement plus étroit avec l'Âme. C'est en initiant consciemment un mouvement ascendant de ces forces à la lumière de la compréhension où, à partir d'un point mental de concentration, elles peuvent être réorientées dans de nouveaux schèmes d'activités.

C'est ce que nous appelons l'intégration de la personnalité. Toutes les forces substantielles de la forme qui constituent dans leur somme totale la persona (le masque ou le visage de l'Âme), sont amenées en une unité fonctionnelle intégrée, par celles qui sont consciemment focalisées dans la tête. Tout l'être est alors capable d'agir plutôt que de réagir face à l'impact, parce que la réponse à cet impact est commandée par l'Âme, par l'intermédiaire du mental où la lumière de la compréhension rend possible la mise en œuvre de *l'action juste*. L'action juste est produite par l'intermédiaire d'une persona correctement intégrée et ordonnée, à partir d'une compréhension juste. Une telle compréhension n'est jamais à notre disposition, à moins que et jusqu'à ce que les forces des corps aient été intégrées en une personnalité unifiée.

Considérez les forces telles que la vie-de-la-pensée, la vie émotionnelle et la vie physique elle-même, avant qu'elles ne soient intégrées en une unité. Non seulement ces trois aspects sont souvent en guerre les uns avec les autres, mais des conflits dans un ou plusieurs aspects créent très souvent de graves difficultés pour l'être humain. S'il y a division dans la vie-de-la-pensée, entre ce qu'elle veut et croit ou même ce qu'elle sait, non seulement devient-elle impuissante à poser des gestes positifs, mais elle devient destructrice pour le reste de l'instrument et pour l'environnement. Ceci s'applique également à la vie émotionnelle. Et lorsque les actions des êtres humains sur le plan physique se contredisent entre elles, ils sabotent leurs propres entreprises, souvent jusqu'à la folie.

La personnalité est intégrée en une unité fonctionnelle qui répond à l'Âme lorsque les individus élisent domicile dans la tête et qu'ils s'identifient à l'Âme, et de ce fait, ils attirent ces forces vers le haut en un point de concentration où les schèmes qu'ils ont tendance à adopter peuvent être réévalués, et les forces réorientées vers les nouveaux schèmes créés par la réévaluation.

Rappelez-vous, l'Âme ou l'aspect conscience met en oeuvre un nouveau mouvement ou une nouvelle activité de la substance. Les forces substantielles de l'instrument sont composées de plusieurs millions de particules de substance. Lorsque l'Âme exerce une attraction magnétique cyclique sur elles, elles entrent dans un mouvement en spirale. Lorsqu'elles orbitent autour de l'Esprit, elles se rapprochent de Lui, c'est-à-dire qu'elles élèvent leur fréquence vibratoire.

Ainsi, en prenant résidence dans la tête (d'abord dans le centre ajna entre les sourcils) et en nous identifiant comme Âme, nous nous établissons dans cette polarisation qui, en tant que médiatrice entre l'Esprit et la matière, devient positive par rapport aux forces substantielles de l'instrument. En exerçant une attraction magnétique cyclique sur elles, chaque matin, dans la méditation, nos forces substantielles sont élevées en fréquence hors de l'obscurité des vieux schèmes, à la lumière de la compréhension. Les réévaluations qui en résultent créent de nouveaux schèmes d'action dans lesquels ces forces peuvent s'écouler lorsque la conscience s'exprime à l'extérieur dans son environnement. L'inertie de la matière a été surmontée pour produire une nouvelle activité.

La vie et les affaires d'une telle personne prennent un nouveau sens à mesure qu'elle se conforme à la nouvelle influence et sa vie est manifestement une contribution positive à la Vie Une.

Dans la prochaine leçon, nous allons considérer une nouvelle technique de méditation qui s'applique au processus décrit ci-dessus. En attendant, essayez de comprendre le contenu de cette leçon, autant que possible.

LEÇON 27

CONSTRUIRE UN IDÉAL

La transmutation ou l'alchimie spirituelle

Visualiser le noyau de l'idéal, la lumière du Christ

Un triangle de force spirituelle
et trois caractéristiques du nouvel idéal :
La Volonté divine, l'Amour-Sagesse Divin
et l'Intelligence Active

Les quatre attributs de l'aura magnétique :
L'Harmonie divine, la Connaissance et la Science
concrète, la Dévotion à un Idéal,
la Loi et l'Ordre divins

L'utilisation de l'idéal comme pensée-semence
dans la méditation

Méditation pour douze mois

*   *   *

Avec quoi *pouvons-nous* nous identifier sinon avec la forme que nous habitons? Si nous ne sommes pas nos pensées ou nos émotions ou notre corps physique, si nous ne sommes même pas notre nom, alors que sommes-nous?

À ce point-ci, l'étudiant sincère de la vérité s'identifie à un idéal composé d'un groupe d'idées. Au début, l'idéal tend à être abstrait et vague parce que les idées sont de nature abstraite. L'étudiant qui débute doit encore apprendre à penser de manière abstraite dans la forme

211

concrète, afin de créer un idéal adéquat qui peut être revêtu de substance mentale, émotionnelle et physique. Lorsque nous pouvons faire cela, notre nouvelle identification cesse de tourner autour de nous, tel un rêve dans notre vie de désirs, et elle devient une réalité vivante dans le monde des activités.

De cette façon, nos rêves deviennent des réalités. D'une forme embryonnaire, ils deviennent des réalités vivantes, parce que nous les avons imprégnés de l'Esprit, notre propre part de la Volonté d'Être universelle.

De nombreux étudiants qui se rendent jusque-là sont frustrés dans leurs tentatives de construire l'idéal. Presque tous veulent être meilleurs que ce qu'ils sont présentement. Presque tous, consciemment ou inconsciemment, recherchent un état plus élevé, mais peu savent comment effectuer leur propre développement. Le but est difficile à décrire mentalement et à cause de cela, peu savent ce qu'ils doivent travailler. Le développement spirituel amorcé par soi-même est un nouveau concept pour l'individu moyen, et pourtant, il évoque une réponse claire des profondeurs même de l'être d'une personne lorsque sa signification a été comprise. Immédiatement, nous commençons à formuler un idéal comme but vers lequel nous pouvons amorcer notre croissance et notre développement. Le but est généralement construit à partir d'un idéal qui est l'opposé polaire de ce que nous semblons être, à ce moment-là.

Évidemment, si nous sommes remplis de ressentiments, de jalousie, d'avarice, etc., nous cherchons à nous en libérer du mieux que nous le pouvons. Notre premier idéal est naturellement construit sur de vagues idées d'amour, de compassion, de gentillesse, de détachement et de bonté générale. Nous essayerons de changer parce qu'inconsciemment, nous nous rendons compte que nous pouvons effectuer des changements en profondeur dans notre propre psychologie.

Les personnes moyennes s'engagent dans ce développement particulier par une action disciplinée qu'elles s'imposent; elles avancent dans la bonne direction, mais généralement avec de mauvaises méthodes. Leurs disciplines sont de nature négative. Elles vont se discipliner à ne pas avoir de ressentiment, à ne pas être jalouses, à ne pas permettre que l'avarice influence leurs actions, etc., et ce faisant, elles ne réussissent qu'à inhiber les forces produites par ces schèmes. Elles ne font que provoquer une frustration croissante, une mauvaise santé, ou au mieux, une série d'expériences désagréables, parce que la force inhibée accroît son pouvoir potentiel jusqu'à ce que finalement, elle trouve une issue dans une manifestation. Ainsi, la personne habituellement calme et sereine explose, panique ou fige, lorsqu'elle est confrontée à la crise soudaine. Ou encore, ces personnes atteignent simplement un point de rupture lorsque les forces inhibitrices en elles explosent extérieurement et elles sont alors contrôlées par elles.

Évidemment, il doit exister une autre méthode d'accomplissement par laquelle l'humanité peut, sans risque, mener à bien sa croissance et son développement spirituels. Les forces négatives enfouies profondément en chacun de nous doivent être transmutées en leurs opposés polaires, plutôt que d'être simplement refoulées. Une telle inhibition n'est rien d'autre qu'un contrôle superficiel d'un dangereux pouvoir potentiel qui va inévitablement être mis en action par le biais d'un conflit, à l'intérieur de l'individu et dans l'humanité comme collectivité. Demandez-vous ce qui se trouve vraiment derrière la violence de masse, le comportement criminel, ou n'importe quel acte destructeur du bien commun. Un petit groupe d'individus jouant sur la vie émotionnelle d'une masse de gens peut déclencher ces forces négatives inhibées, pour inciter la masse à la violence, à l'encontre de tout bon sens. Ça ne prend qu'une petite étincelle pour provoquer l'explosion d'une telle puissance potentielle. Ainsi, aussi longtemps que ce potentiel est présent, il est une menace constante à notre paix et à notre sécurité.

La transmutation, ou l'alchimie spirituelle est une science basée sur des faits divins dans la nature, que nous, en tant qu'Âmes conscientes, pouvons apprendre et appliquer, pour le bien-être de notre monde. Dans cette série d'instructions, dans le vrai sens du terme, nous traitons du processus de transmutation.

Comment les étudiants sincères commencent-ils à construire un idéal adéquat et bien équilibré?

En premier lieu, nous commençons par le noyau même de l'idéal : l'identification. Quelle est l'identité de ce nouvel être que nous avons l'intention de devenir? Quel est son nom et quelle est sa place dans l'ordre des choses?

Son nom est le Christ, Fils de Dieu. C'est un enfant Christ, une jeune Âme née comme unité à l'intérieur de la Vie Une, née de l'Esprit et de la matière, dans la famille humaine.

Ce noyau est visualisé comme un point minuscule de lumière brillante, profondément à l'intérieur de soi, point qui, à mesure qu'il grandira, se développera, acquerra de la maturité et infusera sa lumière radiante dans la personnalité triple. Par cette lumière, la lumière du Christ, focalisée dans le cœur de chaque Âme, les forces négatives de la personnalité, de l'environnement, et finalement du monde seront transmutées en leurs opposés polaires.

Ainsi, chaque fois que l'étudiant pense à l'identité, il le fait de cette façon : il se reconnaît dans son essence, comme un point concentré de lumière et de vie Christique de couleur blanc bleuté, à l'intérieur d'une sphère de conscience appelée l'Âme. L'expansion de ce point de lumière et de vie en un soleil radieux blanc bleuté qui infuse la personnalité et qui finalement la consume, symbolise le développement spirituel qu'il a amorcé.

Ainsi, le noyau, l'identité de l'idéal, est établi et prend une forme compréhensible. Ce travail peut devenir un but d'accomplissement spirituel.

La prochaine étape, dans la construction de l'idéal, est la formulation d'une nature de base servant de fondation à la nouvelle identité. De nouvelles idées doivent être formulées, lesquelles serviront de plan à partir duquel sera modelé un programme de discipline *positif* pour la persona.

Quelles sont les caractéristiques de base de cet être spirituel que l'étudiant a l'intention de devenir?

Elles sont au nombre de trois, trois caractéristiques qui forment un triangle de forces spirituelles, autour du noyau central de la lumière du Christ.

Ce sont :

1. La Volonté divine. C'est le premier point du triangle. Le Fils hérite de la Volonté divine du Père. Elle L'adombre, L'inonde d'en haut, et L'aligne directement sur le Père.

La Volonté divine se manifeste dans l'être intérieur de la persona alors qu'Elle (la Volonté divine) est infusée dans la nature triple (mentale, émotionnelle et physique) de cette persona, comme la volonté-de-bien.

Elle est exprimée extérieurement dans le monde des activités comme bonne volonté envers *tous* les membres de la famille humaine.

  2. L'Amour-Sagesse divin. C'est le deuxième point du triangle, situé au-dessous et à droite du premier point.

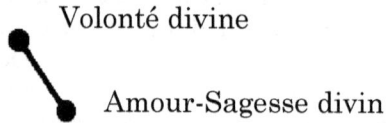

Volonté divine

Amour-Sagesse divin

L'Amour divin est la nature de base et donc la caractéristique essentielle du Fils Lui-même, créé par l'interrelation de la force divine entre Ses parents divins. Il constitue Sa syntonisation à toutes les autres vies humaines.

L'Amour-Sagesse divin se manifeste en tant que compréhension juste, empathie ou altruisme, dans la nature la plus intérieure de la persona, alors qu'Il est infusé dans cette persona.

Cela est exprimé extérieurement par la fraternité et constitue la *qualité* de Ses actions, aussi bien que leur raison.

  3. L'Activité Intelligente. C'est le troisième point du triangle, situé au-dessous et légèrement à gauche des deux premiers points.

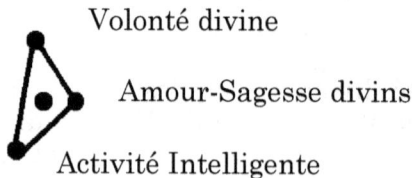

Volonté divine

Amour-Sagesse divins

Activité Intelligente

Le Fils hérite de l'Activité Intelligente de la Mère.

216

L'Activité Intelligente Le sous-tend et Lui procure sa substance, Lui donnant l'apparence ou la forme.

L'Activité Intelligente se manifeste comme l'imagination créatrice (l'habileté à formuler des idées en des plans) au plus profond de la nature de la persona triple, alors qu'elle est infusée dans cette persona.

Cela est exprimé extérieurement comme une action juste dans la vie et dans les activités de la persona.

Nous avons maintenant la structure de base de l'idéal - un point de lumière et de vie Christique dans un triangle de force spirituelle, ce triangle constituant les caractéristiques de base de l'idéal.

La prochaine étape est le raffinement de l'identité essentielle et de ses caractéristiques, dans un être complet. Pour réaliser cela, nous n'avons qu'à ajouter les quatre attributs qui forment l'aura magnétique de l'Âme Spirituelle, ou l'idéal. Ces attributs sont :

1. L'Harmonie divine. Toutes les tonalités de la persona ont été accordées à la tonalité pure du Christ, et l'harmonie prévaut dans l'influence aurique de l'être tout entier. Elles sont en accord avec la Vie Une. Les effets qu'elles créent dans le monde extérieur sont en harmonie avec la croissance et le développement spirituels (le Plan divin) de l'humanité.

2. La Science concrète et la Connaissance. Dans leur aura magnétique, les formes sont modelées à partir des faits divins dans la nature. Elles sont rationnelles, raisonnables, positives et constructives. Elles sont l'application des caractéristiques fondamentales trouvées dans le triangle de force spirituelle, dans les activités quotidiennes de la persona.

3. La Dévotion à un Idéal. La nature de l'aura magnétique est l'aspiration. Elle consacre sa force attractive à ce qui est d'importance spirituelle, et ainsi, elle est constamment remplie de la vie de l'Esprit, jusqu'à en déborder.

4. La Loi et l'Ordre divins. Toutes les formes à l'intérieur de l'aura magnétique sont attirées dans des relations justes les unes avec les autres et à la Vie Une, de sorte que l'ordre règne dans l'ensemble du système de l'individu. Le Fils de Dieu vit selon la Loi divine, manifestant alors l'Ordre divin, par Son influence aurique, dans la vie et dans les activités de ceux avec lesquels il entre en contact.

L'idéal est maintenant formulé. Les étudiants sincères savent ce qu'ils souhaitent devenir. Ils comprennent jusqu'à un certain point le but de la croissance et du développement spirituel qu'ils sont en train d'amorcer. Ils doivent seulement relier l'idéal abstrait à la forme concrète, le concrétiser dans une activité planifiée qui va leur permettre de l'incarner. Ils le réalisent par la méditation, l'application et la réflexion.

L'idéal est utilisé comme pensée-semence dans la méditation. Les étudiants l'approfondissent, essayant de le fixer fermement dans leur mental jusqu'à ce qu'il devienne positif par rapport à toutes les autres formes-pensées qu'ils ont déjà entretenues au sujet d'eux-mêmes.

De cette façon les forces substantielles de la persona sont élevées à une fréquence plus élevée, parce que la pensée-semence, en devenant polarisée positivement, exerce une influence magnétique sur elles. À mesure qu'elles sont élevées au-dessus des fréquences des vieux schèmes négatifs, elles sont imprégnées des nouveaux schèmes dictés par l'identité nouvellement polarisée et les vieilles formes meurent par manque d'utilisation. De ce fait, le processus de transmutation ou d'alchimie spirituelle de la personnalité, l'aspect formel et l'être tout entier sont affectés, et ils renaissent dans la Vie divine. Les forces négatives ne sont plus inhibées en tant que pouvoir potentiel dangereux de destruction, mais elles sont nettoyées et transformées en pouvoir pour le bien.

La nouvelle méditation, qui devrait être employée pendant au moins douze mois, avec une nouvelle pensée-semence chaque mois, est la suivante :

1. Prenez une position confortable (position assise) et détendez le corps physique.

2. Amenez le calme et la sérénité dans vos émotions.

3. Soyez mentalement calme et vigilant.

4. Focalisez la conscience dans le centre ajna, entre les sourcils, et concentrez-vous pendant quelques instants sur ce qui suit :

   « Je suis polarisé mentalement. J'intègre les forces substantielles de ma personnalité triple, en aspirant à mon idéal de fils (fille) de Dieu ».

5. Tournez votre attention (visualisez) vers un point de Lumière blanc bleuté au centre même de votre tête, dans les limites d'un triangle de force spirituelle. (Le point supérieur du triangle est situé au sommet de la tête, le deuxième point est au centre ajna, entre les sourcils, et le troisième point est situé à l'extérieur et à l'arrière du cou). Visualisez une sphère de lumière dorée, qui s'irradie du point central, et qui est son aura magnétique dans le monde des activités.

Durant trois à cinq minutes, contemplez la signification de ce symbole comme ceci :

« Le Fils de Dieu est un point concentré de Vie Christique. Cette Vie est caractérisée par la Volonté Divine, l'Amour-Sagesse et l'Activité Intelligente. Ses attributs auriques sont l'Harmonie, la Science Concrète et la Connaissance, la Dévotion à l'Idéal Spirituel, et la Loi et l'Ordre Divins. Je suis cette Vie ».

6. Ensuite, méditez durant cinq à dix minutes, sur l'une des pensées-semences données à la fin de cette leçon. En contemplant la pensée-semence, efforcez-vous de la relier à votre propre vie et à vos activités immédiates, comme une action juste planifiée.

7. Tournez votre attention vers l'aspect mental et répétez : (à voix haute, si possible)

« Mon mental est infusé de la Lumière du Christ, rendu clair et vif par cette Lumière et transmuté en un instrument de service à la Vie Une ».

8. Tournez votre attention vers l'aspect émotionnel et répétez : (à voix haute, si possible)

« Mon aspect émotionnel est infusé de l'Amour du Christ, rendu calme et paisible par cet Amour, et transmuté en un instrument de paix, à l'intérieur de la Vie Une ».

9. Tournez votre attention vers l'instrument physique par l'intermédiaire du cerveau et du système nerveux et répétez : (à voix haute, si possible)

« Mon cerveau physique est infusé de l'imagination créatrice du Christ, toute la vie du corps physique est infusée de l'action juste du Christ, et transmutée dans le temple de la Vie Une ».

10. Tournez votre attention vers votre environnement immédiat, et répétez : (à voix haute, si possible)

« Mon environnement est infusé des attributs divins du Christ pour manifester l'ajustement divin de ma vie et de mes activités au Plan divin pour l'humanité ».

11. Écrivez un compte-rendu des résultats de votre méditation.

Durant la journée, essayez d'incarner vos réalisations en les appliquant dans votre routine quotidienne.

À la fin de la journée, relisez le compte-rendu de votre méditation du matin et réfléchissez à votre journée. Quelle proportion de votre idéal avez-vous incarnée? Dans quoi avez-vous échoué? Conservez un relevé de ces réflexions et de vos méditations en les inscrivant dans votre journal spirituel; vous aurez ainsi un registre de votre développement, lequel pourra être d'une très grande valeur dans le futur.

Pensées-semences de la méditation pour douze mois.

Utilisez chaque pensée-semence, en commençant par la première, pendant une période d'un mois.

1er mois :

« Moi, l'Âme, J'ai le Dessein, le Pouvoir et la Volonté. J'infuse la Volonté-de-Bien dans ma personnalité. J'exprime cette Volonté-de-Bien à l'extérieur comme bonne volonté envers mes frères. »

2e mois :

« Moi, l'Âme, J'ai la Sagesse, la Compassion et

l'Amour. J'infuse la Compréhension juste dans ma personnalité. J'exprime cette compréhension à l'extérieur par la fraternité. »

3e mois :

« Moi, l'Âme, Je connais l'Action juste. J'infuse cette connaissance dans ma personnalité et je l'exprime extérieurement dans ma vie par une activité intelligemment planifiée. Je suis créatrice. »

4e mois :

« Moi, l'Âme, J'entonne la note d'harmonie dans l'ensemble de ma personnalité et de son environnement. Cette note transmute tous les conflits qu'elle touche, en harmonie avec le Plan divin sur Terre. »

5e mois :

« Moi, l'Âme, Je suis l'équation entre l'Esprit et la matière. J'infuse les Faits Divins de la nature dans ma personnalité et dans son environnement, et Je transmute mon aspect forme en un véhicule de service. »

6e mois :

« Moi, l'Âme, Je suis dévouée à la Vie Une. J'infuse l'Amour de l'humanité dans ma personnalité et j'exprime cet amour dans mon environnement. »

7e mois :

« Moi, l'Âme, Je connais la Loi de Dieu et Je vis sous cette Loi. Grâce à elle, Je rétablis l'ordre dans le chaos. »

8e mois :

« Moi, l'Âme, Je discipline mon aspect forme pour refléter la Lumière, l'Amour et l'Action juste du Christ. »

9e mois :

« Moi, l'Âme, J'ouvre la porte de l'initiation et J'amène la personnalité dans la Présence du Christ. »

10e mois :

« Moi, l'Âme, Je sacrifie au Pouvoir de Dieu, les demandes de la personnalité sur mon instrument triple, et J'apprends les Voies du Christ. »

11e mois :

« Moi, l'Âme, Je monte sur la croix et Je prends ma place sur le sentier du discipulat. »

12e mois :

« Je suis l'Âme, ici et maintenant. »

LEÇON 28

LES TROIS PLANS DE MATIÈRE VIBRANTE

Le troisième plan ou plan éthérique

La surface réfléchissante du temps et de l'espace

La fausse lumière et l'identité perdue

L'Âme Spirituelle adombrante apprend par l'expérience
dans la forme

Contempler la substance éthérique

Visualiser le réseau éthérique

*　　*　　*

Dans les leçons précédentes, nous avons considéré jusqu'à un certain point la nature de la forme en général.
Maintenant, nous allons l'examiner spécifiquement dans
les fréquences vibratoires qui constituent les trois mondes de l'activité humaine.

Quand les personnes ordinaires pensent à leur environnement, elles pensent seulement à l'apparence solide de
ces trois plans interreliés et interdépendants de matière
vibrante, les considérant rarement comme des réalités.
Dans leur conscience de veille, elles vivent et œuvrent
sur le plan physique des apparences. Lorsqu'elles pensent et ressentent à l'intérieur d'elles-mêmes, elles réalisent très rarement qu'elles vivent également dans un
monde de pensées et dans un monde d'émotions. De ce
fait, elles n'ont connaissance que d'un tiers de leur environnement réel, et même là, elles sont conscientes uniquement de ce qui a une apparence solide à leurs yeux,

225

tandis que les deux autres tiers demeurent au-delà de leur champ de perception et de considération.

Graduellement, cela se corrigera lorsque la science franchira la barrière vibratoire du plan physique pour découvrir et explorer les autres plans d'existence. La parapsychologie apporte une contribution à l'expansion de la connaissance humaine par son étude des perceptions extrasensorielles et des soi-disant phénomènes psychiques. L'humanité n'aura pas à attendre bien longtemps avant que ses horizons s'élargissent considérablement, et pas simplement au niveau de l'exploration de l'espace. En fait, notre exploration incessante et notre connaissance croissante du monde physique dans lequel nous vivons deviennent un danger, si et quand elles ne sont pas équilibrées adéquatement et accompagnées d'un intérêt similaire pour les mondes très réels de la pensée et de l'émotion.

Cependant, tandis que la science établie avance relativement lentement dans ces deux domaines, n'ayant pas développé les méthodologies pour les explorer adéquatement, les étudiants d'une science nouvelle appelée la philosophie appliquée, actuellement en émergence dans le mental de l'humanité, peuvent faire des pas significatifs dans cette direction. Ce faisant, non seulement ils ouvrent la voie pour y faire entrer la science, mais ils précipitent le besoin d'une telle entrée dans le mental et dans le cerveau des scientifiques. Ainsi, ceux qui cherchent et qui étudient servent également.

Le monde des objets solides dans lequel vous vivez, vous vous mouvez et travaillez quotidiennement n'est que l'apparence extérieure des trois plans interreliés et interdépendants de la matière vibrante. Dans le passé, nous les avons désignés comme le mental, l'émotionnel et le physique, afin d'éviter toute confusion dans le mental des débutants. Maintenant, soyons plus clairs.

En réalité, le plan physique est la concrétisation des trois plutôt que l'un d'entre eux. En fait, ce n'est pas un principe, mais plutôt une apparence ou un reflet de trois principes, dans le temps et dans l'espace, à savoir : l'énergie, la force et la substance.

Les trois plans de matière vibrante sont :

1. Le plan mental . . . . ou l'énergie.

2. Le plan émotionnel, parfois appelé l'astral ou la force.

3. Le plan éthérique . . . . ou la substance.

Dans cette leçon, nous allons considérer le troisième plan de la matière vibrante, le plan éthérique ou plan de la forme substantielle, en comptant en fréquence de haut en bas.

Pour l'individu moyen, le plan éthérique pourrait être considéré comme un plan d'énergie parce qu'il se situe à un niveau de fréquence plus élevé que la substance soi-disant solide. Il sous-tend, vivifie, anime et fournit la substance à cette apparence que nous appelons le monde physique. C'est la substance de base dont toutes choses sont finalement faites, le corps de Dieu substantiel, pénétrant tout, englobant tout et toujours présent. Dans le plan éthérique se trouvent les formes éthériques (les corps vitaux) dont les apparences sont reflétées dans le temps et dans l'espace, comme les objets solides de notre monde.

Que la science le réalise ou non, sa barrière vibratoire a été pénétrée, parce que l'électricité est tirée de lui.

L'univers et chaque forme dans l'univers ont leur contrepartie plus élevée dans la substance éthérique et ils ont revêtu une apparence à cause de cette contrepartie. Sans ce corps vital (de vie) substantiel, une réalité ne pourrait pas se refléter dans le temps et dans l'espace.

Tout ce qui existe vient en concrétisation solide en revêtant, pour ainsi dire, une robe (corps) éthérique de substance.

L'état de la surface réfléchissante du temps et de l'espace amène la forme réfléchie à être passablement déformée, de sorte que nous la percevons, non pas comme elle est en réalité, mais comme elle se réfléchit sur nos sens physiques et sur la conscience du cerveau. Par conséquent, nous en savons très peu sur la réalité.

Par exemple, nous ne percevons pas la famille humaine comme une vie une, parce que nous voyons beaucoup de formes séparées dans le monde, sans voir dans la substance éthérique les courants d'énergie plus subtils qui lient les êtres humains ensemble comme les membres d'un seul corps. Cette apparence de formes séparées est une déformation qui contribue à créer notre sentiment de séparation.

De même, nous ne percevons pas les règnes végétal et animal de la nature comme des entités dans lesquelles les plantes et les animaux sont maintenus en relation comme membres d'un corps.

Normalement, nous ne pouvons pas percevoir les interactions d'énergie, de force et de substance entre les nombreux membres de la Vie Une et, par conséquent, nous ne comprenons pas les relations entre eux. Ainsi, dans ce monde d'apparences, nous manifestons des relations incorrectes dans presque tous les domaines de la vie humaine. Nous ne manifestons pas l'ordre parce que nous ne connaissons pas la Vie *ordonnée* de Celui en Qui nous vivons, nous nous mouvons et nous avons notre être.

Nous ne percevons pas que c'est par ces canaux éthériques, qui émergent de chaque forme et qui relient l'humanité, par des artères majeures, avec chaque autre forme, que sont amenées en manifestation l'énergie de la pensée, la force de l'émotion et l'activité fondamentale de la substance. Là non plus, nous ne percevons pas notre environnement tel qu'il est.

Comment et pourquoi, comme conscience, nous sommes-nous perdus dans le reflet, et avons-nous ainsi perdu contact avec la réalité?

Premièrement, nous devons répondre à la question suivante : quelle est cette surface réfléchissante que nous appelons le temps et l'espace? Quelle en est la cause? Pour le débutant, c'est une question difficile à laquelle réfléchir, mais une réponse peut être donnée qui illuminera graduellement la conscience, si on y réfléchit pendant une période suffisamment longue.

Le temps et l'espace sont créés par le mouvement de l'énergie, de la force et de la substance lorsqu'ils sont unis dans la forme. Un tel mouvement (événements ayant lieu dans la conscience, en dehors du temps et de l'espace) crée ce qui peut seulement être désigné comme une fausse lumière, c'est-à-dire une lumière reflétée dans laquelle un tel mouvement est ralenti sous forme d'événements séquentiels.

Considérez l'Âme, une unité individuelle de conscience à l'intérieur de la Vie d'un Être planétaire, regardant en bas Son propre reflet dans le temps et dans l'espace, de la même façon que vous pourriez regarder votre reflet dans un miroir ou sur la surface de l'eau d'une piscine. Et si vous perdiez votre identité comme être humain, dans la forme sur la surface réfléchissante? Dans votre conscience, vous seriez limité aux limites de la surface réfléchissante; ses dimensions seraient les vôtres, ses sensibilités seraient les vôtres. Avec le temps, vous perdriez la connaissance de vous-même, de ce que vous êtes maintenant, et vous perdriez contact avec la réalité d'être un être humain, dans le monde des êtres humains.

Dans un sens très réel, c'est ce qui est arrivé à la conscience de votre Âme, mais seulement en partie. Elle a prolongé une partie d'elle-même dans le reflet, cette partie qui est votre « Je » conscient, et ce prolongement a perdu la conscience de sa réelle identité. Elle a perdu la conscience d'elle-même comme Âme, dans un monde d'Âmes.

Mais il y avait une raison à ceci, un Dessein divin. Par les expériences de son prolongement dans la forme, l'Âme adombrante apprend à contrôler et à dominer la substance et l'aspect forme, de sorte qu'à son propre niveau, Elle peut créer avec sagesse les formes qui Lui (l'Âme) permettent de s'exprimer. À mesure que le prolongement réalise ce dessein et qu'il évolue grâce à la sagesse acquise de ses expériences, en prenant conscience qu'il est une expression divine, l'être devient entier, c'est-à-dire que le prolongement n'est plus simplement un prolongement, mais il est devenu une Âme consciente incarnée.

Il est difficile de déterminer la nature réelle de la substance éthérique, parce que la perception des êtres humains est tellement limitée.

C'est la matière qui vibre à sa fréquence la plus basse, un aspect de la substance intelligente de Dieu. C'est alors, en dernière analyse, cette substance vitale qui s'agglutine autour de l'énergie et de la force pour produire une forme substantielle. C'est sa nature de donner forme à l'énergie et à la force dirigées qui sont imprégnées en elle ou qui s'écoulent en elle.

Comment la personnalité focalisée dans le reflet déformé de la vraie forme, dans le temps et dans l'espace, appréhende-t-elle et perçoit-elle le corps éthérique, la fréquence la plus proche de nous? Nous est-il possible de syntoniser notre mécanisme sensoriel à cette bande de fréquence et, si oui, comment le faisons-nous?

Il est possible de percevoir le plan éthérique par le mental, le cerveau et le mécanisme sensoriel, mais c'est un long et lent processus d'évolution qui, avec le temps, finira par se produire chez tous les êtres humains. En attendant, les étudiants sincères de ces sujets peuvent accélérer leur développement évolutif, jusqu'à un certain point, en contemplant et en expérimentant les réalités suivantes :

1. La substance éthérique est ce qui est généralement considéré comme l'énergie ou la force d'action. En fait, c'est la substance de l'action. C'est un thème sur lequel méditer et réfléchir.

Nous faisons un geste, même une réaction impulsive impétueuse, quelques dixièmes de secondes avant qu'il ne prenne forme devant nos yeux. En fait, nous accomplissons le geste dans la substance éthérique, par l'intermédiaire du mental et des émotions avant qu'il ne touche le cerveau pour produire un reflet de lui-même dans le temps et dans l'espace, lequel peut être perçu par le mécanisme sensoriel.

Jusqu'à maintenant, l'être humain moyen ne vit pas dans le moment présent, mais plutôt quelques dixièmes de secondes après le moment présent. Nous ne nous sommes pas encore rattrapés nous-mêmes, pour ainsi dire, mais nous vivons derrière nos actions dans leur reflet extérieur.

Vous êtes-vous déjà soudainement souvenus d'avoir vécu un moment précis dans le temps, avant ce moment-ci? N'avez-vous jamais éprouvé l'impression troublante d'une répétition exacte de la scène qui se déroule devant vous? Si oui, dans ces rares moments, vous étiez plus proches en conscience de l'action réelle qu'à n'importe quel autre moment.

L'action initiale de l'être humain est en grande partie inconsciente; elle est presque entièrement le résultat d'une réponse automatique, plutôt qu'une focalisation consciente d'intention. Pour agir consciemment, nous devons focaliser consciemment une intention dans la pause entre les reflets extérieurs d'activités.

Un point important peut être apporté ici. Le cerveau est le poste de transmission des phénomènes éthériques dans la manifestation physique. Cela est difficile à comprendre tant que nous sommes entravés par le cerveau. Ce n'est pas le cerveau qui initie ou qui formule la pensée; c'est un récepteur et un transmetteur de la pensée et du sentiment qui prend forme dans la substance éthérique à cause de l'action initiale d'une conscience incarnée.

Par exemple, nous percevons d'abord un arbre dans sa forme éthérique par notre propre corps éthérique, avant qu'il soit reflété dans le temps et dans l'espace par notre cerveau, pour être ensuite perçu par les sens et retraduit dans le cerveau comme arbre. C'est un acte inconscient et il constitue une partie de notre connaissance inconsciente et pourtant, c'est un fait de la nature.

On peut expérimenter ce fait en :

a. Le considérant avec attention, jusqu'à ce qu'il commence à devenir une réalité.

b. Essayant d'élever notre niveau de perception en nous efforçant de nous saisir nous-mêmes dans l'acte initial, pour ainsi dire, avant qu'il se produise dans le reflet extérieur du temps et de l'espace.

c. Faisant une pause assez longue entre les actions extérieures, pour amener une focalisation intérieure sur l'intention ou sur la volonté.

2. La substance éthérique est le vrai véhicule de la conscience et de l'expression. Elle est le médium dans lequel la conscience de chaque vie est vraiment focalisée, et le médium par lequel elle exprime ses caractéristiques, ses attributs et ses qualités particulières.

En réalité, notre conscience vit dans la contrepartie éthérique du physique. Cette contrepartie réside dans le physique et l'anime, et pourtant, elle est indépendante de lui. Le contact avec la surface réfléchissante peut être retiré par l'Âme adombrante, et c'est exactement ce qui se produit lors de cette transition connue sous le nom de mort. Lorsque la contrepartie éthérique se retire, les éléments du soi-disant physique se rassemblent de nouveau dans un reflet des diverses fréquences de la substance éthérique. Le corps physique se désagrège dans un reflet du plan éthérique parce que la forme qui anime ce système vivant organisé (l'individu particulier) n'est plus liée au temps et à l'espace.

Le corps éthérique d'un individu sous-tend le cerveau et le système nerveux. Il ressemble à un vaste réseau de petits tubes ou de canaux qui amènent la vie, l'énergie, la force et la substance du système en manifestation par l'intermédiaire du système des centres éthériques, du système nerveux, des glandes, du système respiratoire, et de la circulation sanguine.

Émergeant de chaque forme physique, le réseau éthérique rejoint le réseau majeur qui sous-tend :

a. la famille (l'environnement immédiat),

b. la communauté ou le groupe (l'environnement d'influences),

c. la nation,

d. la race,

e. l'humanité.

par l'intermédiaire des artères principales qui relient toutes les parties de la Vie Une en un tout interrelié.

Chaque aspect de l'éthérique est conditionné par la conscience collective qui l'habite, puisque cette conscience répond aux stimuli par la pensée, le sentiment et l'action.

En d'autres termes, le réseau éthérique de la famille (l'environnement immédiat) est conditionné par la conscience collective de cette famille lorsqu'elle répond par la pensée, le sentiment et l'action à l'impact des stimuli.

Ainsi, la vie et les activités de tous les êtres sont interreliées et s'influencent mutuellement.

On peut faire l'expérience de ce fait de la nature :

1. En visualisant le réseau éthérique qui sous-tend le corps lui-même et qui, par l'intermédiaire de ce réseau, revitalise et fournit l'énergie de vie au système, en la puisant à la source universelle de vie et en la distribuant dans tout le réseau. Cela se reflétera dans le physique par un accroissement d'énergie et par un meilleur état de santé.

2. En visualisant le réseau éthérique qui relie les frères les uns aux autres, et en projetant des courants de pensées et de sentiments aimants et aidants à ceux qui se trouvent dans notre environnement. Une observation attentive d'une telle façon d'agir révélera la présence de l'éthérique comme médium de contact, de communication et d'expression.

3. En s'efforçant de réaliser que, comme conscience, vous vivez en fait dans le corps éthérique substantiel de Dieu et que, par ce corps, vous affectez toutes les autres vies qui s'y trouvent.

Plus tard, dans une autre série d'instructions, nous fournirons aux personnes intéressées de l'information additionnelle et des suggestions d'expériences concernant l'éthérique. En attendant, efforcez-vous d'élargir votre concept de la substance pour y inclure cette réalité.

La Pensée Créatrice

LEÇON 29

LE BUT VERS LEQUEL SE DIRIGE L'HUMANITÉ

Apprendre à faire un usage juste du temps
et de la forme

Le plan émotionnel ou astral

Le champ de force entourant une pensée

Le facteur de puissance de la manifestation

La puissance astrale est séparatrice,
elle attire et repousse

*   *   *

Un tiers de l'environnement réel de l'humanité est émotionnel. Non seulement vivons-nous dans les activités du monde des apparences physiques et sommes-nous influencés par elles, mais la même chose s'applique aux activités dans les fréquences émotionnelles et mentales de la matière. Parce que nous ne voyons pas les émotions et les pensées comme telles, nous les prenons rarement en considération sauf lorsqu'elles se manifestent sous nos yeux dans l'apparence physique. Ainsi, nous sommes conscients des émotions et des pensées seulement après qu'elles ont créé un effet dans le temps et dans l'espace. Nous sommes des soi-disant victimes des circonstances parce que nous n'avons pas encore appris comment agir dans toutes les fréquences de notre environnement réel.

La conscience est de nature intemporelle. Elle existe en dehors du temps et de l'espace, au-dessus et au-delà des fréquences de la substance, dans ce que nous appelons (par manque de terminologie plus appropriée), le plan naturel de l'Âme. La conscience, tel que nous l'avons mentionné précédemment, est l'Âme. L'Âme est conscience. La conscience de toute vie, que ce soit celle d'une plante, d'un animal, d'un être d'humain ou d'un système solaire, est l'Âme de cette vie, l'aspect Fils, créée par la Vie dans laquelle nous vivons, nous nous mouvons et nous avons notre être.

Les Âmes de toutes les vies sont dans un processus d'évolution ou de croissance. Elles se développent à la ressemblance de leur Parent divin hermaphrodite Qui, de Sa substance, leur a donné l'Existence.

La conscience ou l'Âme de l'humanité est en train de devenir un fils (une fille) de Dieu conscient de son Âme. Nous sommes à mi-chemin dans la grande conscience en évolution entre le règne minéral et le soleil de notre système solaire.

Bien que, pour un cycle, nous soyons retenus et emprisonnés dans la surface réfléchissante du temps et de l'espace, nous sommes en nous-mêmes, dans notre être, intemporel. Nous pouvons, pour un cycle, nous identifier à la forme et à son temps, mais nous devons éventuellement échapper à l'illusion du temps parce qu'il n'est pas une réalité (il n'est pas naturel) pour notre conscience. Ceci ne signifie pas que le temps n'existe pas, mais que le temps appartient à la forme et non à la conscience. Nous devons apprendre à faire bon usage du temps et de la forme. Nous devrons les contrôler tous les deux pour prendre notre place légitime dans le plan de la création.

Nous faisons cela graduellement en élevant notre conscience au-dessus du reflet de notre environnement, dans l'environnement réel où prend place l'action dans les fréquences de l'énergie, de la force et de la substance. Lentement et avec précaution, nous apprenons à créer nos propres effets dans le temps et dans l'espace. Ainsi, dans un sens très réel, nous apprenons à créer notre propre temps. Nous travaillons avec l'énergie de la pensée, la force de l'émotion et la substance de l'action dans l'environnement réel, pour créer l'effet ou le reflet que nous souhaitons produire dans le temps et dans l'espace.

Durant ce cycle particulier de l'évolution humaine, c'est le but qu'inconsciemment, l'humanité cherche à atteindre. En cet âge de réalisations techniques et scientifiques, cela devient la nécessité commune. Notre évolution nous a conduits à cette grande crise de possibilités dans laquelle la famille humaine choisit un sentier plus élevé de connaissance et d'action. Un tel chemin mène à la sagesse.

Nous devons élever notre perception aux fréquences de l'action causale si nous voulons survivre à nos connaissances et à nos réussites scientifiques.

Jusqu'ici, nous avons énoncé que le plan éthérique était composé de la fréquence de la substance qui était moulée en une forme substantielle. C'est le plan de l'activité intelligente où l'énergie et la force sont dirigées dans des schèmes spécifiques de relation, créant ainsi, dans le temps et dans l'espace, des effets spécifiques entre les corps. Ici, sur le plan éthérique, l'énergie de la pensée et l'effet de l'émotion deviennent tangibles et substantiels. Ils se revêtent d'un corps intégré de substance que nous appelons la forme, que nous percevons avec nos cinq sens physiques lorsqu'elle est reflétée dans le temps et dans l'espace.

Le plan émotionnel, qui est techniquement défini comme étant le plan astral, en est un de forme fluidique. Il se compose de la fréquence de la substance qui donne suffisamment de force à une forme-pensée pour qu'elle se manifeste dans l'activité éthérique.

Qu'est-ce qu'un sentiment? Que voulons-nous dire quand

nous disons, « J'aime », ou « Je hais », ou « J'ai peur » ?
Que faisons-nous exactement?

Nous réagissons, dans l'aspect sentiment de notre conscience, au champ de force qui est autour d'une pensée
d'amour, de haine ou de peur. Ce champ de force est la
forme astrale que prend une pensée lorsqu'elle descend
dans l'échelle des fréquences de la matière.

Le plan astral est une autre fréquence du troisième aspect de la Sainte Trinité, une fréquence de substance
qui se trouve dans le pôle négatif de la manifestation. Il
se compose d'un nombre incalculable de minuscules vies
intelligentes qui s'organisent en lignes de force magné-
tiques autour d'une pensée clairement formée, ayant
suffisamment de force pour attirer les vies éthériques
nécessaires, qui, à leur tour, permettent à la pensée
d'agir dans la substance.

À ce moment-là, le plan astral peut être vu comme un
ensemble de forces conflictuelles créées par le mental
racial, à mesure qu'il réagit, à ses nombreuses expériences, dans l'aspect sentiment de sa conscience.

Ce corps d'une puissance formidable a un terrible effet
sur l'humanité, individuellement et collectivement. Il y
a une interaction constante d'actions et de réactions de
tous les aspects de l'instrument (mental, émotionnel et
éthérique-physique) et de l'environnement réel, avec le
plan astral-émotionnel et le corps concerné qui, pour
ainsi dire, occupe le centre de la scène. L'ensemble de
l'humanité est largement astral-émotionnel dans sa
conscience, c'est-à-dire que globalement, l'humanité réagit, dans l'aspect sentiment de sa conscience, à la force,
et avec force. Au lieu de réfléchir à un problème ou à
une activité sous tous ses aspects, l'humanité les ressent. Elle réagit au champ de force qui entoure une pensée, tout comme au champ de force qui entoure une action, avec une forte réaction, plutôt que de répondre à la

pensée ou à l'action elle-même avec un plan d'action soigneusement conçu et dirigé.

Arrêtez-vous pendant quelques instants et considérez votre environnement physique.

Imaginez le plan éthérique qui interpénètre le plan physique comme étant composé de minuscules particules de substance, ressemblant à des particules de lumière, qui sont constamment reliées en une activité intelligente, afin de produire les formes de votre environnement et de votre expérience.

Prenez quelques instants pour visualiser avec l'imagination créatrice cette fréquence en activité constante, qui interpénètre votre environnement physique.

Ensuite, imaginez, à une fréquence plus élevée que l'éthérique, le plan astral occupant le même temps et le même espace que l'éthérique et le physique. Imaginez-le comme étant composé de minuscules particules de substance ressemblant à des particules d'eau colorée, qui forment constamment des relations, pour former des champs de force autour de toute pensée et de toute action qui ont lieu dans l'environnement.

Considérez une pensée que vous avez fréquemment et imaginez le champ de force autour d'elle. Imaginez ensuite que cette pensée et ce champ de force transportés par le réseau éthérique entrent en contact avec un autre individu dans l'environnement. Voyez la pensée, et en particulier le champ de force, exercer un impact sur l'aspect sentiment de la conscience de l'autre individu.

Imaginez sa réaction, d'abord dans l'environnement réel, et ensuite dans l'environnement physique.

Faites cela avec autant de pensées que vous vous souvenez d'avoir entretenues au cours d'une journée normale, puis posez-vous les questions suivantes :

1. Quel genre d'impact ai-je le plus souvent sur l'aspect sentiment des autres?

2. Quel type de réactions est-ce que je produis le plus souvent chez les autres?

3. Est-ce que j'ai besoin de corriger mes habitudes de penser et de ressentir?

Quelle est la nature de la substance astrale-émotionnelle?

1. C'est le facteur de puissance de la manifestation. Toute pensée qui a reçu une forme astrale (un champ de force) se manifestera dans la substance de l'action. Elle produira un effet soi-disant bien ou mal dans le temps et dans l'espace.

Toute action dans la substance produit une réaction dans l'astral, créant un autre champ de force ou s'ajoutant à un champ de force déjà créé.

Parce que la fréquence astrale-émotionnelle de la matière est le facteur de puissance de la manifestation, et parce que l'humanité réagit à partir du niveau du sentiment de la conscience plutôt que du niveau de la pensée, la force astrale a, actuellement, un impact plus important sur les êtres humains que n'importe quel autre facteur. Si un être humain aime ou déteste un autre être humain, la force ainsi créée a un plus grand effet sur ces deux personnes que n'importe quelle autre pensée ou action qui a lieu dans l'environnement réel ou reflété. Une telle force peut guérir ou causer la maladie. Elle peut apporter la paix ou provoquer la guerre, la stabilité ou l'instabilité, la santé mentale ou la folie. Comme il a déjà été démontré dans des expériences universitaires, elle peut produire la santé et la croissance des plantes ou les faire dépérir et mourir. Elle peut être utilisée consciemment pour repousser les insectes d'une maison, non pas en les détestant, mais en les éloignant avec amour. Elle peut également être employée consciemment pour élever le quotient intellectuel et le niveau de performance d'un enfant retardé.

Essentiellement, la force astrale est la puissance, la puissance que l'humanité doit encore apprendre à maîtriser et à utiliser pour son propre développement et pour son bien-être.

> 2. Elle qualifie et conditionne la forme avec une note et une circonstance propre à cette forme particulière. La totalité de la force astrale dans tout système individuel (le corps triple de manifestation) confère à l'individu sa qualité particulière de même que la condition ou la circonstance qu'il manifeste, l'identifiant et le différenciant ainsi de tout autre individu. Dans tout environnement, la totalité de la force astrale donne à cet environnement sa qualité et la condition qu'il manifeste, l'identifiant et le différenciant de tout autre environnement.

De par sa nature, elle est alors séparatrice, cherchant à séparer un corps d'un autre corps, selon sa couleur, sa tonalité (qualité) et sa condition.

Elle attire et repousse en même temps, selon sa note dominante. Si la qualité de la note d'une force environnementale est la peur, elle tend à attirer dans la forme substantielle ce qui est craint, de sorte que la conscience qui s'incarne expérimente encore et encore les conditions et les circonstances qu'elle craint. Elle s'alimente elle-même pour ainsi dire, puisque le champ de force (la peur) produisant l'action dans la substance s'ajoute, par réaction, au champ original. En même temps, une telle note repoussera les expériences qui, normalement, élimineraient ou diminueraient la peur. Par conséquent, un individu ou un groupe est pris dans une prison astrale

de laquelle il est impossible de s'évader à moins que, et
jusqu'à ce que la lumière de la raison puisse être impo-
sée par le mental pour dissiper le nuage de peur qui le
rend aveugle à la réalité.

Nous voyons alors que l'environnement astral tend non
seulement à séparer un individu et un groupe des autres, mais qu'il tend également à emprisonner les personnalités dans un schème d'expériences répétitives. Il
est donc une entrave au processus d'évolution même s'il
est nécessaire à ce processus.

Jusqu'à quel point l'être humain moyen est-il influencé
par les sentiments des autres? C'est une question d'une
grande importance pour tous ceux qui cherchent à
s'améliorer. Ce que les autres pensent et croient, lorsque
cela est accompagné d'un sentiment à notre égard, peut
avoir un effet considérable sur notre capacité à faire ce
que nous voulons et à le devenir. Dans notre conscience
intérieure, nous réagissons constamment à l'impact de
divers champs de force sur notre corps astral. Trop souvent, nos dépressions, nos espoirs, nos ambitions, nos
amours et nos craintes ne sont pas les nôtres, mais un
résultat de puissants courants de forces qui, de
l'extérieur, ont un impact sur nous.

Dans les leçons ultérieures, nous allons considérer
comment nous pouvons, à l'intérieur de nous-mêmes,
devenir positifs à ces impacts, afin que nous puissions
graduellement devenir maîtres de notre propre destin.
En attendant, efforcez-vous de prendre connaissance de
votre environnement astral-émotionnel. Quel genre
d'impacts recevez-vous le plus souvent? Quel type d'impacts produisez-vous le plus souvent sur les autres?
Quelle est la note ou la couleur (qualité) dominante de
votre moi et de votre environnement? Êtes-vous une soi-
disant victime des circonstances?

LEÇON 30

FORMULER LES PLANS DE NOTRE VIE ET DE NOS ACTIVITÉS

Le mental et le plan mental

L'Âme adombrante dans la sphère Bouddhique

Le nuage des choses connaissables

Les formes-pensées et la personnalité

L'environnement mental est composé des formes-pensées dans lesquelles nous avons grandi

L'évaluation de notre expérience

Les formes-pensées de notre environnement et des autres personnes qui ont un impact sur nous

Renaître dans le mental en formulant une intention en une pensée causale

*   *   *

Le mental est cette fréquence de la matière qui est en opposition directe (parce qu'elle est complètement réceptive) à la volonté. Par l'utilisation de la volonté et du mental, l'humanité, en tant qu'unité de conscience à l'intérieur de la Vie Une, élabore les modèles mentaux à partir desquels notre vie et nos activités sont façonnées. Ici, nous sommes plus créateurs qu'à n'importe quel autre moment, parce que notre vie et nos activités se passeront conformément à notre formulation de notre énergie mentale en pensées et à notre assemblage des pensées en formes-pensées.

En fréquence, le plan mental est le plus proche du domicile naturel de l'Âme adombrante. L'Âme adombrante, sur son propre plan, défini comme le plan Bouddhique, étend un fil de conscience dans les trois mondes de l'effort humain (le mental, l'astral et l'éthérique), qui est finalement ancré dans le cerveau physique, par son reflet, la conscience du « Je » de la personnalité. À mesure que la conscience de la personnalité se développe par l'expérience dans les trois plans de la matière vibrante, ce fil de conscience prend de l'expansion pour devenir une sphère de lumière spirituelle, la conscience du « Je » résidant dans le mental pour dominer la vie et ses activités par le contrôle du triple instrument de contact (nos corps mental, astral et éthérique), dans le corps de l'humanité. En d'autres termes, la conscience du « Je », auparavant limitée dans sa conscience au cerveau physique, change son point de focalisation ou sa polarisation, du cerveau au mental. Elle maintient un fil de contact avec le cerveau, mais n'est plus limitée dans sa conscience à ses limites physiques.

Nous avons énoncé à plusieurs reprises que l'Âme, à quelque niveau que ce soit, est la conscience à ce niveau. La conscience est la conscience d'être, qui, en raison du processus d'évolution, devient finalement le pur Être.

Nous avons dit que l'Âme adombrante est cet aspect de la conscience, qui est resté au-dessus de l'aspect forme, dominant et libre par rapport à lui. C'est cette partie de la conscience qui est identifiée spirituellement à la Vie Christique. C'est la conscience de l'Être spirituel ou divin.

Le mental est alors directement adombré par un corps de conscience de nature divine, et dont la conscience inclut un vaste champ de vérité qui, normalement, dans cette période de l'évolution humaine, n'est pas encore perçu par la conscience de la personnalité. Nous cherchons la connaissance à l'extérieur, par l'étude, la recherche expérimentale, etc., tandis que, directement au-dessus de nous, la sagesse de l'Âme est disponible pour nous.

À mesure que l'être humain dans le cerveau élève son attention en fréquence, c'est-à-dire qu'il commence à penser en termes de vérité, à rechercher la sagesse, il attire, dans la conscience du cerveau, un influx d'idées divines provenant de l'Âme adombrante. Il se crée alors dans le mental, entre l'Âme adombrante et le cerveau, un champ de lumière magnétique, souvent désigné sous le nom de « nuage des choses connaissables », dans lequel l'Âme précipite sa sagesse sous forme d'idées. En méditant, nous rendons notre conscience réceptive à ces idées, nous les appréhendons et nous les formulons en connaissances, en évaluations et en plans.

De cette façon, selon la capacité d'un individu d'incarner, par leur mise en application, ces vérités ou ces idées perçues, l'Âme adombrante s'incarne graduellement en pleine conscience et l'individu n'est plus une personnalité identifiée comme être humain. L'individu est devenu une Âme consciente incarnée, identifiée au règne spirituel en tant que fils (fille) de Dieu. Ici, essayez de saisir ce concept du transfert de la sagesse (la conscience de l'Âme adombrante) de la sphère Bouddhique à la conscience de la personnalité focalisée dans l'aspect mental de son corps de manifestation. Le transfert de la sagesse du haut vers le bas est l'incarnation de l'Âme Spirituelle adombrante dans le monde des activités - la naissance réelle et finale d'un fils de Dieu sur terre.

Quelle est la nature de l'énergie mentale? C'est le matériau créateur de l'univers. C'est cette fréquence de vie active, vivante et intelligente, à partir de laquelle une forme est conçue lorsque la conscience concentre sa volonté, une intention focalisée, sur elle. Un tiers de l'environnement réel d'un individu se compose de cette fréquence de matière vibrante.

Cet aspect de l'environnement réel d'un individu est de la plus grande importance pour lui, pourtant, c'est celui dont il est le moins conscient. Contenue dans cet environnement réel se trouve la totalité de la vie-de-la-pensée qu'il a hébergée au cours de sa vie, cette totalité attirant, créant, dirigeant, et contrôlant ses expériences extérieures de chaque moment de chaque jour.

L'environnement mental d'un être humain comprend les aspects suivants :

1. L'interprétation et l'évaluation des formes-pensées dans lesquelles il a grandi, dans son enfance :

   a. concernant la nourriture, le logement et l'habillement,

   b. concernant la religion,

   c. concernant les finances,

   d. concernant les comportements,

   e. concernant le sexe,

   f. concernant la place de la famille dans la société,

   g. concernant le monde dans lequel il vit (la paix et/ou la guerre, etc.),

   h. concernant sa propre image de soi, etc.

Au cours des cent dernières années, l'humanité a vécu les bouleversements de deux grandes guerres et les lendemains de chacune d'elles, des changements rapides de la civilisation résultant des progrès scientifiques, de l'instabilité économique, incluant une grande dépression et une grande inflation, une rébellion religieuse et sociale, et l'intégration rapide de plusieurs peuples, races et nations en un seul monde (voulant participer ou non, à la Vie Une). Même ceux qui ne comptent que sur eux-mêmes et qui essayent de vivre en groupes isolés, tels certains pays communistes, se retrouvent quand même en relation avec les vies de ceux dont ils essaient de se séparer, et sont influencés par elles.

Au cours des cent dernières années, les schèmes de pensée des enfants ont été établis à partir de la réaction des adultes à toutes ces expériences vécues dans leur environnement particulier.

Si les parents d'une fillette étaient pauvres et vivaient du ressentiment à l'égard des riches, ces ressentiments ont naturellement été construits dans sa pensée. Si les parents étaient riches et vivaient de la honte, de la culpabilité, de l'irritation, de l'indifférence, ou s'ils avaient une attitude protectrice envers les pauvres, elle vivait la même chose.

S'ils étaient catholiques, protestants, bouddhistes, musulmans ou athées, telle est devenue sa foi.

Si les parents d'un garçon étaient intensément patriotes, rancuniers, peureux ou pleins d'espoir au cours des guerres, ainsi était-il. S'ils détestaient les Allemands, les Anglais, les Japonais ou les Américains, il partageait leur haine. Souvent, cela motivait son jeu et lui donnait sa forme. Tandis que son papa tuait sur les lignes de front, il tuait dans son imagination.

Si ses parents étaient protestants et haïssaient les catholiques, il haïssait les catholiques. S'ils méprisaient les juifs ou les noirs, les riches ou les pauvres, les criminels ou les malades, il les méprisait également. S'ils aimaient tout le monde, il a grandi en aimant et en comprenant nos frères. S'ils étaient en conflit dans leurs amours et dans leurs haines, leurs attractions et leurs répulsions, leurs ambitions et leurs désirs, les mêmes conflits devinrent une partie de lui-même.

Et qu'est-ce que ces adultes qui étaient les proches de

ces enfants en même temps que leurs dictateurs pensaient d'eux? Les enfants étaient-ils bons ou mauvais? Pensaient-ils qu'ils étaient intelligents et prompts à apprendre? Les aimaient-ils? Les acceptaient-ils comme fils (filles) de Dieu?

Tout ce qu'ils pensaient de lui et d'elle est devenu une partie majeure de l'image de leur moi, la forme-pensée qu'ils ont construite d'eux-mêmes. Plus que toute autre, cette forme-pensée a façonné leur personnalité, la face d'eux-mêmes, qui est tournée vers l'extérieur dans le monde.

    2. L'évaluation de ses expériences personnelles comme :

        a. petit enfant,

        b. enfant,

        c. adolescent,

        d. jeune homme ou jeune femme,

        e. mari et père, ou épouse et mère, etc.

Les personnes nées au vingtième siècle ont eu à vivre l'effondrement soudain d'une fausse prospérité et les années douloureuses de la dépression, la guerre et la désillusion de la guerre, son lendemain, et la formation d'une autre bulle économique (une économie de temps de guerre, au nom de la paix). Leurs activités personnelles ont été menées à l'intérieur de ce cadre duquel elles ne pouvaient pas s'échapper.

Les plus grands problèmes de l'humanité d'aujourd'hui sont encore ceux de l'économie et des relations humaines, en plus de la crainte pratiquement inconsciente de l'annihilation de la race. Ses inquiétudes sont devenues si grandes et ont été supportées si longtemps que sa conscience d'elles est émoussée. L'humanité a accepté

ces choses comme faisant partie de la vie, aussi nécessaires que l'air qu'elle respire. Ainsi, en un sens, elle a
perdu espoir. Elle se déplace avec la marée, faisant rarement un effort pour changer cela, parce que c'est devenu, dans son subconscient, la marée ordonnée de ses
activités.

Comment avons-nous évalué toutes ces expériences?
Quelle est notre évaluation de l'ensemble de notre vie et
de nos activités, de notre enfance jusqu'à maintenant?
Quelle qu'elle soit, elle constitue la majeure partie de
notre vie-de-la-pensée.

3. Les formes-pensées provenant de l'extérieur de
   nous-mêmes qui ont constamment un impact sur
   nous par :

   a. la musique que nous écoutons,

   b. les films et les divertissements que nous voyons,

   c. la publicité qui se déverse constamment dans
      notre conscience par la radio, la télévision, les
      panneaux-réclames, etc,

   d. notre guide spirituel, si nous en avons un,

   e. les chefs politiques, etc.

4. Les formes-pensées en provenance de notre environnement réel qui ont constamment un impact
   sur nous par ce que les autres pensent.

Nos pensées sont-elles les nôtres? Pouvons-nous penser
par nous-mêmes? Ou est-ce que notre pensée suit la
pensée de la masse?

C'est une question à laquelle chaque individu doit éventuellement répondre pour lui-même. Un des plus grands
besoins spirituels dans le corps de l'humanité d'aujour-
d'hui est celui d'une réévaluation individuelle et collective

de la vie-de-la-pensée commune. Notre monde est un reflet tout à fait précis de ce que nous pensons. Où avons-nous échoué dans notre pensée, dans notre vie-de-la-pensée de chaque jour, de chaque instant? Nous devons répondre à ces questions, parce que cela détermine notre destinée.

Nous avons fait référence à la matière mentale comme à une énergie, la différenciant ainsi de la force astrale et de la substance éthérique. Elle est négative à l'intention et à la volonté et elle est causale ou positive à la force astrale et à la substance éthérique. Ainsi, par l'utilisation de la volonté et du mental, l'humanité formule son intention d'Être, dans une série d'actions que nous appelons l'expérience. En fait, ces actions nous sont reflétées par la surface réfléchissante du temps et de l'espace comme des expériences, mais, pour le moment, considérons-les comme ayant lieu sur le plan physique de l'apparence.

L'énergie, dans notre usage du terme, est un potentiel, un point de focalisation causal. Une forme-pensée, toute forme-pensée, est une expérience potentielle dans le temps et dans l'espace.

Considérez ceci en relation à l'image de soi. L'image de soi est la forme-pensée que les êtres humains construisent d'eux-mêmes. Elle est construite lorsque leur Volonté d'Être agit sur leur mental pour créer une forme (la persona) dans laquelle ils vont demeurer.

Considérez le même concept en relation à l'idéal (la nouvelle image de soi) que vous construisez maintenant.

Efforcez-vous maintenant de saisir la *réalité*, la vérité sous-jacente au concept de croissance et de *développement amorcé par soi-même*. L'initiation a rapport à un nouveau commencement ou une renaissance. Un tel commencement ou renaissance a lieu dans la substance mentale. Nous naissons de nouveau dans *notre mental* par la formulation d'une intention en une pensée causale.

Quelle est la nature de la matière mentale? Elle est créatrice, formatrice, causale quand elle est reliée à son pôle positif, la volonté.

En soi, lorsqu'elle est séparée de la volonté et qu'elle n'est pas reliée à elle, la matière mentale est inerte, inactive, tranquille, et passive.

La conscience, au centre de *son* être, vit entre les deux et participe aux deux. La conscience (l'Âme) est la médiatrice et l'utilisatrice de la volonté et de l'intelligence, ou de la volonté et du mental.

La conscience de la personnalité, celle qui est incarnée et identifiée à la forme, vit à l'intérieur de son environnement réel, le mental, l'émotionnel et l'éthérique, et à partir de là, elle focalise sa créativité vers l'extérieur, dans une expérience reflétée.

Lorsque la conscience de la personnalité élargit sa conscience pour inclure son environnement réel et élève la résidence de sa conscience dans le monde de la pensée, elle peut alors créer l'expérience qui non seulement amorce sa croissance et son développement comme Âme, mais celle qui va aider la croissance et le développement de l'Âme de ceux qui se trouvent dans sa sphère d'influence.

La Pensée Créatrice

LEÇON 31

L'ORIGINE DE LA PENSÉE

*   *   *

Comment l'humanité formule-t-elle une pensée? Quel est le processus que nous appelons la pensée? Ne peut-il jamais être vraiment connu et compris?

Nous avons dit qu'une forme est conçue lorsque la conscience amène sa volonté, une intention focalisée, à s'appliquer à la matière mentale. Mais une intention focalisée n'est-elle pas déjà une pensée? Quelle est la différence entre la volonté et la pensée? L'une ne présuppose-t-elle pas l'autre?

La Pensée Créatrice

Il est vrai que l'humanité ne peut pas davantage créer une pensée qu'elle ne peut s'approprier la volonté pure, parce que nous vivons bien au-dessous des fréquences de l'Esprit et de la matière d'où les pensées trouvent leur origine et où la volonté est non différenciée par une Intention divine. Puis, il y a une différence entre ce que nous allons appeler une pensée ou une forme-pensée et la volonté, tout comme il y a une différence entre la force de volonté et le mental lui-même.

La volonté est cet Esprit motivant dans la conscience d'un être humain, qui est la cause de notre existence. Elle se trouve au centre même de l'Âme (la conscience), et elle est un prolongement de l'Esprit, l'aspect Père de la Déité. C'est le noyau de l'Esprit qui, lorsqu'attisé et devenu une flamme, devient la Vie du Christ. Ici alors, profondément enfouie dans l'Âme, se trouve la Semence de Dieu dans l'humanité, le Christ intérieur, duquel les êtres humains tirent leur volonté.

Émanant de cette Semence divine, dans et par le corps de l'Âme ou dans et par la Conscience qui l'entoure, se trouve le pouvoir d'Être, qui produit l'évolution par l'expérience.

Ce pouvoir d'Être est une intention consciente ou inconsciente de l'individu, sa volonté d'Être, qui est dirigée par son idéal conscient ou inconscient. En d'autres termes, son idéal est son intention focalisée, ce vers quoi il aspire et ce pour quoi il travaille. Toutes ses énergies et toutes ses forces sont dirigées vers l'activité par l'idéal qui constitue son aspect volonté focalisée. En d'autres termes, c'est l'interprétation que sa conscience donne à sa volonté spirituelle et à son pouvoir d'Être.

D'où provient la pensée? Dans la mesure où l'humanité est concernée, c'est-à-dire en relation avec les êtres humains, la pensée prend naissance sur le plan de l'Âme adombrante comme une idée. Ce monde des idées est un monde de significations abstraites où une signification (et c'est un bon terme à explorer par la méditation et la contemplation) est formulée en une idée qui a une relation directe avec le monde de l'humanité. En d'autres termes, la signification d'un principe cosmique est alignée sur l'humanité et reliée à l'humanité par le véhicule ou par le moyen d'une idée.

L'Âme elle-même, agissant en tant que médiatrice entre la Vie Une et la partie, traduit le principe cosmique en une idée imprégnée dans la forme, conformément à son propre point de développement évolutif, en établissant un rapport entre ce vers quoi elle évolue et ce qui constitue son soi inférieur ou son véhicule d'apparence.

Rappelez-vous que ces idées qui sont le point d'origine des pensées d'un être humain, adombrent directement le monde du mental, lequel est le plan le plus élevé de la persona incarnée. Comment deviennent-elles des formes-pensées dans ce mental?

Lorsque les êtres humains commencent à utiliser leur corps mental, ils développent ce que nous appelons la faculté intuitive. Leur propre conscience établit un pont au-dessus du fossé entre le plan mental et le monde adombrant des idées, à mesure que leur conscience répond à la Volonté d'Être.

La force de volonté, émanant toujours du noyau central de l'Esprit, est celle que s'approprient les êtres humains lorsque leur conscience répond à son impulsion évolutive.

Ils saisissent ce pouvoir et affirment en fait « Je serai ».

Alors, selon leur idéal d'être, cette volonté est amenée en un point focalisé dans le mental, et à ce moment-là, trois choses sont présentes simultanément :

1. La volonté est magnétique. Elle attire dans la

périphérie de son activité les idées adombrantes qui ont un rapport direct avec l'idéal. La conscience saisit intuitivement l'idée et l'interprète en fonction de sa propre capacité à le faire et en fonction de sa motivation personnelle.

C'est un concept important; toutes les idées sont, en fait, les véhicules d'un principe ou d'une signification cosmique. Ainsi, elles ne peuvent pas être mauvaises, mais l'interprétation qui en est faite par la conscience peut être déformée par son développement évolutif et sa motivation personnelle, et elles sont toujours colorées par l'état de conscience qui les reçoit intuitivement. La couleur qui leur est donnée peut contribuer à traduire parfaitement ou à déformer la signification voulue, mais elle voilera toujours la vérité, à un certain degré. La vérité ou la réalité y perd toujours quelque chose lorsqu'elle endosse un vêtement, que ce vêtement soit une idée, une pensée, un sentiment ou une action.

La volonté attire au niveau horizontal aussi bien que vertical, de sorte que d'autres pensées ayant une relation avec l'idéal, déjà formulées dans le monde du mental par d'autres mentaux, sont également attirées dans sa sphère d'activité.

D'autres pensées et d'autres évaluations dans le subconscient sont attirées vers le haut, et ainsi, par sa force magnétique, la focalisation de la volonté dans le mental a amorcé l'activité de construction des formes.

2. La volonté dans le mental est créatrice. Elle permet à la conscience d'assembler toutes ces pensées reliées en une forme-pensée. Bon nombre d'entre elles sont automatiquement rejetées, plusieurs sont acceptées et certaines sont mises de côté pour une considération future. Finalement, une forme-pensée complète ou incomplète, soi-disant bonne ou mauvaise, émerge dans le mental du penseur.

Il a une pensée ou, s'il est bien développé mentalement, il peut avoir un plan.

3. La volonté est initiatrice en ce sens qu'elle dirige l'énergie dans la force, dans la substance et, finalement, dans le reflet dans le temps et dans l'espace. L'énergie suit la pensée. Une pensée est un sentiment potentiel, un acte potentiel et un effet dans l'apparence.

Dès que la volonté est concentrée dans le mental et que débute l'activité de construction des formes, l'énergie se transforme en force au niveau astral et en substance au niveau éthérique. L'être humain a une réaction émotionnelle et substantielle à l'activité de construction des formes. Cette réaction peut aider ou entraver la réussite de la manifestation de son intention connue, selon sa relation avec elle. Si cette réaction est en conflit avec elle, elle a tendance à nier la forme, de sorte qu'elle se manifeste en conflit, ou au mieux elle est mort-née.

Ceci est le processus de construction des formes-pensées, qui, en réalité, n'est effectué que par un petit nombre relatif de membres de l'humanité. Ce sont les penseurs, les dirigeants dont la formulation des pensées est acceptée par les masses.

De nos jours, la plupart des gens reçoivent leurs pensées, même celles qu'ils pensent avoir créées, du mental racial, par l'aspect mental de leur environnement réel. Ils acceptent ces pensées déjà formulées, ils les colorent selon leurs états de conscience, et ils les utilisent comme si elles étaient les leurs, réalisant rarement qu'ils sont menés et dirigés par d'autres mentaux, et questionnant rarement la valeur de ces pensées sur le plan de la vérité.

Pourtant, l'humanité d'aujourd'hui est en train de construire un corps mental dans lequel elle peut fonctionner consciemment. Le point d'évolution humaine et l'accélération de l'impulsion évolutive ont amené l'humanité à la porte d'entrée du plan mental. Le monde de la pensée a un impact sur le cerveau physique de l'humanité comme il n'en a jamais eu auparavant, et le monde des idées n'a jamais autant influencé le corps mental des penseurs du monde que présentement.

L'espace lui-même a été supplanté par le temps. Les êtres humains peuvent traverser un océan en un jour, ils songent à atteindre les étoiles, et déjà, ils ont de nombreux satellites en orbite autour de la planète.

Nous avançons. Les formes de notre monde et de nos croyances changent constamment à un rythme que nous n'avons jamais expérimenté auparavant. La conscience de l'humanité, largement émotionnelle, est confuse, déconcertée et alarmée. Qu'est-ce que tout cela signifie?

Tout d'abord, cela est bon. C'est la réalisation du Plan divin pour nous, la croissance et le développement de notre conscience, des confins étroits du soi vers l'expansion de l'Âme. Nous grandissons et, dans ce processus, nous sommes confrontés aux changements nécessaires dans notre façon de vivre.

On nous enseigne que l'émotivité débridée est dangereuse, que nos haines, nos peurs, nos ambitions et nos désirs séparateurs pourraient nous détruire. Nous apprenons que l'émotion est un pouvoir qui peut être exploité pour des desseins constructifs ou destructifs. Nous faisons maintenant face à une crise qui a un impact sur notre évolution : le besoin de contrôler l'aspect émotionnel par la raison.

Nous ne pouvons pas reculer l'horloge ni freiner la progression de l'évolution. Se remémorer d'anciennes chansons, des histoires, des espoirs et des mémoires ne niera pas, ni n'arrêtera le progrès scientifique.

Nous sommes ici, à ce point de développement évolutif, en ce temps et dans cet espace, pour apprendre des leçons dont nous avons bien besoin et dont nous avons longuement discuté. Tous les êtres humains peuvent découvrir ces leçons qui sont résumées dans la règle d'or, dans leur religion, dans leur coeur et dans leur esprit.

Pouvons-nous les appliquer? Oui, mais pour ce faire, nous devons nous placer dans notre mental et appliquer les techniques qui nous permettront d'incarner l'Amour. Nous devons apprendre à penser correctement et de façon créatrice. Nous devons maintenant faire davantage que prier, reconnaître un sauveur du bout des lèvres ou aller à l'église. Notre tâche est d'incarner, d'amener les idées qui nous adombrent dans notre mental et, à partir de là, de formuler une activité planifiée que nous pouvons amener en manifestation.

C'est le prochain pas de l'humanité, notre besoin immédiat, de remplacer le désordre mondial par l'Amour.

La Pensée Créatrice

LEÇON 32

L'APPLICATION PRATIQUE DES SEPT RAYONS

Promouvoir la paix en manifestant la fraternité

Les sept Lois divines et les énergies d'Amour Cosmique

S'approprier les sept Énergies

L'énergie répond à la volonté focalisée de la conscience

Connaître l'Amour en devenant un magicien blanc

L'Amour est une énergie divine

S'approprier un potentiel d'énergie de manière sécuritaire en s'identifiant à l'Âme à l'intérieur
de la Vie Une

*　　*　　*

Dans notre système solaire, il existe sept Lois divines et Énergies divines majeures qui sont les interprétations et les expressions que notre Vie solaire donne à l'Amour cosmique ou à la Raison pure. Ces sept Lois sont également connues comme les sept Rayons et beaucoup de matériel a été donné à leur sujet dans d'autres ouvrages par cet auteur et par d'autres auteurs ésotériques. Dans cette série, nous allons les aborder différemment, en présentant leur application pratique par des techniques grâce auxquelles l'étudiant sincère pourra commencer à incarner l'amour.

En fait, ce sujet sera couvert d'une manière plus exhaustive dans un autre ouvrage dont le titre sera *La Fraternité, l'Ordre divin de l'Homme.* C'est une approche nouvel âge de l'antique problème de la façon d'aimer.

La plupart d'entre nous ont l'intuition et la reconnaissance du besoin d'Amour comme thème de la vie, mais peu parmi nous savent comment aimer lorsque nous sommes confrontés à nos propres réponses inconscientes. Partout dans le monde, les hommes et les femmes ont un grand besoin de techniques qui peuvent être appliquées par les débutants tout comme par les personnes plus avancées. Par conséquent, les leçons suivantes sont offertes dans un esprit d'amour, avec l'espoir et la prière que les divergences d'opinions qui peuvent exister dans l'esprit des étudiants concernant des sujets controversés comme la réincarnation, le karma, etc., ne bloquent pas l'utilisation qui peut être faite de ces techniques. En d'autres termes, qu'il y ait entre nous accord ou non concernant ces sujets particuliers, les techniques sont aussi applicables pour une personne dans ses efforts pour incarner l'amour qu'elles le sont pour une autre.

Ainsi, voici un terrain commun sur lequel nous pouvons tous nous rencontrer dans notre effort pour établir cette relation juste appelée la fraternité. Puisque la fraternité est une condition préalable à la paix véritable et puisque la paix est devenue la nécessité commune, nous pouvons tous nous rencontrer sur ce terrain avec *un* but précis à l'esprit.

Nous cherchons à promouvoir « la paix sur la terre et la bonne volonté envers les hommes », en manifestant la fraternité dans notre vie et nos activités quotidiennes.

Les sept Lois divines et les énergies d'Amour Cosmique qui peuvent être amenées en manifestation par l'humanité sont énumérées et définies comme suit :

    1. La Loi de la Volonté Focalisée d'Aimer, qui proclame en effet que :

« Le Pouvoir de Dieu peut être invoqué en ma- nifestation par la volonté Focalisée d'Aimer ».

2. La Loi de la Compréhension Aimante, qui procla- me en effet que :

« L'énergie d'Amour dans le mental produit la compréhension juste ou la Sagesse ».

3. La Loi du Service, qui proclame en effet que :

« Une activité de planifiée de service, animée par l'amour et exécutée avec amour, aboutit à la manifestation d'une partie du Plan divin pour l'humanité ».

4. La Loi de la Transmutation, qui proclame en effet que :

« Le rayonnement de l'Amour sur les trois plans de l'effort humain transmute la noirceur en lu- mière, l'ignorance en sagesse et la discorde en harmonie ».

5. La Loi de la Connaissance Formulée, qui proclame en effet que :

« Lorsque l'Amour divin sera exprimé dans la science et dans la connaissance concrètes, un nouveau ciel et une nouvelle terre deviendront réalité ».

6. La Loi de l'Idéal concentré du Christ, qui proclame en effet que :

« Le Christ réapparaîtra lorsque l'humanité re- connaîtra le Principe Christique à l'intérieur de chacun ».

7. La Loi du Développement amorcé par soi-même, qui proclame en effet que :

> « Par la mise en oeuvre d'une activité planifiée de développement, les êtres humains peuvent coopérer avec la Loi de l'Évolution pour atteindre un but voulu de développement spirituel ».

Ces sept Lois sont des énergies que peut s'approprier toute personne qui cherche à les utiliser pour le service de l'humanité. Elles ne peuvent pas être appropriées de manière sécuritaire par l'individu qui cherche à les utiliser pour des raisons séparatrices, parce qu'elles entraînent un châtiment puissant lorsqu'elles sont mal utilisées.

Un potentiel d'énergie est approprié lorsqu'un être humain utilise la loi qui fait descendre cette énergie de sa fréquence élevée des niveaux spirituels, à une fréquence plus basse qui la rend manifeste dans les trois mondes de l'effort humain. Plusieurs de ces énergies de haute fréquence adombrent l'humanité en tant que possibilités divines. Elles existent comme solutions aux problèmes du monde, mais elles doivent être amenées en manifestation par les hommes et les femmes qui s'identifient consciemment comme Âmes plutôt que comme personnalités.

Cette science de l'appropriation occulte est une science connue de quelques-uns depuis longtemps et qui, au cours de ce nouvel âge, va émerger dans le mental de ceux qui, dans le monde, sont polarisés mentalement en tant qu'Âmes incarnées. Plus tard, beaucoup plus tard, dans le développement évolutif de la race, cette science sera portée à la connaissance de tous et mise en pratique, transformant alors radicalement notre type de civilisation.

Cependant, l'humanité peut commencer à apprendre les rudiments de l'appropriation occulte dès maintenant, et à pratiquer cette connaissance rudimentaire, dans un effort pour élever l'humanité à un tour plus haut de la spirale de l'évolution. En fait, une telle possibilité constitue la crise de notre période actuelle, parce que c'est seulement par ce qui apparaît comme un effort surhumain pour résoudre les problèmes de l'humanité, que nous pourrons modifier le cours des affaires mondiales et échapper à sa trajectoire destructrice.

Nous reconnaissons notre besoin spirituel d'Amour, un Amour divin qui répond à tous les besoins humains. À mesure que nous approfondissons les mystères, nous découvrons que cet Amour divin est une énergie et qu'Il peut prendre sept expressions potentielles dans nos vies et dans nos activités. Nous apprenons ensuite que l'on doit s'approprier cette énergie, avant qu'elle puisse être utilisée efficacement, et qu'elle doit être dirigée vers la manifestation extérieure par un processus technique, par la conscience centrée dans l'Âme. L'énergie ne se déplacera pas d'une fréquence à une autre simplement parce que nous le souhaitons, pas plus qu'elle n'ira spontanément dans la manifestation extérieure. L'énergie répond à la direction (à la volonté focalisée) de la conscience, à mesure que cette conscience fournit un schème ou une forme dans laquelle elle peut prendre une apparence.

Ceci est un point de grande importance qui doit être clairement compris avant que nous puissions poursuivre sur le sujet. Plus tôt, dans cette série, nous avons parlé de l'énergie, de la force et de la substance. Réalisons maintenant, le plus pleinement possible, que toute manifestation dans le temps et dans l'espace vient de la combinaison de ces trois éléments en un triangle de relations spirituelles, qui est lui-même reflété en tant que forme, dans le monde extérieur des apparences. Ceci est aussi vrai pour le soi-disant mauvais que pour le soi-disant bon. Une telle combinaison doit former un triangle de relations spirituelles parce que toute énergie est divine, que toute force en tant que telle est divine, et que toute substance est divine. L'utilisation que l'on en fait détermine ses effets, bons ou mauvais, sur le plan physique des activités.

Les êtres humains ne peuvent pas connaître l'amour, ne peuvent pas comprendre ce que c'est et ce que ce n'est pas, jusqu'à ce qu'ils aient amené son énergie dans l'une de ses sept expressions potentielles, dans leur instrument, par la science de l'appropriation, et qu'ils l'aient dirigée dans la force et dans la substance par une technique d'application. Quand ils mettent en pratique une telle technique pour un Dessein divin, ils sont devenus ce que l'occultiste définit comme le magicien blanc. Ils agissent en tant qu'Âme, s'appropriant et utilisant la richesse de leur héritage spirituel pour le bien commun de l'humanité.

Ainsi, nous commençons à voir pourquoi il est si difficile pour nous de vraiment aimer notre ennemi, ou même notre voisin. La plupart d'entre nous n'ont pas recherché et n'ont pas été imprégnés par l'énergie d'Amour divin. Comment alors comptons-nous l'appliquer dans nos activités quotidiennes?

L'Amour n'est pas une émotion. Ce n'est pas un sentiment, ni même de la sympathie. L'Amour est une énergie divine que nous pouvons contacter, en premier lieu, comme une Loi divine et finalement, se l'approprier comme un potentiel d'énergie, par l'utilisation de cette Loi dans notre vie et dans nos activités quotidiennes. Une fois appropriée, l'énergie, la force et la substance de l'Amour deviennent une partie de la nature même de la forme, démontrant ainsi dans la nature humaine, la vérité du message d'amour qui a une influence sur le mental de tout chercheur spirituel dans le monde entier.

Essayez de saisir autant avec le cœur qu'avec le mental, la réalité de ces potentiels d'énergie adombrante que sont les sept expressions divines de l'Amour, disponibles pour nous en tant que fils ou filles de Dieu. Contemplez leur présence adombrante jusqu'à ce qu'elles deviennent pour vous aussi réelles et aussi tangibles que l'est l'existence du Cosmos dans lequel vous vivez. Bien que l'humanité ne comprenne pas entièrement le Cosmos, elle sait néanmoins qu'il existe et que, d'une manière mystérieuse, elle en fait partie.

Ainsi en est-il de ces énergies. Elles vous adombrent en tant que potentielles et, dans leurs fréquences inférieures, elles sont la « substance » de laquelle sont constitués vos corps, votre environnement, et vos expériences. Vous pouvez les connaître et finalement, vous pouvez vous les approprier et les utiliser pour le mieux-être de l'humanité.

Afin de s'approprier tout potentiel d'énergie de manière sécuritaire, la conscience doit d'abord avoir établi une solide identification comme Âme à l'intérieur de la Vie Une.

Puis, posée et alerte dans ses corps, et sa conscience positivement réceptive, la conscience centrée sur l'Âme cherche, par la méditation, à être imprégnée par le potentiel adombrant, comme une Loi divine qu'elle peut mettre en pratique dans sa vie quotidienne. En d'autres termes, nous devons, en premier lieu, saisir et comprendre l'expression divine de l'énergie que nous cherchons à nous approprier et à incarner. Sa formulation en une Loi, que nous pouvons utiliser avec compréhension, établit un alignement, un chemin de moindre résistance, pour l'écoulement de l'énergie dans la force et dans la substance à travers nos corps et vers l'extérieur dans l'apparence reflétée, comme une forme manifestée dans notre environnement.

Si nous voulons vraiment aimer notre voisin, nous devons comprendre et mettre en pratique la loi qui amène l'énergie, la force et la substance d'une telle qualité de relations, dans une juxtaposition dans nos propres corps, de manière à ce qu'elles (l'énergie, la force et la substance) soient reflétées à l'extérieur, dans notre vie et dans nos activités, par notre mécanisme de réponse automatique.

Ce n'est pas une tâche facile qui peut être réalisée rapidement. Cela exigera, de la part de l'étudiant, beaucoup de réflexion, un effort persistant et une expansion continue de sa conscience. Vous devez vraiment vouloir aimer votre voisin pour faire cela. Votre aspect désir doit être stimulé et entraîné par l'intention focalisée (la volonté) de la conscience afin de générer le pouvoir nécessaire au niveau astral-émotionnel, pour manifester cette vérité à l'extérieur.

Nous reprendrons ceci dans notre prochaine leçon où nous étudierons la Loi de la Volonté Focalisée d'Aimer. En attendant, accordez à cette leçon une profonde considération, essayant de comprendre la signification qu'elle a pour vous, pour vos proches associés et pour le monde dans lequel vous vivez.

LEÇON 33

LA VOLONTÉ FOCALISÉE D'AIMER

Le Dessein divin de l'énergie de Volonté est de connaître l'Amour

Le libre arbitre

Coopérer avec le Dessein divin

Vivre dans le corps, les émotions et le mental

Diriger sa vie et ses affaires à partir d'un plan prédéterminé

Apprendre à répondre mentalement : formuler une intention, traduire l'intention en action, observer vos réactions émotionnelles

Aides à la polarisation mentale

*　　*　　*

« Le Pouvoir de Dieu peut être invoqué en manifestation par la Volonté Focalisée d'Aimer. »

La Volonté Focalisée d'Aimer est une loi et une énergie de la Vie Solaire elle-même, qui atteint l'humanité par un point d'entrée focalisé dans la Vie planétaire lorsque cette Vie Solaire différencie, à l'intérieur de son propre système, la grande loi et l'énergie de l'Amour Cosmique en sept expressions divines. Le Pouvoir de Dieu est inhérent à cette énergie de Volonté divine et entre en activité par son utilisation adéquate.

L'Intention divine, c'est-à-dire le Dessein divin dont

l'énergie est imprégnée dans cette vaste Vie organisée est d'amener l'Amour Cosmique ou la Raison Pure en un point focalisé, et de l'interpréter. Ainsi, nous disons que le Dessein divin de l'énergie de volonté ou de la force de volonté est de connaître l'Amour.

Ceci donne aux étudiants un concept de la volonté bien différent de celui qu'ils ont pu avoir dans le passé. Cela les oblige à s'arrêter et à réévaluer les connotations qu'ils ont attribuées à ce terme dans la conscience du mental racial. Ainsi, ils constatent que leur compréhension de ce concept a été construite sur un fondement erroné de sa signification et que l'utilisation qu'ils ont faite de la volonté a souvent manqué de sagesse. Il est certain qu'ils ont fait très peu jusqu'à présent pour manifester le Dessein divin sous-jacent à cette énergie de Dieu, qui s'exprime chez l'être humain comme la faculté créatrice.

La volonté est essentiellement créatrice. Elle crée dans la substance sur laquelle elle est focalisée une empreinte de la Réalité Supérieure adombrante dont elle est un point de focalisation.

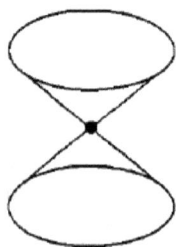

Réalité adombrante

Volonté focalisée

Impression créée dans la substance

Afin de comprendre clairement ce concept, il est nécessaire d'observer son expression dans divers secteurs de la vie manifestée.

Par exemple, le Dessein divin, par la Vie Solaire, imprègne de l'énergie de volonté, tout ce qui existe à l'intérieur de la Vie Planétaire : c'est une loi qui contrôle, du début à la fin, les utilisations faites de la volonté par chaque être sur la planète.

À première vue, cela pourrait sembler être une déclaration erronée. Et pourtant, suite à une observation minutieuse de la vie et des affaires de l'humanité, nous voyons sa vérité.

Le libre arbitre ou ce qui paraît l'être a été donné à l'humanité. Notre volonté est libre jusqu'à un certain point, c'est-à-dire que nous pouvons en faire usage pour le bien ou le mal, la perte ou le gain, le plaisir ou la souffrance, mais nous ne pouvons pas éviter les effets d'un tel usage. Lorsque des individus choisissent des actions qui sont contraires au Dessein divin de l'énergie de volonté, ce Dessein divin travaille de telle façon que finalement, l'erreur de leurs actions leur est montrée. Ainsi, de manière aveugle et inconsciente, ils apprennent le Dessein divin sous-jacent au soi-disant libre arbitre, qui leur a été donné par Dieu.

Ce même Dessein divin peut être observé comme une empreinte créée dans la substance de la vie et des affaires humaines, comme les principes d'amour auxquels tous les aspirants religieux adhèrent, et comme les divers codes de conduite éthique et morale auxquels tous les groupes aspirent.

L'humanité n'incarne pas toujours le Dessein divin, mais consciemment ou inconsciemment, elle en est toujours consciente par l'empreinte qui a été créée dans la substance de sa vie et de ses affaires. Nous ne pouvons pas lui échapper. Par la rétribution, il contrôle tout ce que nous pensons, ressentons et accomplissons et, jusqu'à ce que nous le reconnaissions, l'acceptions et coopérions avec lui, nous sommes les plus malheureux des êtres.

Une telle coopération dépend de notre ouverture à une certaine connaissance de nous-mêmes. Nous devons nous rendre compte qu'essentiellement, nous sommes de nature triple, ayant un mental, un aspect émotionnel et un corps de manifestation. Notre conscience peut fonctionner dans n'importe quel de ces trois aspects selon notre développement évolutif et notre point d'intérêt, et de ce point de focalisation dans l'un de ces aspects, nous pouvons diriger, plus ou moins, le cours de notre vie et de nos activités.

L'individu qui vit uniquement dans le corps et qui dirige ses affaires à partir de là n'est intéressé que par les aspects physiques de la vie. Son attention est tournée vers la survie, la procréation et vers tout confort physique qui peut être atteint. Inutile de dire qu'il y a peu de ces individus dans le monde civilisé, parce que ce stade de l'expérience dénote un point de développement évolutif peu élevé. Les mécanismes de réponse émotionnelle et mentale n'ont pas encore été construits et ne sont présents qu'à un stade rudimentaire. Un tel homme évoluera graduellement, à mesure que l'homme intérieur évoluera lui-même et qu'il commencera à élever son attention de ce qui est uniquement physique vers les réalités plus subtiles de la vie.

La personne qui vit dans l'aspect émotionnel dirige les affaires de la vie et le corps physique en fonction de ses désirs. Elle vit les expériences et elle les évalue à partir de ses émotions et elle utilise son mental à cette fin. Parce que le corps émotionnel est une force parmi plusieurs, amour, haine, peur, courage, etc., elle est souvent la victime d'intérêts et de désirs conflictuels et à la merci de contre-courants de force générés dans son propre instrument.

À mesure qu'elle développe cet aspect de sa nature, elle devient aspirante plutôt que désireuse, cultivée et civilisée plutôt que sauvage, et concentrée sur un point d'attention plutôt que divisée entre des intérêts conflictuels.

Lorsqu'elle atteint un certain niveau de concentration focalisée, elle élève son attention dans le mental et elle commence à diriger sa vie et ses affaires à partir de cette position privilégiée.

L'individu qui vit dans son mental s'efforce de vivre en fonction de la raison. Au début, la raison lui indique tout d'abord qu'il doit intégrer les trois aspects de son instrument en une unité fonctionnelle avant qu'il puisse espérer trouver la tranquillité d'esprit ou le bonheur. La raison lui indique également que ses problèmes sont les problèmes de l'humanité et qu'ils ne peuvent être résolus que par le service du plus grand bien de l'humanité. Ainsi, il devient conscient à une échelle beaucoup plus large que par le passé et il étend sa sphère d'influence en conséquence.

En même temps, cet individu reconnaît que, avant qu'il puisse espérer servir efficacement, il doit devenir la volonté centrale, dirigeante de ses propres affaires, en coopération avec la Volonté divine centrale et dirigeante de la Vie Une.

C'est seulement à partir du mental qu'il est possible de diriger sa vie et ses affaires en fonction d'un plan prédéterminé. Ainsi, la polarisation mentale devient le premier but majeur que l'étudiant s'efforce d'atteindre.

Bien que nous ayons déjà discuté de ce sujet particulier dans les leçons précédentes, nous allons de nouveau y porter notre attention.

Qu'est-ce qui distrait un homme ou une femme de la polarisation mentale? Leur aspect émotionnel, bien sûr, qui constitue la somme totale de leurs désirs, de leurs sentiments fondamentaux, des évaluations basées sur ces sentiments, de même que leurs mécanismes émotionnels intégrés de réponse. Les étudiants établissent eux-mêmes leur résidence dans leur tête et décident d'y vivre, dirigeant consciemment leurs activités à partir du mental, en fonction d'un dessein et d'un but compris par ce mental. Ainsi, ils s'efforcent de coopérer avec les concepts et les idéaux les plus élevés auxquels ils peuvent répondre mentalement.

Puis, survient un petit événement dans leur environnement qui produit un impact sur leur corps émotionnel et ils sont immédiatement emportés par une réaction qui est en totale contradiction avec leurs plans nouvellement élaborés. Encore une fois, ils sont devenus les victimes des forces de leur propre instrument et ils s'éloignent encore davantage de la place de résidence voulue, dans les profondeurs mêmes de la polarisation émotionnelle : ils sont alors absolument et complètement découragés.

Quel en est le remède? Comment peuvent-ils devenir leur propre maître?

L'étudiant doit apprendre à répondre mentalement plutôt que réagir émotionnellement. Il doit enraciner le désir de coopérer dans ses propres émotions afin qu'elles répondent au nouvel ensemble des demandes mentales.

Nous avons énoncé dans la leçon 32 que : « Vous devez vraiment vouloir aimer votre voisin pour agir ainsi. Votre aspect désir doit être stimulé et entraîné par l'intention focalisée (la volonté) de la conscience afin de générer le pouvoir nécessaire au niveau astral-émotionnel, pour manifester cette vérité à l'extérieur ».

L'étudiant réalise cette étape par une activité mentale triple, se rappelant que ce n'est qu'à partir du mental que la force de volonté peut être focalisée comme intention consciente.

1. L'étudiant formule son intention (d'aimer son voisin) dans une pensée-semence qui peut être utilisée dans sa méditation ou à laquelle il peut se référer comme formule magique dans les moments de nécessité :

   « Moi, l'Âme, j'aime, je comprends et je sers ».

   Il s'efforce de maintenir fermement cette intention focalisée dans son mental en tout temps. Il entreprend sa matinée avec elle, comme pensée-semence pour sa méditation et il s'y réfère tout au long de la journée.

2. Il traduit l'intention dans une image d'action, qui peut être facilement comprise par son aspect émotionnel et il transfère cette image dans son corps astral.

Par exemple, s'il a comme schème habituel de répondre avec irritation à une personne en particulier, il crée une image de lui-même faisant le contraire. Il se voit et il s'entend répondre avec une compréhension aimante et avec un réel désir de servir le plus grand bien de cette personne. Par l'imagination créatrice, il joue ce nouveau rôle et il dirige cette image (en tant que moyen pour communiquer l'intention focalisée) dans son corps astral.

S'il est difficile d'inclure ce transfert du mental dans l'émotion, l'étudiant peut visualiser l'image se déplaçant d'un petit soleil doré sur un rayon de lumière, vers une piscine dont l'eau est calme, claire et réfléchissante. Cependant, ce n'est pas une partie nécessaire à la technique et elle devrait n'être utilisée que par ceux pour qui le transfert s'avère difficile.

Cet exercice est plus efficace s'il est effectué lorsque l'étudiant s'apprête à s'endormir.

3. Durant la routine quotidienne, les étudiants observent leurs réactions émotionnelles de leur point de focalisation dans le mental et ils établissent graduellement leur contrôle par un processus de transmutation comme suit :

Lorsque confronté à un impact émotionnel négatif, l'étudiant essaye de le saisir avant qu'il ne devienne une réaction. Du moment qu'il devient conscient de sentir du ressentiment ou de l'irritation envers une personne ou une situation, il réévalue immédiatement sa réponse en fonction de la vérité qu'il s'efforce d'incarner. Puis, par sa volonté focalisée d'aimer, il transmute sa réaction, donnant à la force de l'émotion une nouvelle charge, une nouvelle commande mentale d'aimer.

4. En plus de ce qui précède, les étudiants formulent une activité planifiée qui exprime adéquatement leur intention focalisée et ils mettent cette activité en action, c'est-à-dire qu'ils arrêtent ce qu'ils étaient en train de faire, et vont au-delà des demandes de leur routine quotidienne, pour exécuter un petit acte d'amour pour un autre.

De cette manière, la volonté est entraînée, le mécanisme de réponse est entraîné et le Pouvoir de Dieu de manifester le bon, le vrai et le beau est invoqué dans l'aspect émotionnel de l'humanité comme une force en mouvement à l'intérieur de nous.

Suggestions pour favoriser la polarisation mentale :

1. Apprenez à raisonner, à voir tous les aspects d'une situation plutôt que les vôtres uniquement. Délibérément, mettez-vous à la place de toutes les personnes impliquées, une par une, et essayez de comprendre la réaction de chacune à partir de son point de vue particulier.

2. Développez votre force mentale en pensant consciemment avant de ressentir. Les êtres humains moyens gèrent avec leurs émotions plutôt qu'avec leur mental. Faites juste l'opposé, gérez à partir de la tête avec la pensée et ensuite, ressentez ce que vous choisissez consciemment de ressentir.

3. Trouvez ou créez un passe-temps qui utilise davantage le mental conscient que les émotions ou le corps physique, et consacrez-y du temps quotidiennement.

4. *Lisez avec le mental* plutôt qu'avec les émotions.

5. *Parlez avec le mental* plutôt qu'avec les émotions.

6. *Agissez avec le mental* plutôt qu'avec les émotions.

7. Combinez l'énergie du mental et la force de l'aspect émotionnel afin de produire une vie de service aimante et planifiée intelligemment, pour ceux qui se trouvent dans votre sphère d'influence.

La Pensée Créatrice

LEÇON 34

LES DÉFINITIONS DE L'AMOUR

Le mouvement de l'amour affluant et se déversant

Le véritable amour se déverse vers l'extérieur

La nature du Christ

L'amour produit la compréhension juste ou la sagesse

Les trois Lois majeures de l'Âme :
La Loi d'Attraction
La Loi de Répulsion
La Loi d'Intégration

Aides pour incorporer l'amour

*   *   *

« L'énergie d'amour dans le mental produit la compréhension juste ou la sagesse »

Le dictionnaire collégial Webster définit l'amour de la façon suivante :

1. Un sentiment d'attachement personnel intense induit par une compréhension sympathique ou par des liens d'affinité; une affection ardente.

2. La bienveillance attribuée à Dieu comme l'est l'affection d'un père pour ses enfants; aussi, l'adoration de Dieu par l'homme.

3. Affection profonde, tendresse, bonne volonté; comme l'amour d'apprendre, l'amour du pays.

4. Affection tendre et passionnée pour une personne du sexe opposé.

5. L'objet de l'affection, le (la) chéri(e).

6. Cupidon ou Éros, Dieu de l'amour, parfois Vénus.

Ce sont les interprétations que l'humanité a faites d'une énergie divine. Comme les êtres humains commencent à fouler le chemin des études supérieures, ils cherchent une signification nouvelle et plus profonde de l'amour, une réalité qu'ils peuvent appliquer d'une manière bénéfique à leur vie et à leurs affaires.

Qu'est-ce que l'amour?

L'amour est une énergie divine qui est une partie constituante de la Vie Une. C'est l'aspect Fils, magnétique, cohésif, informatif, qualifiant ou le Principe Christique de Celui en Qui nous vivons, nous nous mouvons et nous avons notre être. C'est l'énergie essentielle dont est constituée la conscience, la réalité sous-jacente qui sous-tend, informe, soutient et qualifie le « Je ». L'amour est radiant et altruiste de nature, constructif dans son dessein et il est la loi fondamentale de l'Univers.

Les définitions du Webster ne précisent que certains des effets produits par l'amour dans la vie et dans les affaires de l'humanité. Ce n'est ni un sentiment, ni une émotion, ni le résultat de la compréhension sympathique. L'amour est causal en lui-même, étant le deuxième aspect de la Trinité.

Si les étudiants réajustaient leur pensée de manière à voir l'amour à sa juste place dans le schème des choses, cela amènerait un nouvel éclairage sur le sujet. Il a été tellement limité dans sa connotation à l'aspect émotionnel sentimental qu'une grande partie de sa signification a été perdue.

Arrêtez-vous quelques instants et considérez le sentiment que vous expérimentez comme l'amour. Visualisez une personne qui est très près de votre cœur et essayez d'analyser ce soi-disant amour que vous éprouvez pour elle. Puis posez-vous les questions suivantes :

1. Qu'est-ce qui motive ce sentiment?

2. Est-ce une énergie qui afflue ou qui se déverse vers l'extérieur?

3. Quel genre d'effet cela crée chez la personne aimée?

Si nous sommes très honnêtes avec nous-mêmes, il peut être difficile de répondre à ces questions. Les personnes ordinaires aiment ce qui leur plaît. Leur motivation est presque toujours égocentrique. Quelques exemples communs de cette motivation d'amour centré sur soi peuvent être illustrés comme suit :

1. Jacques aime Marie parce que cela flatte sa vanité. Elle est très belle, attentive et flatteuse. Son amour et le fait de la posséder valident la haute opinion qu'il a de lui-même.

2. Bernard aime Louise parce qu'elle le materne. Elle satisfait le besoin qu'on prenne soin de lui, qu'on le protège des tragédies du monde. Elle lui permet de rester enfant.

3. Georges aime Isabelle parce qu'elle le crucifie. Elle le menace, abuse de lui et blesse son ego, satisfaisant son terrible besoin d'être puni. Sans Isabelle, Georges vivrait dans la crainte constante d'un châtiment inconnu (habituellement pour un crime inconnu commis dans un passé distant et incertain).

4. Marie aime Jacques parce qu'il apprécie sa beauté

et parce qu'il lui procure une contrepartie mascu-
line adéquate. Il est beau et il a du succès. En étant
possédée par lui, sa vanité féminine est servie.

5. Louise aime Bernard parce qu'il a besoin d'elle.
Ses manières de petit garçon sont attachantes
parce qu'en comparaison à celles-ci, elle est forte
et talentueuse. Cela satisfait son besoin d'être in-
dispensable.

6. Isabelle aime Georges parce qu'il lui fournit une
cible pour son hostilité envers ceux qui lui ont fait
du tort dans le passé. Il a besoin de punition, elle a
besoin de punir et ainsi, ils sont en amour.

7. Ils aiment tous leurs enfants à des niveaux divers
parce que les enfants sont les leurs, le sang de leur
sang et la chair de leur chair.

Parce qu'il est impossible à quiconque de toujours plaire
à quelqu'un, cet amour est un partenaire à haïr; tout
comme les gens aiment ce qui leur plaît, ils haïssent
également ceux qui leur déplaisent. On peut appeler cela du ressentiment, de la jalousie ou de la colère; néanmoins, dans n'importe lequel de ces prétextes, c'est l'opposé polaire de l'amour.

Multiplions nos exemples par plus de sept milliards
d'unités de consciences humaines et nous commençons à
comprendre les dessous de la présente crise dans laquelle se trouve l'humanité. Les forces émotionnelles des
sentiments de tous les jours, qui sont constamment dé-
versées dans le monde des activités par les hommes et
les femmes qui en sont à peine conscients, doivent produire leurs effets dans le temps et dans l'espace. C'est
ici que se trouve la base de la psychologie humaine, la
fondation sur laquelle la majorité des gens entrent en
relation, communiquent et vivent à l'intérieur du tout
organisé. Les humains recherchent la paix et pourtant,

dans leur vie quotidienne, ils font la guerre. Comment peut-il en être autrement?

Comment le mouvement d'un tel soi-disant amour peut-il être quelque chose d'autre qu'une énergie qui afflue?

Son seul mouvement vers l'extérieur existe pour ramener, en la possession de celui qui aime, ce qui semble être aimé.

L'amour véritable, qui est une énergie qui va vers l'extérieur, est donné librement. Il libère au lieu d'attacher; il ne fait aucune demande quelle qu'elle soit à l'autre et il ne diminue jamais en quantité ou en qualité à cause des défauts, des vices ou du comportement de l'autre.

C'était de cette sorte d'amour dont Jésus parlait quand Il a dit :

> « Vous avez entendu qu'il a été dit : Œil pour œil et dent pour dent. Eh bien! moi je vous dis de ne pas tenir tête au méchant : au contraire, quelqu'un te donne-t-il un soufflet sur la joue droite, tends-lui encore l'autre; veut-il te faire un procès et prendre ta tunique, laisse-lui même ton manteau; te requiert-il pour une course d'un mille, fais-en deux avec lui. À qui te demande, donne; à qui veut t'emprunter, ne tourne pas le dos ».

> « Vous avez entendu qu'on a dit : 'Aime ton prochain et hais ton ennemi'. Eh bien, Moi, je vous dis : Aimez vos ennemis, et priez pour ceux qui vous persécutent. Ainsi deviendrez-vous les enfants de votre Père qui est dans les cieux, car il fait lever le soleil sur les bons comme sur les méchants. Il fait pleuvoir sur les justes comme sur ceux qui bafouent la justice. »
>
> (Matthieu 5:38-45)

C'est cela l'enseignement de l'amour. Qu'est-il devenu?

À ce point de réalisation, les étudiants élèvent leur attention vers l'amour, du plan de la vie astrale-émotionnelle, au monde spirituel du Christ, et ils le voient comme une cause. L'amour est la cause pour laquelle et par laquelle ils ont été créés. Il est donc au-dessus de la fréquence de leur instrument, même au-dessus de celle de leur propre Âme, bien que ce soit la substance dont leur Âme est constituée. Les étudiants reconnaissent l'amour comme la nature du Christ, le principe Christique adombrant et inhérent à leur être. Ils invoquent sa descente et son expression d'abord dans leur mental, puis dans leur aspect émotionnel sentimental et finalement, dans leur vie et dans leurs affaires physiques (comme l'énergie divine qui révèle, purifie, transmute, clarifie et rend complet). Ils l'invoquent comme une cause, ils demandent qu'on leur indique le chemin de l'amour et ils s'efforcent d'incarner ce chemin, recréant les effets qu'ils ont définis comme de l'amour, pour transmettre et exprimer plus parfaitement la vérité.

Ils amènent l'énergie d'en haut vers le bas et vers l'extérieur. Ils sont alors enfin libérés de la limite astrale de l'ancienne idée fausse de « tomber en amour ». Ils ne tombent pas. Ils s'élèvent, et en agissant ainsi, ils élèvent en fréquence leur terre vers le ciel et ils amènent le ciel sur la terre.

Dans la leçon sept de *La Nature de l'Âme*, on dit : « Alors l'amour produit la compréhension. C'est l'énergie qui relie plusieurs expériences de façon à produire un schème, une évolution et finalement, une pensée intelligente et productive ».

C'est cette relation fondamentale (entre l'amour comme énergie divine et la capacité mentale de savoir, de comprendre, et de mettre en oeuvre l'acte créateur qui amène l'harmonie dans le conflit ou l'ordre dans le chaos), qui doit être comprise clairement par l'étudiant qui applique la Loi de l'Amour.

Quel être humain, consciemment ou inconsciemment, n'aspire pas à une plus grande intelligence? Le désir ardent de l'humanité et son aspiration vers le mental vif et lucide de l'intellectuel sont mis en évidence dans l'élaboration des tests de quotient intellectuel, les émissions de jeu questionnaire à la télévision, et la vénération presque sacrée, partout dans le monde, des réalisations mentales exceptionnelles. Des systèmes d'éducation élaborés sont mis sur pied dans chaque nation pour entraîner le mental des jeunes et pourtant, tout ce qui donne naissance à la compréhension et développe la sagesse est négligé.

La race humaine entraîne ses enfants à la peur, au ressentiment et à la haine envers ceux de leur propre espèce qui sont différents d'eux. Des groupes d'individus sont entraînés à détester d'autres groupes à cause d'une différence de couleur, d'idéologie, de classe ou de secte. Une telle haine, décrite par le terme « préjugé », empêche toute possibilité de compréhension ou de relation juste entre ces divers groupes de personnes. Ainsi, la race humaine se trouve constamment divisée dans des camps de tous genres, incapables de s'entendre pour le bien commun ou de vivre ensemble en paix. Si ce n'était pas aussi tragique, cela apparaîtrait, pour un spectateur, comme un chef d'oeuvre de comédie, créé dans le seul but de mettre en relief ce qu'il ne faut pas faire.

Pourtant, ce n'est pas une comédie. Des hommes et des femmes consacrent leurs vies à s'entretuer, à promouvoir la peur et à créer un monde dans lequel il est impossible d'évoluer sans douleur et sans souffrance indues. Et dans la majeure partie de ces situations, les personnes moyennes croient, avec un fanatisme propre aux anciennes inquisitions et aux guerres saintes, qu'elles ont raison, que leur manque d'humanité envers leurs frères est justifié. Un appel à la paix, à la compréhension ou à la pratique de la Règle d'Or, amène rapidement une accusation de « subversion » et ainsi, la voix de l'amour dans le monde est très vite étouffée.

Et pourtant, tous ces humains, qui sont en vérité des frères dans la famille de Dieu, aspirent à une plus grande intelligence.

Permettons-nous d'affirmer à nouveau : « L'énergie de l'amour dans le mental produit la compréhension juste ou la sagesse ».

La meilleure approche pour comprendre cette loi est l'étude des trois lois majeures de l'Âme, qui en sont la cause essentielle :

1. La Loi d'Attraction

L'amour, comme la volonté focalisée, est magnétique, mais d'une manière un peu différente de celle-ci. La Volonté Focalisée d'Être, attire tout ce qui est relié à l'intention, soi-disant bonne ou mauvaise, désirable ou indésirable. La conscience impliquée doit gérer ce qui est attiré. « Gérer » est un acte de discrimination entre l'important et l'accessoire, l'essentiel et le non essentiel, le bien et le mal, et cela est facilement réalisé, sans tension indue, par l'énergie de l'amour dans le mental.

Lorsque les étudiants relâcheront leurs efforts constants pour choisir entre des chemins conflictuels dont le dessein, le but et les détails sont vagues et incertains, et qu'ils inonderont leur mental d'amour, ils verront et, en voyant, ils sauront et, en sachant, ils distingueront instantanément ce qui constitue leur action juste.

C'est un concept relativement difficile, donc, pensez-y profondément. La Volonté Focalisée d'Être attire tout ce qui est relié à l'intention. Cela est nécessaire, parce que les humains doivent voir les paires d'opposés avant qu'ils puissent les équilibrer dans leur propre vie et dans leurs activités. Ainsi, la volonté amorce et maintient l'activité de construction de la forme, mais l'amour complète cette activité dans le mental et dans les émotions des humains. L'amour attire, dans une relation ordonnée, tout ce qui est harmonieusement nécessaire pour former un tout.

Au niveau de l'Âme, cette loi signifie simplement que l'Âme, qui est une conscience évolutive d'amour, attire vers elle tout ce qui est nécessaire pour former une image complète de ce qui est l'objet de son attention.

2. La Loi de Répulsion

L'amour repousse autant qu'il attire. Au niveau de l'Âme, l'amour tient à l'écart de l'activité de construction de la forme tout ce qui n'est pas en harmonie avec l'activité ou avec son dessein.

Dès que l'énergie de l'amour entre dans le mental, elle rejette hors de celui-ci toutes les pensées qui ne sont pas en harmonie avec le dessein et avec le but nourris par ce mental.

3. La Loi d'Intégration

L'énergie d'amour est cohésive. Non seulement attire-t-elle les nombreuses parties d'un tout dans une relation juste, mais elle les fait également se relier les unes aux autres. Le plan qui est conçu dans l'amour deviendra une réalité vivante intégrée sur laquelle un être humain peut agir.

La Vérité n'est pas seulement vue et comprise lors d'une prise de conscience soudaine ou progressive, mais elle est intégrée dans la substance mentale et finalement, dans le subconscient de l'individu de sorte qu'elle devient une partie vivante de cet individu.

En observant les trois Lois de l'Âme, on peut voir que lorsque l'amour domine la qualité de la vie-de-la-pensée d'un être humain, cette vie-de-la-pensée devient harmonieuse, ordonnée, claire, et la compréhension juste naît comme une lumière dans le cerveau, compréhension qui illumine tout concept, tout problème ou toute situation à laquelle la personne est confrontée.

Moyens suggérés pour supporter l'incorporation de l'Amour :

1. Pratiquez l'invocation de l'énergie d'amour de son point d'entrée sur cette planète, le Christ, au moyen de votre propre conscience supérieure, puis amenez-la dans votre mental. Inondez votre mental de cette énergie de couleur bleu-blanc et dorée, aussi souvent que cela vous vient à l'esprit.

2. Visualisez ceux que vous aimez et ceux que vous n'aimez pas, et avec le mental et par le mental, dirigez l'énergie d'amour vers eux, dans un mouvement vers l'extérieur, qui ne revient pas vers vous.

3. Utilisez cette énergie d'amour dans le mental comme l'énergie fondamentale de toute relation dans le monde extérieur. Dans les liens établis avec toutes vos relations, voyez-la se diffuser constamment de vous-même et n'y retournant jamais, agissant derrière la scène comme une source de force inconnue, de stabilité, de guérison, et de transmutation pour les autres.

4. Avec l'amour dans le mental, contrôlez toutes les réponses émotionnelles qui sont reliées aux effets de l'amour dans la conscience du mental racial, de manière à ce qu'elles reflètent l'amour comme cause, dans le mental.

5. Développez un point de vue large et sage, en diri-

geant l'énergie d'amour dans le mental vers toutes les situations, les circonstances ou les problèmes qui déroutent l'humanité à l'époque actuelle.

La Pensée Créatrice

LEÇON 35

COMMENT CONNAÎTRE LE PLAN DIVIN POUR L'HU-MANITÉ

La vie de groupe

Le mental du Christ

La méthode triple pour connaître le Plan :
la concentration, la méditation et la contemplation

Toute activité peut devenir un véhicule de service

En observant les possibilités karmiques,

En observant les opposés polaires,

En reconnaissant le champ de relations spirituelles

*   *   *

« Une activité planifiée de service mobilisée
par l'Amour et réalisée avec Amour
résulte en la manifestation d'un fragment
du Plan divin pour l'humanité. »

Pour ceux d'entre nous qui cherchent à servir le Plan divin pour l'humanité, il y a un grand besoin de connaî-tre ce Plan. Nous devrions chercher non seulement à le servir, mais également à le connaître et à le clarifier, de façon à ce que nous puissions travailler aussi intelli-gemment que ceux qui servent un but plus orthodoxe.

Plusieurs étudiants sont étonnés de découvrir que le Plan peut être connu aussi clairement que toute autre forme-pensée créée par un mental. Bien que nous ne puissions pas le trouver dans son intégralité dans un texte en particulier ou arriver à le comprendre par les méthodes habituelles d'apprentissage, il est néanmoins tangible et substantiel, une réalité atteignable par la combinaison de la tête et du cœur et avec lequel nous pouvons collaborer consciemment si nous le choisissons.

Dans le monde, nombreux sont ceux qui déplorent l'état des choses à l'heure actuelle et qui, dans l'intimité de leurs pensées, se lèveraient pour travailler pour une cause axée sur le mieux-être de l'humanité. Mais où est cette cause? Avec qui ou avec quoi ces personnes insatisfaites peuvent-elles aligner leurs efforts? Une désillusion après l'autre amène une sorte d'apathie, un état de futilité, dans lequel l'action constructive n'est ni recherchée ni entreprise. Et l'homme ou la femme sans statut ou fortune considère ses espoirs, ses aspirations et ses craintes n'être qu'une voix perdue dans le désert. Ces personnes ne se rendent pas compte qu'en compagnie des nombreuses autres personnes qui partagent leurs pensées et leurs sentiments, elles constituent une vie de groupe ayant un pouvoir potentiel sans égal pour le bien.

Comment cette vie de groupe avec son énorme potentiel d'action constructive peut-elle être éveillée et mise en mouvement? Cela peut être fait par quelques personnes qui chercheront à connaître le Plan divin pour l'humanité et qui, après l'avoir connu, consacreront leurs vies à l'énoncer et à le manifester dans leur propre vie et dans leurs activités. La connaissance a une façon de se répandre autour du globe, dans et par le corps de l'humanité. Réfléchissez suffisamment longtemps à une idée et elle vous sera en retour transmise de plusieurs sources. Les êtres humains sont beaucoup plus télépathiques qu'ils ne le réalisent actuellement. Ils sont également intuitifs. La majorité d'entre eux a seulement besoin de leadership pour accomplir de grands exploits pour le soi-disant bien ou mal. Malheureusement, trop souvent, l'individu qui accède au pouvoir et qui assume la position de leader est celui dont les objectifs sont identifiés au soi individuel. Ses ambitions séparatrices le poussent à accomplir ce qui souvent semble impossible, alors que la personne qui n'a pas de telle motivation centrée sur l'ego reste facilement dans un genre de passivité empreinte d'insatisfaction. Les besoins de notre temps appellent, en fait, exigent le leadership de ceux qui ne cherchent rien pour eux-mêmes. Ils requièrent une action aussi puissante de ceux qui ne sont pas ambitieux que de ceux qui le sont. Quand l'ambition et le désir ont perdu leurs attraits et qu'on y a renoncé, le statut et le pouvoir peuvent être utilisés de la bonne façon.

Le Plan divin, dans la mesure où l'humanité est concernée, trouve son point de formulation dans le mental du Christ, ce grand Être en Qui vit, consciemment ou non, toute conscience humaine. Ici, dans le règne de la créativité pure sur cette planète, le Plan pour la conscience humaine en évolution est formulé et maintenu focalisé pour ceux qui, par une vie dédiée, peuvent atteindre sa fréquence abstraite, connaître sa réalité abstraite et interpréter sa signification en lien avec les temps présents et la condition de l'humanité.

Autrement dit, le Plan divin existe réellement, à la fois dans l'Être du Christ en tant que but de l'évolution vers lequel nous tendons tous, et dans le mental du Christ, en tant que réalité abstraite qui a une relation avec chaque phase de l'expérience évolutive. Ainsi, le Plan divin pour l'humanité dans son aspect le plus élevé est le Christ, et dans son interprétation plus immédiate, c'est la nature de l'Âme qui se déploie petit à petit dans la conscience de l'humanité.

Comment pouvons-nous le connaître?

Il existe une méthode d'apprentissage qui, bien qu'elle ne soit pas très répandue, a été connue et utilisée par des individus et des groupes, tout au cours de l'histoire, depuis que l'humanité recherche la connaissance. Cette recherche a porté plusieurs noms dans plusieurs langues, mais les trois termes qui décrivent le mieux sa technique triple, à l'époque actuelle, sont : concentration, méditation et contemplation. C'est une méthode triple pour percevoir avec le mental ce qui a reçu une forme mentale, sans l'aide d'outils physiques tels des manuels, etc. Seul le mental qui a été instruit et entraîné à répondre à une commande consciente peut utiliser cette technique avec succès, mais lorsqu'une personne a un développement évolutif adéquat et la volonté d'apprendre, le mental peut être entraîné à fonctionner de cette manière particulière beaucoup plus facilement qu'on ne pourrait l'imaginer. Ceci est un nouveau domaine d'investigation scientifique qui donnera des résultats étonnants, lorsqu'elle sera effectuée.

Dans cette leçon, nous allons considérer brièvement la signification de ces trois termes et quelques techniques que l'étudiant sincère pourra utiliser comme un entraînement préparatoire du mental dans cette direction. Quelques-uns pourront plus tard faire une étude plus sérieuse de l'ensemble du sujet pour leur propre bénéfice et pour celui de l'humanité.

1. La concentration

La concentration est la focalisation de l'attention sur un objet concret (spécifique) ou sur un problème pour le clarifier à l'aide du mental conscient et subconscient. Un point de tension (d'attention) est créé dans la conscience du cerveau, qui, à son tour, crée un champ magnétique mental, dans lequel est attiré, du domaine des expériences passées, tout ce qui est relié à l'objet d'attention.

Exemple : Si quelqu'un souhaite comprendre les sensations et les réactions d'un enfant de deux ans, la concentration appropriée sur cet âge en particulier amènera effectivement à la conscience toute la connaissance acquise par l'expérience antérieure à ce sujet. Cela ne signifie pas que les individus qui se concentrent vont se rappeler de chaque incident qui s'est produit, à cette époque, dans leur vie, mais que l'état de conscience − l'état des sensations et des actions − en plus de tout ce qui a été appris sur l'enfant de deux ans, vient à la conscience, de sorte qu'une syntonisation avec celui-ci est réalisée dans le moment présent.

C'est une méthode par laquelle on peut se souvenir d'apprentissages passés dans le but de réévaluer ou d'assembler ces apprentissages dans de nouvelles relations.

Quiconque a appris à lire, a appris à se concentrer jusqu'à un certain degré, parce que la lecture, si elle est effectuée correctement, relie tout ce qui a été appris par l'expérience dans le passé, à l'état actuel de la connaissance.

Toutes les personnes qui sont maintenant attirées par cette série de leçons ont une bonne base sur laquelle s'appuyer pour poursuivre l'entraînement du mental à se concentrer. La connaissance, et de fait, la connaissance erronée, déjà acquise par l'expérience passée, est emmagasinée dans le mental subconscient. L'acte de concentration l'amènera à la surface pour qu'elle soit clarifiée et réévaluée.

Un des meilleurs exercices de préparation à l'entraînement de la concentration est de focaliser l'attention, sans l'aide de livres, sur l'un des divers sujets étudiés à l'école. Commencez par une période de cinq minutes chaque jour, en augmentant graduellement le temps passé en concentration, jusqu'à une période d'au moins trente minutes.

2. La méditation

La méditation est la focalisation de l'attention dans le mental sur un sujet en particulier, sur lequel une connaissance additionnelle est désirée. Ici, le point de tension (l'attention) crée un champ magnétique mental qui attire, de la gamme complète des fréquences dans lesquelles pense un individu, la connaissance additionnelle de d'autres mentaux. C'est ici que se trouve le domaine du véritable rapport télépathique. On n'entre pas en rapport télépathique par la concentration, mais plutôt par la méditation, laquelle nous met en contact, dans notre spectre de fréquences mentales, avec les mentaux qui sont en harmonie avec le nôtre.

Exemple : Par la méditation, les scientifiques peuvent apprendre toutes les connaissances qui ont été formulées dans leur propre gamme de fréquences de la pensée, concernant le sujet de leur intérêt. Ils attirent dans leur propre champ magnétique mental les pensées et les idées qui ont été formulées au cours des âges par ceux qui ont un intérêt similaire et un point de développement évolutif en harmonie avec eux.

À l'intérieur du monde du mental se trouvent de vastes champs de connaissance auxquels ont contribué les « penseurs » de l'humanité. Par la méditation, ces réservoirs de connaissances peuvent être contactés et utilisés longtemps après que l'évidence physique d'une telle connaissance a été détruite.

Les techniques de méditation auxquelles nous faisons référence ci-dessus ne peuvent pas être données dans cette leçon, mais elles sont disponibles dans des ouvrages plus avancés.

3. La contemplation

La contemplation est la communion avec ce qui est abstrait (ce qui adombre) et sa formulation concrète en relation à des événements humains, dans le temps et dans l'espace. Dans la contemplation, on s'élève au-delà de sa propre gamme de fréquences de pensée pour toucher le mental supérieur de la Déité. Alors, on transcende le monde du soi, dans tous les sens du mot, pour amener un nouveau concept en relation à l'humanité.

On décrit souvent ces trois techniques par le mot méditation. Alors, elles ne peuvent être définies correctement que lorsqu'elles sont utilisées ensemble en séquence, ou dans un mouvement synchrone comme un acte de service à la Vie Une.

Cependant, un individu doit d'abord apprendre à se concentrer avant qu'il puisse réellement méditer, et méditer avant qu'il puisse vraiment contempler ce qui est au-delà de la sphère de sa propre expérience. En attendant, il lui est possible d'utiliser la Loi du Service et de manifester le Plan, à partir de son point de développement actuel.

Pour celui qui étudie ces leçons, le Plan divin pour l'humanité est tout ce qu'il connaît de la vérité. C'est la Lumière et l'Amour de la Fraternité, cet échange d'énergies entre deux personnes ou plus, qui amènent le dessein et l'intention de la Vie organisée de l'humanité un peu plus loin dans la manifestation extérieure.

Ainsi, toute activité dans laquelle est engagé un étudiant honnête et rempli d'aspiration peut devenir un véhicule de service si cette activité est planifiée dans ce but. Une telle planification est basée sur ce qui suit :

1. Une observation des possibilités karmiques présentées dans toute situation ou circonstance donnée. L'homme ou la femme examine l'activité dans laquelle il/elle est engagé(e) pour trouver, dans le présent, la précipitation karmique du passé qui peut être équilibrée par l'action juste. C'est seulement

en examinant la routine de la vie quotidienne, en ayant ce but en tête, qu'ils peuvent découvrir la possibilité spirituelle d'équilibrer ou d'ajuster le karma. Tous les étudiants savent qu'ils ont mérité ce qui vient à eux, que ce soit plaisant ou désagréable. Tout étudiant sait que les situations dans lesquelles il se retrouve sont l'image extérieure de son état de conscience, et qu'elles sont en soi de nature karmique. Un individu peut accepter passivement son karma, le laissant graduellement se résoudre sur une longue période de temps ou encore, il peut l'accepter positivement, cherchant à le reconnaître et à coopérer avec lui, pour équilibrer les plateaux de la balance de façon à effectuer la plus grande croissance de tous les intéressés et ainsi, servir le Plan divin.

Exemple : Considérez la possibilité karmique offerte à une mère, dans ses activités quotidiennes, de prendre soin de la maison, des enfants et du mari. D'une manière générale, la possibilité majeure ici, indépendamment de la couleur et du style individuel, est le développement des qualités et des caractéristiques requises pour que le travail soit couronné de succès.

Cela est vrai pour toute situation de travail et pour toute circonstance dans lesquelles on se trouve. Une possibilité karmique est présentée au père, à la mère, à l'employeur, à l'employé, pour développer en eux-mêmes les qualités et les caractéristiques qui leur permettront d'assumer leurs responsabilités avec succès.

Ajoutez à ceci les facteurs personnels impliqués, et les obligations comme les possibilités karmiques deviennent claires.

Considérez l'homme qui se retrouve avec la tâche de gérer l'épicerie de son père, alors que tout ce qu'il a toujours voulu était de devenir médecin. Des circonstances indépendantes de sa volonté (la précipitation karmique du passé) l'ont placé dans cette position non désirée. Il pourrait faire face à ce genre de karma passivement, parfois négativement, en faisant le travail parce qu'il doit être fait, sans amour ni enthousiasme. S'il développait de l'amertume en lui-même, il créerait plus de karma déplaisant qui devrait être affronté et résolu à un moment donné dans le futur. L'attitude la plus sage et la plus productrice pour toutes les personnes concernées serait qu'il reconnaisse la possibilité karmique et qu'il cherche à coopérer avec elle. Alors, cet individu se rendra compte que son karma l'oblige, en ce moment, à gagner sa vie en travaillant à l'épicerie, et au moment où il reconnaîtra cette possibilité, il choisira de servir ses clients et ses collègues de travail par cette obligation karmique qu'il a envers eux. Ainsi, il servira le Plan divin pour l'humanité et, en même temps, il ajustera son karma de sorte que, dans le futur, il sera libre de travailler dans le champ de service auquel il est appelé.

2. Une observation des opposés polaires impliqués dans une situation ou dans une circonstance donnée. Ici, on recherche le principe. Si le travail d'un individu met en lumière un problème comme des pratiques d'affaires acceptées qui violent les principes qu'il défend, la possibilité lui est fournie d'énoncer et de vivre la vérité. Ainsi, il devient un transmetteur du Plan aux autres, par l'action juste.

Une telle possibilité est offerte, à un degré plus ou moins grand, dans chaque phase des activités quotidiennes, dans chaque secteur de la vie humaine, pour que soit donné à chaque homme et à chaque femme le droit divin, comme Âme, de servir le Plan divin. Tous, consciemment ou inconsciemment, font leurs choix plusieurs fois chaque jour.

3. La reconnaissance du champ des relations spirituelles inhérentes au schème d'une situation ou

d'une circonstance donnée. Tous les hommes et toutes les femmes sont des Âmes, et de ce fait, ils sont des frères et des soeurs. L'activité, quelle qu'elle soit, tend à amener les êtres humains en relation les uns avec les autres. Toute relation, indépendamment de la forme extérieure qu'elle prend dans le monde des activités, est divine. Ainsi, nous sommes constamment et invariablement devant la possibilité de manifester le Plan divin pour l'humanité par l'échange de la bonté aimante entre nous.

Que tous les étudiants se posent quotidiennement cette question quant à chacune de leurs relations :

Quelle expression divine cette relation avec le divin exige-t-elle de moi pour que je puisse être au service du Plan divin pour l'humanité ?

À la lumière de ce qui précède, élaborez une activité planifiée de service qui fait un usage adéquat de votre routine quotidienne.

LEÇON 36

Spiritualiser la substance par la transmutation

Changer le véhicule et l'environnement

Appliquer l'harmonie à la forme

Le processus d'initiation a été adapté

Appliquer la transmutation tout au long du sentier et épuiser la force du gardien du seuil

Saisir la possibilité

L'harmonie réalisée par le conflit

*   *   *

« Le rayonnement de l'Amour
dans les trois plans de l'effort humain
transmute les ténèbres en lumière,
l'ignorance en sagesse
et la discorde en harmonie. »

Anciennement, le mot transmutation voulait dire « la conversion des métaux de base en argent et en or ». L'étudiant d'aujourd'hui considère ce concept à partir d'une perspective différente et il voit que sa signification s'applique à l'humanité. Nous la définissons comme étant la conversion de la nature de base de l'humanité en la nature de l'Âme.

La nature de base de l'humanité est constituée de formes rigides de comportements et de réponses dans lesquelles la substance intelligente de notre monde a été moulée. Qu'il soit juste et naturel de « rendre coup pour coup » est un exemple d'une telle forme rigide de réponse (ceci étant l'un des moules dans lesquels la substance intelligente de réponse a été moulée). Ainsi, cette réponse est devenue l'une des « normes » de comportement, et si des êtres humains n'éprouvent pas au moins le désir conscient de « rendre coup pour coup », c'est parce qu'ils ont inhibé ou réprimé leurs réponses « normales ». Une telle inhibition produit une accumulation de perturbations émotionnelles dans le subconscient qui cherchent constamment une forme d'expression extérieure. Ainsi, les êtres humains sont poussés par des forces invisibles et inconnues, à l'intérieur d'eux-mêmes, pour agir d'une manière qui est contraire à ce qu'ils souhaitent consciemment. Si les pressions du conflit deviennent trop intenses, la personne perd son équilibre et franchit la ligne de démarcation entre la santé mentale et la maladie mentale.

Nous voyons alors que ces réponses dites « normales » sont devenues des formes rigides (des schèmes établis) créées par l'humanité par son évaluation d'elle-même. La substance intelligente de notre monde reflète constamment cette évaluation, en prenant la tonalité, la couleur et la fréquence de ce que la masse de l'humanité pense d'elle-même.

Ceci est amené encore plus loin dans la tonalité, dans la couleur et dans la fréquence de nos corps parce que, dans leur substance, ils reflètent un tel conditionnement.

Le processus de transmutation introduit un nouveau concept et par conséquent, une nouvelle tonalité, une nouvelle couleur et une nouvelle fréquence dans le monde de la substance intelligente, en l'élevant de la vieille forme à une nouvelle forme plus parfaite.

Pour la conscience initiée, la transmutation est la réha-

bilitation de la substance, la conversion d'une forme rigide en un corps d'énergie stable et fluide qui répond à
la volonté de l'Âme. Par exemple, au-dessus d'un certain
niveau de réalisation, les corps des initiés sont trans-
formés, passant de simple prison, et/ou de véhicule de la
conscience qui s'incarne, à un instrument qui répond à
leur volonté. Ils sont devenus un outil par lequel ils apportent leur contribution à l'évolution de leurs frères. Ils
ne sont jamais dépendants de la condition de leurs corps
qui ne les entravent pas dans leurs efforts. La soi-disant
norme n'est pas une norme pour eux; ainsi, leur quote-
part de substance intelligente n'est pas conditionnée ou
contrôlée par les lois psychologiques qui régissent la majorité.

Une fois que la substance des corps d'un être humain a
été réhabilitée pour un usage divin, cette personne se
met à travailler à la réhabilitation de la substance de
son environnement en reconnaissant que celui-ci n'est
qu'une extension de son instrument de service pour la
Vie Une, dans Laquelle, consciemment, elle vit, elle se
meut et a son être. Son obligation est alors de contrôler
et de faire bon usage de toute la substance intelligente
qu'elle attire.

La transmutation est accomplie lorsque la note divine
d'harmonie inhérente à l'Amour est appliquée aux plus
basses fréquences de la forme. Cette note fait résonner
la vraie note de la forme, invoquant une réponse harmonique de tous ses éléments. Ainsi, la forme est syntonisée, pour ainsi dire, ses différentes parties sont synto-
nisées les unes par rapport aux autres, et sa totalité est
syntonisée au Dessein divin pour lequel elle a été créée.

Ce qui précède présuppose une technique qui ne peut
être appliquée que par un initié ou par un postulant à
l'initiation, après avoir atteint un certain niveau de réalisation; c'était la loi. Maintenant, toutefois (comme le
processus évolutif est accéléré et que l'humanité dans

son ensemble entre dans un nouveau type d'approche et de réponse), de telles techniques peuvent être adaptées pour l'usage de quiconque dont la motivation juste attire à sa conscience la nouvelle présentation de la Sagesse. Ainsi, ceux qui lisent et appliquent cette série d'instructions, indépendamment de leur niveau de développement antérieur, peuvent utiliser avec succès ces techniques qui étaient jadis réservées aux postulants à l'initiation les plus avancés. Telle est l'évolution et la possibilité actuelle d'évoluer que vit l'humanité aujourd'hui.

L'ensemble du processus d'initiation ou de croissance et de développement conscient de l'Âme change profondément à mesure que l'humanité amène le Plan divin de l'Âme en relation avec ses différents états de conscience. À l'apogée de l'ère dans laquelle nous venons d'entrer, l'aspirant avancé s'approchera de la porte de l'initiation avec une base beaucoup plus solide d'expériences spirituelles et avec un champ de connaissances spirituelles plus vaste que jamais auparavant. Il emportera avec lui une conscience déjà élargie, de sorte que des domaines de sagesse nouveaux et de plus grande portée, qui ne pouvaient pas être touchés par l'aspirant d'autrefois, pourront être captés.

Aujourd'hui, tous les étudiants sont exhortés à se soumettre à la nouvelle technique, c'est-à-dire à atteindre le plus haut niveau de conscience de l'Âme qui leur est accessible et à incarner cette expansion par l'action dans les trois mondes, de sorte qu'une toute nouvelle ère et un nouveau champ de croissance et de développement spirituel se manifestent de manière tangible dans la vie et dans les affaires de l'humanité. C'est en soi un service majeur à la Vie Une, parce qu'il aide l'évolution de cette Vie dans ses nombreux règnes et départements, d'une manière plus fondamentale que l'étudiant peut le réaliser aujourd'hui.

La technique de transmutation est adaptée de façon à

fournir à l'aspirant une méthode par laquelle le processus peut être appliqué tout au long du sentier, diminuant ainsi le fardeau et l'effort ultime lorsqu'enfin le postulant est confronté au gardien du seuil. Dans la terminologie occulte, le gardien du seuil constitue cette identité intégrée d'ego qui se tient entre le postulant à l'initiation et la porte de l'initiation. Il est parfois désigné comme le non-soi, ou l'antéchrist. C'est cette partie du soi séparé qui doit être sacrifiée lorsqu'on fait le pas final pour se libérer de la forme.

Ainsi, nous voyons que, par l'application de la nouvelle technique, l'étudiant peut épuiser graduellement une grande partie de la force du gardien du seuil, de façon à ce que le moment final soit non seulement moins menaçant pour le postulant, mais qu'il se produise beaucoup plus tôt dans le cycle temporel.

Inhérente à l'intérieur de la pleine tonalité de l'énergie d'Amour se trouve la tonalité particulière qui fait résonner les harmonies du cosmos manifesté en fonction de son Dessein divin. Ainsi, l'harmonie est une partie intégrante de l'Amour.

Dans sa technique de transmutation, l'initié doit être capable d'extraire cette tonalité particulière de l'énergie d'Amour et, dans un mouvement dynamique, l'appliquer à ce qui demande à être transmuté.

Cependant, les étudiants ne sont pas prêts à exécuter ce genre d'action. La leur est plus lente, plus méthodique, transmutant graduellement leur nature inférieure en une expression plus parfaite de l'Amour divin.

Ils doivent d'abord saisir clairement ce qu'ils essaient de faire, et même cela n'arrive pas soudainement. Peu à peu, les étudiants développent une certaine conscience de leur propre nature jusqu'à ce que, après des mois ou des années, selon le cas, ils pensent qu'ils se comprennent. Ils ont discerné les zones de motivations erronées et de réponses inadéquates. S'ils sont sincères, ils les ont travaillées, essayant d'effectuer les changements qui semblent indiqués. Finalement, ils atteignent un point de confiance intérieure à partir duquel ils pensent avoir un bon contrôle de l'aspect forme. Ils ne vivent pas de ressentiment, de jalousie ou d'avidité. Ils sont aimants, ils donnent sans compter ce qu'ils doivent donner et ils cherchent à servir le Plan. Ils sont parvenus à un point critique d'évolution, à une crise extraordinaire de possibilités spirituelles parce que, à moins qu'ils aient atteint la Maîtrise (la cinquième initiation), ils sont maintenant prêts à faire face à un autre aspect ou à une autre phase de leur gardien du seuil et à le vaincre.

Les étudiants ont toujours réagi à la possibilité cyclique qui leur est présentée de l'une des deux manières suivantes : soit ils refusent de regarder plus profondément dans l'aspect forme, jouissant pour un temps d'un certain niveau de réussite, se renforçant tranquillement en vue du prochain cycle de croissance, soit ils saisissent la possibilité lorsqu'elle se présente, obligeant le gardien du seuil à sortir de ses cachettes sombres, dans la Lumière de l'Âme. Ces étudiants ne se contentent pas de se reposer sur les gains déjà réalisés. Ils savent que le sentier est long et qu'ils ont beaucoup de chemin à parcourir; ils savent également qu'en poursuivant leur route, ils servent ceux qui suivent leur lumière.

Ces individus, sachant que l'harmonie est réalisée par le conflit, cherchent à appliquer cette Loi de la Transmutation. Leur compréhension de l'Intention divine, au moment du succès, fait remonter, des replis sombres de leur nature inférieure, un autre aspect du gardien du seuil, et encore une fois, le conflit est amené à la lumière.

Ils voient en eux-mêmes ce qui est encore moins que divin; ils peuvent amorcer une nouvelle ronde de croissance et de développement spirituel, et avec la joie de l'Âme, ils appliquent la nouvelle technique.

L'étudiant reconnaît la *présence* de la note particulière d'harmonie dans la pleine tonalité de l'Amour. En rayonnant l'énergie d'Amour par ses véhicules et dans l'environnement, à partir d'un point de focalisation dans le mental, il se rend compte que la note d'harmonie transportée par l'Amour atteint toutes les parties de l'ensemble, invoquant l'harmonie de l'équilibre parfait, en syntonisant les parties au Plan.

Il considère cette action dans sa méditation et dans sa vie-de-la-pensée quotidienne, et il en cherche les effets qui dénotent sa réponse dans la forme.

La Pensée Créatrice

LEÇON 37

LA SCIENCE CONCRÈTE ET LA CONNAISSANCE

L'Âme adombrante et les étudiants de la Sagesse

Précipiter les réalisations intérieures dans les apparences extérieures

Résoudre les paires d'opposés dans les opposés polaires

La construction occulte du pont

Le mental inférieur concret et le mental abstrait

Le fil de conscience

La pleine conscience de soi

La décision de la bifurcation du chemin

Penser vérité avant d'agir

Traduire la Sagesse en une technique

*   *   *

« Quand l'Amour divin sera traduit dans
la science et dans la connaissance concrète,
un nouveau ciel et une nouvelle terre
verront le jour. »

Les étudiants de « La Sagesse » vivent principalement dans deux mondes : le monde des idées, de la réalité abstraite, et le monde phénoménal des apparences. Ils ont tendance à focaliser l'attention de leur mental dans le monde adombrant des idées où la réalité est composée de plusieurs abstractions qui constituent leurs idéaux et qui sont, de ce fait, en contradiction avec l'apparence des choses contactées par leurs sens physiques. Au cours de la période où ils essayent d'établir un point concentré de polarisation positive dans la conscience, ils sont constamment confrontés à la dualité. Ils sont forcés de recevoir ce qui les atteint par leur mécanisme sensoriel et d'y répondre et, en même temps, parce qu'ils aiment la vérité, ils s'élèvent avec leur mental pour être imprégnés des idées qui, selon leur évaluation de la vérité sont les plus pures. Ils prennent part à l'un joyeusement et ils tolèrent l'autre parce qu'ils ne peuvent pas lui échapper. Ils sont prisonniers, pris entre les paires d'opposés, jusqu'au moment où ils peuvent trouver une voie pour rejoindre le sentier qui mène à la liberté.

C'est une période de croissance des plus difficiles parce que c'est une transition. Les étudiants essayent de changer un ensemble de valeurs pour un autre; ils essayent de passer d'une manière de vivre qu'ils ont connue au cours d'innombrables incarnations à un mode de vie inconnu et complètement différent. Leurs corps et leur conscience ont été conditionnés par l'ancien mode de vie et construits pour répondre ou réagir d'une certaine manière. Ils vivent selon des lois et des valeurs tellement connues que leurs réponses à celles-ci sont devenues automatiques. La survie et même le progrès dans le sens matériel résultent largement de la motivation et de la réaction subconsciente.

Lorsque ce point d'achèvement évolutif est atteint, l'Âme adombrante fait retentir une nouvelle note et la conscience incarnée est incitée à rechercher la vérité. Alors débute une période transitoire de développement. Les individus deviennent des étudiants de « La Sagesse » et ils voient la nécessité de construire un pont dans leur conscience entre le monde de la persona et le monde de l'Âme. Chaque pas franchi qui les éloigne du connu doit être fait directement dans l'inconnu. Littéralement ils traversent un vide, une brèche à l'intérieur de leur propre être, entre le point de focalisation incarné de la conscience de la personnalité et le point de focalisation adombrant de la conscience de l'Âme.

Le vide est franchi ou une passerelle est construite dans la conscience de ces étudiants, par les expériences de la vérité dans la conscience, qu'ils peuvent manifester en tant qu'expérience dans le monde matériel des sens physiques. En d'autres termes, si, dans leur méditation, ils réalisent la véritable signification de l'Amour, ils doivent précipiter cette signification dans le monde physique des apparences et en faire l'expérience dans leur propre vie et dans leurs activités, en donnant et en recevant un tel amour dans leurs relations avec les autres.

Voilà un concept que beaucoup d'étudiants évitent. S'ils sont maltraités, il leur est beaucoup plus facile d'accepter une telle expérience comme étant karmique, et qui l'est sans doute, plutôt que d'essayer de changer la relation pour qu'elle devienne un reflet plus fidèle de la vérité. Les étudiants qui manifestent une qualité d'amour toujours plus élevée dans leurs relations se retrouveront un jour à être les bénéficiaires de cette même qualité de la part des autres. C'est la loi. Tout concept ou idée contactés par l'étudiant au moyen de la méditation, résultants d'un alignement vertical avec leur soi supérieur, doivent être amenés en manifestation dans la substance physique, fermant ainsi la brèche entre le connu et l'inconnu, ou entre la persona et l'Âme. La réalité doit être manifestée.

Combien d'étudiants échouent à faire cette prise de conscience ? Combien lisent, discutent et méditent sur la Sagesse de l'Âme, et pourtant, échouent à actualiser cette Sagesse dans leurs expériences physiques quotidiennes ? Parler de la vérité, lire des ouvrages sur le sujet ou même méditer ne fait pas la transition de l'effet à la cause ou, en d'autres mots, la transition de la persona à l'Âme.

Les paires d'opposés doivent être transmutées en leurs opposés polaires, afin qu'elles reflètent le Plan. La contradiction entre l'idée et son apparence doit être éliminée, afin que la cause et l'effet, dans le sens le plus élevé, deviennent un.

Les étudiants qui font cette prise de conscience et qui prennent l'initiative d'entreprendre le développement indiqué sont assaillis par de nombreuses difficultés jusqu'à ce qu'ils découvrent les clefs qui leur ouvrent la porte de l'initiation. Ce sont les sept lois que nous étudions dans cette série d'instructions, et plus particulièrement la cinquième loi s'appliquant au processus même de la construction du pont occulte qu'ils entreprennent.

À ce point dans leur expérience, ils font face à des dualités comme jamais auparavant. Ils regardent vers le haut et ils voient le monde de la réalité. Ils sont inspirés par lui et ils sont enchantés par de nouveaux sommets d'extase. Puis, avec le retour du pendule, ils doivent ramener leur attention dans le monde des affaires courantes duquel leurs corps et leur conscience cérébrale sont une partie vitale. Ils voient l'opposé de l'Amour se manifester non seulement dans le monde extérieur, mais à l'intérieur de leur propre être, et à leur désarroi, l'écart s'élargit. Qu'est-ce que la vérité? Où est cet Amour qu'ils ont découvert au cœur même de leur être? Que signifie vraiment « Ce qui est en haut est comme ce qui est en bas » par rapport à eux? Qu'est-ce que cela signifie par rapport à l'humanité? Ça ne peut pas vouloir dire ce que ça semble vouloir dire, parce que ce qui est en bas n'est pas comme ce qui est en haut! Ils ne peuvent voir que les paires d'opposés et le conflit qui en résulte.

Par exemple, les personnes qui sont éprises de vérité dans leurs aspirations peuvent être des menteurs dans le monde humain. Déforment-elles délibérément la vérité dans leurs relations d'affaires avec les autres ?

Ces individus, lorsqu'ils découvrent cette contradiction en eux-mêmes, vont souvent fuir la vie dans le sens matériel. Ils se retirent finalement du monde des activités, désillusionnés et amers, pour vivre en solitaires une vie de méditation, ne participant à la vie et aux activités de l'humanité que pour ce qui est absolument nécessaire à leur survie physique. Ils se rendent peu compte que ce n'est pas le chemin de la libération. Le retrait n'apportera pas la liberté. Il ne fait que les attacher plus étroitement à ce qu'ils détestent et ils reviennent, incarnation après incarnation, dans les conditions qu'ils refusent consciemment de considérer et de corriger. Il leur reste à faire la transition de créer ce qui est en bas à l'image de ce qui est en haut.

Il y en a d'autres qui, bien qu'étant conscients de ces contradictions, vont persister à y contribuer. Ils vont se donner l'excuse que « les affaires sont les affaires » et ils vont délibérément occulter leur vision spirituelle; dans une partie de leur être, ils aspirent à un mode de vie supérieur, alors qu'ils vivent de l'ancienne manière. Ainsi, encore une fois, le fossé entre ce qui est spirituel et ce qui est matériel s'élargit toujours davantage et, finalement, il en résulte un schisme sérieux dans la conscience dont la correction requiert plusieurs incarnations.

Que tous les étudiants réalisent, à ce point-ci, qu'il leur est demandé de faire un de leurs premiers choix, entre le sentier de la main droite et le sentier de la main gauche. Toute Âme, qu'elle soit identifiée à l'aspect spirituel ou à l'aspect humain, est karmiquement responsable de la manifestation dans la substance physique, de la vérité qu'elle est capable de saisir et de comprendre. Son degré de responsabilité envers le Plan d'Amour et de Lumière pour l'humanité repose sur la profondeur, l'ampleur et la clarté de sa vision. C'est le karma du service.

Dans cette leçon, nous avons fait référence au processus de « construction du pont occulte ». Il est maintenant important d'envisager ce processus comme une technique et d'en comprendre la raison. Tout comme l'Âme à son propre niveau, doit franchir un vide, au niveau de la conscience, pour atteindre le Christ et devenir une avec Lui, de la même manière, la conscience incarnée (identifiée à la persona) doit franchir un vide, au niveau de la conscience, afin d'accéder à la conscience de l'Âme.

Veuillez noter le terme « vide au niveau de la conscience » car c'est exactement ce dont il s'agit. Au niveau du mental, entre les deux états de conscience, entre l'Âme adombrante et l'âme incarnée, il existe cet espace qui est dépourvu de lumière et qui doit être comblé, au niveau de la conscience, par le mariage de ces opposés polaires.

Au sommet de son développement, la conscience qui s'incarne, identifiée à la persona, est polarisée dans ce que l'on appelle le mental concret inférieur. C'est la zone du corps mental où les idées prennent des formes concrètes en tant que pensées, et où elles sont assemblées en activités planifiées par la persona. C'est avec cette fréquence de matière mentale que l'individu dans le cerveau fonctionne au sommet de son développement évolutif comme être humain.

Sept octaves au-dessus de cette fréquence, au centre de ce qui est défini comme le mental abstrait, l'Âme Spirituelle adombre la conscience qui s'incarne.

Pour établir la correspondance plus élevée, on pourrait noter ici que la conscience Monadique ou Christique trouve son centre adombrant sept octaves au-dessus du centre de l'Âme dans le coeur de ce qui s'appelle le Mental divin.

L'Âme adombrante est reliée à son extension dans les corps (la persona focalisée) par l'intermédiaire d'un fil de conscience dans lequel il n'y a aucune conscience jusqu'à ce que la continuité soit établie. En d'autres termes, le fil de conscience est là, dans un sens occulte, cependant la conscience est latente, inactive entre l'Âme et la persona. Le mental abstrait à travers lequel passe le fil est un vide noir puisque la lumière de la conscience éveillée est nécessaire pour activer toute fréquence de substance mentale.

Au cours d'une période de nombreuses incarnations, la persona focalisée est positive par rapport à l'Âme adombrante, tirant d'elle seulement les énergies nécessaires à son expérience de vie et, puisqu'elle n'a aucun intérêt pour le réservoir de Sagesse détenu par l'Âme, elle ne recherche ni ne reçoit cette Sagesse.

Finalement arrive une incarnation au cours de laquelle la persona a évolué jusqu'à l'étape critique de la pleine auto conscience. À ce point, l'Âme adombrante entonne une nouvelle note. L'Âme devient positive par rapport à la persona et s'intéresse activement à la vie et aux affaires de son extension.

La persona répond à la nouvelle note, elle élève son attention de l'inférieur au supérieur et elle commence à chercher la réponse à l'énigme de son identité. Qui suis-je? Pourquoi est-ce que j'existe? D'où est-ce que je viens? Où vais-je? Par le minuscule fil de conscience dans lequel il n'y a encore aucune conscience, la vibration de l'Âme a atteint sa persona et la persona a répondu. Le vide du mental abstrait doit être franchi. Le voyage occulte le long du sentier de l'initiation a finalement débuté et une quête divine s'ensuit.

L'Âme adombrante sollicite son opposé polaire, la persona focalisée, par son Amour et par sa Sagesse et la persona répond à l'appel par son intelligence. Le fil de conscience commence maintenant à être utilisé parce que, par lui, les opposés polaires peuvent être syntonisés l'un à l'autre et finalement, devenir un.

La persona cherche d'abord en méditation. L'Âme donne des idées de Sagesse, des concepts de vérité, les solutions divines à ses problèmes, et tout cela est transmis à la persona en attente par le fil de conscience qui commence à vibrer avec la Lumière - la Lumière de la Conscience.

Graduellement, la persona élève sa fréquence au premier octave du mental abstrait et, dans cette aire de réalité, elle devient consciemment consciente. Elle réalise cela par l'incorporation, par l'application des idéaux élevés auxquels elle aspirait à sa vie et à ses affaires personnelles. Le premier pas sur le sentier de l'initiation a été fait. Un point de crise a enfin été atteint et la persona doit faire un choix majeur.

Le choix portera sur le sentier de la main droite et de la main gauche, souvent défini, à ce stade, comme le choix de la bifurcation du chemin. Sur le chemin de la personnalité se manifestera une possibilité de réaliser une ambition ou un désir longuement convoité, mais seulement aux dépens d'un principe ou d'un idéal que la personne a cherché et a trouvé. Un choix doit être fait. Le premier test majeur de l'initiation a été précipité à la fois par l'Âme adombrante et par les forces de l'évolution.

Plusieurs ne sont pas prêts à aller plus loin, et ils reviennent sur le chemin de l'expérience pour un autre cycle d'incarnations. Certains, un nombre relativement restreint en comparaison à ceux qui atteignent ce point, saisissent la chance offerte par cette crise de possibilités et ils franchissent la première porte de l'initiation où s'effectuent les tests réels, le véritable entraînement et la véritable construction du pont.

Cet aspect du chemin doit être clarifié parce qu'il est constitué des choix mineurs, apparemment sans importance, que l'on doit faire plusieurs fois, quotidiennement : les pensées que l'on choisit de penser, les sentiments que l'on choisit de rayonner, les mots qu'on choisit pour décrire et exprimer une pensée, les multiples actions que l'on entreprend instant après instant, heure après heure, chaque jour. Cela change l'attitude globale d'une personne envers la vie. Ses attitudes, et par conséquent, sa vie même subissent de profonds changements, et tout cela à cause du fait de porter son attention à ce qui semble mondain.

Tout cela est accompli parce que l'être humain a saisi l'idée de traduire la Sagesse de l'Âme dans la science et dans la connaissance concrète, Sagesse qui est applicable à sa vie et à ses affaires. Il commence à fusionner les aspects abstraits et concrets de son corps mental. Il apprend à penser de façon abstraite dans la forme concrète, remplissant ainsi de lumière, le vide noir qui le sépare de son Âme adombrante, la lumière de la compréhension, de la conscience spirituelle éveillée.

Comment est-ce qu'on pense abstraitement dans la forme concrète? C'est en mettant les principes en pratique. En reliant la vérité à l'expérience, la réalité à la situation extérieure, et en poursuivant la pensée jusqu'à sa précipitation dans l'action.

Quelle est la technique? Elle est simple au point de passer inaperçue. Elle consiste à penser à la vérité avant d'agir, à penser au principe avant la pensée elle-même. C'est cette pause, dans la conscience spirituelle, qui permet la traduction de la Sagesse en connaissance, le passage de la vérité à la technique. C'est la discipline du mental à répondre à la Sagesse de l'Âme, plutôt qu'aux impulsions et aux réactions automatiques de l'aspect forme.

Des techniques appliquées ont été données au cours de ces leçons, mais tout étudiant constatera que ces techniques, en elles-mêmes, ne sont pas suffisantes. L'étudiant est son propre sentier, son propre professeur et son propre ennemi. Bien que l'aide soit toujours disponible, chacun doit trouver son propre chemin. Chacun doit résoudre ses propres problèmes et réaliser son propre salut. Telle est la *loi*.

Par conséquent, quand des étudiants font face à un problème pour lequel aucune solution toute faite n'est disponible, ils peuvent rechercher la Sagesse qui y est reliée par le biais de leur propre alignement vertical, et ensuite, traduire cette Sagesse dans une technique qu'ils peuvent utiliser comme moyen pour l'incorporer spirituellement.

Exemple : Par le passé, j'ai connu un étudiant sincère qui avait constaté que l'orgueil était une problématique majeure dans sa vie. Pendant plusieurs années, il essaya de maîtriser cet aspect de sa personnalité, jusqu'à ce que, finalement, ayant saisi le concept de l'égalité spirituelle, indépendamment du statut, il traduise cette idée dans ce qui était pour lui une technique pratique.

Il se trouva un travail comme concierge dans un chic hôtel qu'il avait autrefois fréquenté comme client, et là, par le dur travail d'entretien et par la douleur de ses muscles, il y fit l'apprentissage de l'humilité. Après plusieurs années de ce régime, cet étudiant comprit son concept de vérité non seulement en théorie, mais également en pratique; par sa simple présence, il le transmit également à tous ceux qui sont entrés en contact avec lui.

Les étudiants doivent alors aller au-delà de la théorie. Leur tâche est de s'éduquer eux-mêmes à mettre de l'ordre dans leur vie, pour ainsi dire. Ainsi, ils purifient leur nature inférieure et ils approchent la deuxième porte de l'initiation. C'est ainsi qu'ils traversent le vide noir, en devenant leur propre lumière.

LEÇON 38

LA DÉVOTION À UN IDÉAL

Un idéal est une forme-pensée qui comporte une idée de perfection

La crise d'évolution de l'humanité

Les forces opposées de lumière et de noirceur

La crise de décision

La relation juste de l'Âme et de la persona

L'idéal focalisé du Christ

*   *   *

« Le Christ réapparaîtra lorsque l'humanité reconnaîtra le Principe Christique
qui habite en chacun. »

C'est dans la nature de la conscience humaine de se consacrer à un idéal et de manifester, à la fois individuellement et collectivement, la représentation extérieure de cet idéal en tant qu'expérience. Son évidence peut être constatée dans le ton général, la vie et les activités de tout individu et de tout groupe incarnés sur la planète. L'idéal peut être soi-disant bon ou mauvais. Il peut être salutaire et humanitaire, ou il peut être destructeur et nuisible dans ses effets sur les autres, mais il est toujours présent comme image causale de ce qui produit l'apparence. Par exemple, un voleur se consacre à un idéal aussi sûrement qu'un philanthrope et dans les deux cas, le mobile de l'impulsion derrière l'idéal peut ne pas différer autant qu'il n'y paraît. Les deux peuvent lutter pour un statut d'importance centré sur soi dans le monde, chacun utilisant l'unique méthode d'accomplissement qu'il connaisse. L'un consacre ses efforts à voler, l'autre à donner, et très souvent, pour une raison similaire.

En devenant adulte, il est très probable qu'un enfant né dans une société de voleurs s'efforcera d'être le plus grand et le plus important d'entre eux. L'idéal de l'individu peut changer si son point de développement évolutif est au-dessus et au-delà de celui de son cercle de frères immédiats, mais cet idéal représentera son idée de la perfection. Ainsi, chaque être humain, indépendamment de ce qu'il manifeste, ne fait qu'exprimer son désir et son besoin naturel de perfection. Il s'efforce d'évoluer au-delà de ce qu'il manifeste présentement.

Un idéal est une forme-pensée qui manifeste l'idée de perfection selon l'interprétation de la conscience impliquée. Une telle forme-pensée exerce une énorme influence sur le mental et sur les émotions de ceux qui l'incarnent. Dans le monde d'aujourd'hui, nous voyons la manifestation de l'influence d'une telle forme-pensée, dans la lutte des nations pour se surpasser les unes les autres socialement, économiquement et scientifiquement. Chacune veut être la première. Chacune veut dominer les actions des autres, avec son idéologie ou avec son mode de vie. Chacune croit profondément, dans sa propre conscience nationale, que si elle peut dominer, commander et régir la vie des autres, elle parviendra à la perfection et elle la démontrera. Dans cette crise majeure dans l'évolution humaine, chacune se consacre à un idéal avec un fanatisme tellement puissant que le monde est maintenu dans un état d'agitation constante.

Une crise évolutive est un intermède cyclique entre le passé et le futur, à l'intérieur duquel la conscience impliquée a la possibilité de choisir le sentier de croissance qu'elle prendra. C'est une pause décisive entre la fin d'une phase particulière de développement évolutif et le début d'une nouvelle.

Aujourd'hui, l'humanité se trouve à ce moment. Notre évolution nous a amenés à un point de concentration égoïque de conscience de soi avec un instrument de créativité bien développé et partiellement intégré. Au cours des cent dernières années environ, nous avons conquis le monde matériel, au moins jusqu'à un certain niveau, et nous avons développé un bien meilleur contrôle mental et émotionnel de notre environnement. Notre mental est vif et capable de comprendre. Notre aspect émotionnel est devenu une force puissante pour le bien ou pour le mal selon la maîtrise que nous en avons, et le réseau éthérique dans lequel nous vivons répond à nos demandes. L'humanité est une unité de conscience de soi, en possession des outils avec lesquels elle peut façonner sa propre destinée. Que sera cette destinée?

Dans l'humanité, deux grandes forces en opposition produisent le conflit qui caractérise notre présente crise de possibilités. Ce sont :

1. Les Forces de Lumière – de l'Âme adombrante, alors que cette Âme cherche la croissance et le développement de l'humanité.

2. Les forces du matérialisme – du soi séparé, alors que chaque soi séparé recherche son profit personnel dans le monde des apparences.

Chaque individu et chaque groupe d'individus doivent choisir entre les deux, le choix fait par chacun déterminera son sentier de développement de plusieurs incarnations futures et même plus. Le choix de la majorité déterminera le sentier que prendra l'humanité au cours des prochains deux mille cinq cents ans. Ce sentier développera-t-il le caractère spirituel de l'humanité ou accentuera-t-il l'aspect forme de notre nature? Dans quelle

direction dirigerons-nous notre point de concentration
de conscience de soi ? Vers la domination de la forme en
tant qu'Âme consciente incarnée ou vers l'emprisonne-
ment dans la forme en tant qu'ego séparé? Quelle est
notre idée de la perfection? De quoi sera constitué l'idéal
que nous poursuivrons?

Ce n'est pas la première fois dans l'histoire de l'humanité, que nous nous retrouvons à cette étape d'évolution et
que nous sommes confrontés à ce choix particulier. À
l'apogée de la civilisation Atlantéenne, l'humanité est
allée d'un interlude cyclique similaire vers le sentier de
l'ego séparé, choisissant le gain matériel au lieu du développement spirituel, provoquant la montée et la chute
d'une civilisation après l'autre, parce que nous (l'humanité) avions construit notre vie et nos affaires sur une
fausse fondation. Nous avons non seulement bloqué et
retardé notre propre développement, divinement planifié, mais nous avons choisi un cul-de-sac qui nous a menés à notre chute des hauteurs que nous avions attein-
tes.

Aujourd'hui, l'humanité est de nouveau mise à l'épreu-
ve. Avons-nous appris la leçon de ces échecs douloureux
que nous avons nous-mêmes créés par notre égoïsme?
Nous connaîtrons la réponse à cette question au cours
du vingt-et-unième siècle, parce que la décision sera prise à la fin du vingtième siècle.

Chaque individu, par sa propre décision, contribue à la
décision de l'ensemble de l'humanité. Ainsi, chacun est
interpellé quotidiennement à choisir entre le développement spirituel et le gain personnel. Le monde extérieur des activités reflète les choix intérieurs qui sont
faits et le conflit paraît être la note de l'époque.

Dans le monde, il y a ceux qui comprennent, ne fût-ce
qu'en partie, les véritables problèmes impliqués dans le
conflit actuel entre les énergies et les forces. Ils savent

que les problèmes ne sont pas toujours ce qu'ils semblent être, qu'ils ont affaire à l'opposition entre l'Esprit
ou la Volonté divine et l'aspect forme, parce que cet aspect a été imprimé sur la substance par l'humanité, au
cours de l'évolution. Ils se rendent compte qu'aucun individu, aucun groupe ou aucune nation n'a totalement
raison ou totalement tort, mais que le vrai conflit vient
du point de concentration des deux à l'intérieur de toute
vie organisée. L'équilibre extérieur du pouvoir doit être
maintenu pour permettre au conflit de se manifester à
l'intérieur de toute vie organisée jusqu'à ce que cette vie,
d'une manière ou d'une autre, trouve une solution et ré-
solve son conflit. L'équilibre extérieur du pouvoir pré-
serve simplement le champ de bataille afin que chaque
être humain, chaque groupe d'êtres humains, et chaque
nation soit libre de livrer son propre combat et de faire
ses propres choix, à l'intérieur de ses propres limites
karmiques.

La lutte extérieure, au sens mondial, avec ses pertes et
ses gains apparents reflète simplement les problèmes
intérieurs de l'humanité durant cette crise de possibilités.

Nous devons comprendre qu'une bonne partie de ce qui,
aujourd'hui, fait opposition au progrès planifié de l'humanité faisait partie de la croissance et du développement évolutif de l'époque que nous venons de terminer.
Afin de développer chez les êtres humains un point focalisé de conscience de soi, il était nécessaire qu'ils tour-
nent leur attention vers eux-mêmes en tant qu'egos séparés. Les humains devaient penser en fonction de leur
avantage personnel afin de construire les outils grâce
auxquels ils pouvaient créer des formes à partir de la
substance intelligente. Ils se devaient d'être égoïstes,
d'incarner l'ambition et le désir, sinon, ils n'auraient
jamais fait évoluer leur conscience de soi pour qu'elle
devienne le puissant point de concentration qu'est la
persona maintenant.

Ne sous-estimez pas l'importance de la persona dans sa véritable relation à l'Âme. C'est le moyen par lequel l'Âme adombrante :

1. Entre en contact, dans le corps planétaire, avec les trois fréquences inférieures de la matière vibrante, l'éthérique physique, l'astral-émotionnel et le mental.

2. Apprend les caractéristiques et la nature de ces fréquences.

3. Et finalement, par la maîtrise des formes créées dans les trois fréquences de la matière, elle les élève à un taux vibratoire plus élevé, aidant ainsi le Logos Planétaire dans Son évolution.

Non seulement l'Âme évolue-t-elle par la persona, mais lorsque cette persona est raffinée, correctement accordée, et dédiée, elle est l'instrument par lequel l'Âme sert le Plan divin.

Nous voyons maintenant la persona au point culminant de son développement comme ego séparé. Elle a atteint le point où elle peut, enfin, être vraiment utile à l'Âme. Elle peut commencer à accomplir le dessein pour lequel elle a été créée. Elle peut maintenant exercer sa fonction, mais tout d'abord, l'Âme a une dernière tâche majeure en lien avec elle. Elle doit assujettir cette extension d'elle-même identifiée à l'ego dans la persona, à sa propre volonté supérieure et finalement, se fusionner à elle.

En réalité, la persona n'est qu'un agrégat d'énergies et de forces auxquelles s'est identifiée la conscience qui s'incarne. Elle a été temporairement dotée d'un aspect volonté-désir afin de la développer en un instrument adéquat. En d'autres termes, on a permis à la conscience qui s'incarne d'imprimer sur la persona certaines attractions et certaines répulsions, certains désirs et certaines ambitions. Cependant, maintenant que la persona est achevée et que l'Âme adombrante a appris tout ce qu'elle avait besoin de savoir sur son aspect substance, cet aspect volonté-désir est retiré de la persona et retourne à la conscience elle-même.

Ceci constitue le point critique de l'évolution humaine, la bataille entre la persona et l'Âme adombrante. C'est comme si la Réalité et Sa forme d'apparence luttaient pour le contrôle de la conscience immanente.

Ainsi, nous voyons que ce qui, dans le passé, faisait partie de l'Ordre divin du développement est maintenant devenu désuet. Ce n'est plus la voie supérieure. La Fraternité, fondée sur la bonne volonté, l'amour et le sacrifice ou le service, est devenue l'Ordre divin de notre époque. Si l'humanité veut corriger les erreurs de l'Atlantide, ces qualités doivent supplanter l'ambition personnelle ou familiale, la sympathie, la loyauté et le patriotisme mal orientés, etc. Cela n'est pas du tout facile dans un monde où les vrais enjeux sont cachés comme ils le sont maintenant. Si nous voulons éviter un autre désastre, l'émotivité doit céder la place, individuellement et collectivement, à une compréhension mentale du Plan divin pour l'humanité.

Les idéaux de la persona doivent être échangés contre les idéaux de l'Âme. Ces derniers peuvent être résumés dans une vision : l'Idéal concentré du Christ.

C'est un idéal que l'humanité n'a pas à créer, parce qu'il a déjà été créé dans le Mental divin et qu'il a été imprégné sur la substance comme le but vers lequel toute l'évolution se dirige.

Dans différentes leçons de cette présentation de cette forme-pensée de la Sagesse Ancienne, nous avons énoncé à plusieurs reprises que la conscience était née de l'interaction entre l'Esprit et la matière ou la Volonté et l'Intelligence. Regardons maintenant en quoi consiste cette interaction essentielle.

C'est une énergie triple que nous définissons, par manque d'une meilleure terminologie, comme l'essence de Dieu. C'est l'énergie du Dessein, de la Qualité et de l'Activité, qui ensemble, manifestent tout ce qui est.

Par Amour, l'Esprit imprègne la matière de Lui-même (la Volonté de Dieu, ou en essence, le potentiel Christique), et Il produit dans la matière une activité de construction de la forme. Dès le début, cette activité est dirigée vers la construction d'un véhicule ultime d'incarnation (le corps du Christ). L'Âme née de cette interaction est, en essence, le principe immanent du Christ. Ce principe immanent, qui est à la fois la conscience et la substance même de ces corps, assure et guide le développement évolutif de l'humanité afin qu'elle atteigne éventuellement sa destinée divine. Le libre arbitre de l'humanité nous permet seulement de choisir la manière dont nous évoluerons (par la douleur et la perte, ou par la joie et la compréhension), mais nous devons évoluer, et éventuellement, manifester l'expression du Christ.

Jésus est apparu dans le monde des activités comme un annonciateur de l'événement à venir dans la conscience de l'humanité. Il représentait non seulement ce qu'est en réalité chaque être humain, mais le sentier évolutif même de l'initiation, la voie par laquelle l'humanité devient consciemment, dans le monde de l'apparence, ce qu'elle est en réalité. Il a démontré, à partir de la naissance et de la mort d'une persona, jusqu'à la réapparition (résurrection) du Christ, le Plan divin pour l'humanité, au cours de l'âge à venir. La vraie signification de Sa victoire sur la mort, qui était en fait la réapparition du Christ après le sacrifice final du soi séparé, a été perdue parce que l'on s'est concentré sur la forme qu'a pris l'événement dans la substance. Cette apothéose de l'histoire du Christ est sa leçon de vérité la plus importante, la destinée divine de l'humanité.

Nous voyons alors que l'idéal focalisé du Christ est la réalisation, dans la conscience, du Principe Christique immanent en chaque être humain. Une fois que ceci a été saisi et compris comme une réalité, l'individu ordinaire devient un disciple consacré à servir ce Plan pour ses frères. Il voit ce Principe immanent en toute circonstance, indépendamment des apparences et des conditions extérieures, et en se concentrant et en méditant sur Lui, il aide Son développement jusqu'à sa Réapparition finale comme Maître de l'aspect forme.

Comme devoir, veuillez établir un rapport entre ce concept, la Réalité adombrante, et votre vie et vos activités, traduisant sa Sagesse en connaissance concrète et scientifique, sous la forme d'une technique que vous pouvez appliquer au service du Plan. Transmettez la technique par écrit à votre professeur avant d'entreprendre la prochaine leçon.

La Pensée Créatrice

LEÇON 39

LA SEPTIÈME LOI

Les trois types majeurs d'entraînement disciplinaire

L'entraînement disciplinaire imposé par l'Âme

Le type de persona est déterminé par l'Âme

Servir la Vie Une par le développement spirituel

Le système de contrôles et de compensations

Établir une méditation matinale régulière

Discipliner le mental

La réflexion de la soirée

*   *   *

« Par la mise en oeuvre d'une activité planifiée
de développement, l'humanité peut coopérer
avec la Loi de l'Évolution pour atteindre un but désiré
de développement spirituel. »

Notre Logos Planétaire occupe une place unique dans le
plan cosmique systémique, parce que c'est Lui Qui fournit le terrain d'entraînement des vies qui sont en dis-
harmonie avec l'ordre cosmique. Celles qui sont volon-
taires et intentionnelles, mais qui prennent le sentier de
l'opposition, celles qui sont retardataires dans un schème d'évolution, de même que celles qui, à cause de mauvaises interprétations sérieuses, sont responsables
d'échecs majeurs, trouvent leur route vers cette planète.
Elles constituent notre humanité. Nous sommes ici, tous
et chacun d'entre-nous, pour reconstruire une relation

harmonieuse entre notre nature intérieure et la Vie Une et à l'intérieur de la Vie Une. Même ceux qui viennent de l'extérieur de ce système pour servir ici, au prix d'un grand sacrifice, le font par nécessité karmique, une relation karmique avec notre Logos.

En coopération avec Saturne et avec Sirius, notre Logos Planétaire équilibre un certain aspect du karma cosmique.

Ainsi, nous avons un aperçu du dessein planétaire et de notre lien avec lui. Cela nous permet également de comprendre plus clairement la signification sous-jacente des expériences de souffrance et de perte, qui sont si caractéristiques ici, parce que toute vie sur la planète est, en fait, un entraînement disciplinaire. Cet entraînement comprend trois catégories principales :

1. Ce que le Logos Planétaire impose.

2. Ce que l'Âme impose.

3. Ce que l'on s'impose soi-même.

Le fait que toute vie doit servir de sa propre vie est une partie de l'entraînement disciplinaire imposé par le Logos. Chaque règne de la nature et chaque vie dans chaque règne est soumis à cette loi. Du minéral à l'Âme consciente, chaque vie organisée devient la nourriture, le breuvage ou la demeure, c'est-à-dire le moyen de subsistance pour ce qui est plus élevé et elle est, en vérité, sacrifiée par l'évolution afin que le plus élevé puisse vivre et trouver son expression sur terre.

Les divisions de l'humanité en différentes races, les invasions des maladies dans les divers règnes, les accès violents de la nature résultant en désastres, ces manifestations tout comme beaucoup d'autres font partie de l'entraînement disciplinaire imposé à la vie de la planète par le Logos lui-même. Cette vie est graduellement nettoyée et purifiée par l'expérience de vivre et de travailler dans ces différentes conditions. Elle est trempée (tel l'acier), pour ainsi dire, pour supporter le développement du processus évolutif.

Sans ce genre de trempe, le développement serait un processus dangereux, parce que la connaissance, pour qu'elle serve le bien de la Vie Une, doit être mariée à la sagesse. On pourrait dire que la science sans une philosophie idéaliste et créatrice est un danger, non seulement pour l'humanité, mais pour toute vie à l'intérieur de notre sphère d'influence. Si ce n'était de la protection de certains Êtres cosmiques et de la Loi cosmique, ce développement pourrait être une menace à l'évolution elle-même, parce que c'est le coeur et non le mental, qui établit et qui maintient la relation de l'humanité avec Dieu. Alors que la tête doit gérer les émotions et le corps, le coeur véritable de l'être doit maîtriser la tête.

Le développement juste est alors une expansion équilibrée de la conscience et une incarnation équilibrée de cette expansion. Il doit inclure à la fois la théorie et l'application concrète agissant à partir de la Vérité adombrante jusqu'à sa relation spécifique à la vie dans le temps et dans l'espace. Le principe est saisi et compris par le mental comme concept. Il doit alors être appliqué à la vie et aux activités quotidiennes avant qu'il puisse être accepté comme réel. L'idéal doit devenir une expérience tangible.

L'entraînement disciplinaire que l'Âme impose est de deux types :

1. L'imposition sur la persona et sur son environnement des qualités, des caractéristiques et des conditions les plus favorables au développement de la conscience qui s'incarne, et ce, à tout instant.

2. L'application, par l'Âme adombrante, de la loi du

333

karma à sa personnalité, dans les trois mondes inférieurs.

Le type d'environnement dans lequel naît la conscience qui s'incarne est déterminé par l'Âme adombrante en fonction des nécessités karmiques de la vie présente, du développement spécifique désiré et du point de développement évolutif déjà atteint. On devrait se rappeler que toute incarnation de la conscience inférieure est effectivement une activité planifiée par l'Âme dans la mesure où sa croissance, son développement et, éventuellement, son service sont concernés. Par conséquent, l'Âme adombrante détermine, selon son Plan, les conditions dans lesquelles doit naître la conscience qui s'incarne. Il n'y a pas d'accidents par rapport à la naissance ou à la mort.

Le type particulier de la persona elle-même est déterminé par l'Âme adombrante. Ses qualités et ses caractéristiques, ses tendances et ses talents sont tous incorporés dans la persona par l'Âme adombrante comme faisant partie de l'entraînement disciplinaire imposé à la conscience qui s'incarne.

Par exemple, au cours d'une vie, une personne pourrait avoir été gratifiée d'une personnalité attrayante et plaisante qui aurait amené le développement d'un sentiment de supériorité par rapport aux autres. Même si l'entraînement de cette personne était tel qu'elle n'a pas exprimé ouvertement une attitude de séparation, néanmoins, celle-ci aurait pris racine dans son subconscient et, si elle n'a pas été contrecarrée, elle aurait pris de la force, jusqu'à ce que, dans une certaine vie, elle ait pu se manifester comme un réel blocage à un plus grand développement dans la direction désirée. Pour contrer une telle possibilité, lors de sa prochaine vie, l'Âme donnerait très probablement à l'individu une personnalité déplaisante, exagérant en même temps son sentiment de supériorité par une vanité injustifiable. Comme les gens seraient alors repoussés par une telle attitude, l'être humain dans le cerveau apprendrait inconsciemment, par l'expérience, l'erreur d'une telle attitude dans sa relation avec les autres. Et, à un niveau plus profond du subconscient, cette personne apprendrait une vérité plus subtile : l'apparence extérieure n'est pas la réalité, les choses ne sont pas toujours ce qu'elles semblent être, on ne peut pas fonder son évaluation uniquement sur la forme.

C'est l'un des moyens habituels utilisés par l'Âme adombrante pour détourner le début d'un développement indésirable vers un développement plus souhaitable.

Toute incarnation ou série d'incarnations est planifiée par l'Âme à partir de sa propre perspective pour un dessein majeur : que le plan d'évolution de la Vie Une soit servi par la croissance et le développement spirituel de la conscience qui s'incarne.

Un autre exemple peut être donné ici d'une expérience commune dans le développement de plusieurs.

Jean-Didier est né dans une famille riche et il a eu toutes les chances qu'ait pu fournir le meilleur environnement pour développer son potentiel en vue d'un réel service à l'humanité. Il est non seulement doté des aptitudes et des talents nécessaires pour apporter une contribution majeure au monde dans lequel il vit, mais la voie lui est rendue facile par les circonstances extérieures.

Cependant, cet homme, comme beaucoup de ses frères, n'a pas appris à faire bon usage de ce qu'il a. Il ne profite pas de la chance qu'il a, et au lieu de cela, il se tourne vers le plaisir. Il comble les désirs sensuels de sa personnalité et il laisse son karma favorable lui échapper, sans avoir donné ou retiré de bien spirituel de celui-ci.

Dans sa prochaine incarnation, il naîtra dans la situation inverse. Sans les avantages matériels de sa vie passée, il possédera les mêmes talents, de même que le désir de réussir ou de servir (selon son point de développement évolutif) qui sera stimulé en une flamme ardente par la concentration de son Âme adombrante. L'Âme imposera les disciplines nécessaires à cette conscience, en faisant en sorte que chaque pas minuscule de croissance, de développement et de succès ne soit accompli qu'au prix d'énormes difficultés. Telle sera sa vie ou ses vies jusqu'à ce qu'il atteigne le point de développement ou de service qui lui était possible lors de son incarnation favorable.

Dans le cycle actuel, cette condition est particulièrement fréquente chez plusieurs des personnes les plus développées dans le monde. Elles viennent en incarnation douées de nombre de talents et d'une intelligence supérieure, et pourtant, les circonstances dans lesquelles elles sont nées et qu'elles doivent vivre présentent obstacle après obstacle à la contribution qu'elles voudraient apporter. Nombre de disciples sont continuellement entravés dans leurs activités de service par des circonstances et par des conditions similaires. Leur motivation, leur engagement et leur capacité intérieure de servir dans leur domaine d'expertise ne peuvent pas être remis en cause, mais l'indifférence, le gaspillage et les abus du passé refont surface maintenant pour les faire échouer.

La réponse à ce problème est la discipline : s'imposer un entraînement disciplinaire jusqu'à ce que les leçons du passé aient été équilibrées et compensées.

Ainsi, nous voyons que les cycles de possibilités sont déterminés par l'Âme adombrante en fonction du point d'évolution de la conscience qui s'incarne et des disciplines nécessaires pour que l'évolution s'effectue dans la bonne direction. Un être humain peut avoir emmagasiné une bonne réserve de karma favorable que l'Âme ne précipite pas comme possibilité jusqu'à ce qu'un certain niveau de développement soit atteint. D'une part, une possibilité peut être précipitée avant que l'être humain dans le cerveau soit susceptible d'en faire bon usage, afin de réorienter l'évolution de cette personne d'un sentier vers un autre sentier plus souhaitable. Dans un tel cas, l'Âme sait que rien ne sera gagné par cette chance, sinon plusieurs incarnations d'entraînement disciplinaire sévère, cette expérience prévenant néanmoins un développement incorrect comme une haine croissante envers ceux qui ont de la richesse, une position ou un statut, suite à plusieurs vies passées dans la pauvreté et dans l'oppression. Le fait d'acquérir et de faire l'expérience de ce que l'on convoite tend à changer le registre émotionnel.

Ainsi, l'Âme adombrante utilise un système de contrôles et de compensations pour guider l'évolution de son soi inférieur jusqu'à ce qu'il connaisse les lois supérieures et qu'il puisse commencer à travailler avec elles. Tôt ou tard, l'être humain dans le cerveau s'éveille aux réalités spirituelles de la vie, sa conscience est progressivement illuminée par la lumière de la vérité et le pouvoir de cette vérité commence à se faire sentir dans sa vie et dans ses activités. Il commence alors à saisir le concept et la Loi du Développement mis en œuvre par soi-même. À partir de ce moment-là, indépendamment de la lenteur avec laquelle sa vie et ses activités extérieures semblent changer, il vit dans une réalité différente. Sa conscience est transformée et pour lui, rien ne sera plus jamais pareil. On pourrait dire que c'est le moment où commence réellement le grand changement de polarité, de l'identification à la persona à l'identification à l'Âme. Bien que ces êtres humains ne se rendent pas pleinement compte qu'ils sont une Âme, ils ont eu un aperçu de la conscience plus élevée, ils ont saisi le concept du développement mis en œuvre par soi-même, et ils se sont inconsciemment identifiés à Elle. Ainsi, ils ont littéralement frappé à la porte de l'initiation, orientant leurs pas vers un sentier nouveau et différent où l'expérience est créée consciemment avec un but défini à l'esprit.

Cette septième loi que nous avons exposée de nouveau au début de la leçon, insuffle un nouveau rythme dans la vie et dans les activités de l'être humain qui en fait usage. L'initiation est l'imposition d'un nouveau rythme sur un vieux rythme. C'est la transformation de la forme pour amener une nouvelle expression de la conscience, dans ce cas, l'expression d'un certain degré de conscience de l'Âme.

Ce degré qui est en fait l'initiation particulière à laquelle postule l'être humain, et qui indique son point de développement évolutif est déterminé par sa connaissance de la vérité, sa fréquence spirituelle et la clarté avec laquelle il est capable de formuler cette vérité en un but de croissance et de développement spirituels.

La vérité à laquelle aspirent les êtres humains est tout d'abord la vérité de leur propre être. Elle est constituée des réalités spirituelles adombrantes qui sont les opposés polaires des notes discordantes à l'intérieur de leur nature inférieure. Ils doivent en venir à se connaître eux-mêmes, autant pour ce qui est en haut que pour ce qui est en bas. Il n'est pas suffisant de chercher le bon, le vrai et le beau. Nous devons également porter notre regard vers le bas, dans la sphère du subconscient et des motivations inconscientes, pour découvrir ce qui fait obstacle à la manifestation du plan de l'Âme. Pour chaque évaluation erronée et pour chaque réponse négative dans le monde de la persona, il existe une Vérité adombrante, dans le monde de l'Âme, qui constitue le chemin de l'initiation ou du retour pour l'être humain dans le cerveau. Cela constitue son but, sa loi et son chemin.

Alors, nous pouvons voir que les vrais aspirants cherchent à l'intérieur d'eux-mêmes ce qui se trouve au-dessus et en-dessous du seuil de leur conscience et qu'ils formulent leur objectif de croissance et de développement spirituels à partir de ce qu'ils découvrent dans ces deux moitiés de leur sphère de conscience. Là où ils découvrent du ressentiment, ils construisent une réponse aimante comme but; là où ils découvrent un désir de gain personnel, de sensations, etc., ils construisent la volonté-de-bien, l'aspiration vers le Plan, etc. Ainsi, ils formulent leur but à partir de la Vérité qu'ils découvrent à l'intérieur d'eux-mêmes.

Après avoir formulé le but, ils entreprennent de créer l'expérience qui produira la croissance intérieure nécessaire à sa réalisation. Ils coopèrent avec la loi de l'évolution sur cette planète, en s'imposant les disciplines pour créer un nouveau rythme dans leur vie et dans leurs activités.

Premièrement, ils établissent chaque jour une période régulière de méditation matinale au cours de laquelle ils contemplent leur but, facette par facette, amenant une compréhension plus claire des concepts supérieurs à partir desquels ils l'ont façonné. De cette manière, ils s'approprient et introduisent l'énergie de ces concepts dans leur instrument afin de pouvoir incarner ces derniers par leurs actions, au cours de la journée.

Deuxièmement, ils disciplinent leur mental à penser aux pensées qu'ils sélectionnent pour lui; ils disciplinent leurs émotions pour qu'elles aient les réponses qu'ils dictent; ils disciplinent les actions de leur corps physique pour qu'elles servent les besoins de leur Âme plutôt que ceux de leur persona.

Troisièmement, ils établissent une période régulière chaque jour pour une réflexion en soirée, au cours de laquelle ils passent en revue les événements de la journée, identifiant où ils ont réussi - et où ils ont échoué - pour réaliser le programme disciplinaire qu'ils ont créé. De cette manière, ils glanent à tout instant, toute la compréhension possible de leur nature inférieure et de leur sentier.

Un tel programme rythmique d'activités planifiées amènera les expériences nécessaires à la réalisation du développement désiré. Un tel développement ne se fera pas du jour au lendemain, mais il se produira naturellement et régulièrement si ces aspirants sont persistants et honnêtes dans son application. C'est une loi qui fonctionnera pour tout homme ou pour toute femme, si elle est appliquée sincèrement, indépendamment du point d'évolution actuel ou des circonstances extérieures impliquées.

LEÇON 40

L'ÂME CONSCIENTE INCARNÉE

L'âme humaine

Le champ magnétique de conscience entre l'Esprit et la matière

La Vérité Universelle

Les deux besoins de base de l'Âme en évolution : La créativité et servir de l'humanité

Il n'existe pas de raccourcis

Les disciples acceptés sont à la fois inspirés et inspirants

*   *   *

Nous avons dit précédemment que l'Âme est conscience, le champ magnétique de conscience entre l'Esprit et la matière. Cette conscience est la conscience d'Être, degré par degré, jusqu'à ce que l'ensemble du champ, entre l'Esprit et la matière, qui a la capacité d'avoir une telle conscience, se reconnaisse lui-même comme cette conscience d'être. Au début, nous ne sommes pas beaucoup plus que l'animal, ayant un très bas niveau de conscience de nous-mêmes. Nous avons seulement la capacité de nous identifier, et cette première identification est à la forme. À mesure que notre conscience s'élargit vers l'intérieur et vers le haut, de la matière et des formes créées à partir d'elle vers l'Esprit, nous étendons notre identification d'une forme à de multiples formes et ainsi, nous devenons une espèce, un membre de la famille humaine. Nous définissons ce niveau de conscience comme celui de l'âme humaine. Une personne sait que son soi est un être humain, un parmi plusieurs.

L'âme humaine est typiquement égoïste, parce que sa conscience est davantage celle du soi, séparé par sa forme de toutes les autres vies, que celle de la Vie Une dont elle n'est qu'une expression. Elle manifeste cet égoïsme de plusieurs manières qui, pour elle, sont toutes normales et naturelles et qui constituent son chemin de développement évolutif. L'âme humaine est naturellement possessive à la fois des choses et des personnes. Elle désire naturellement son propre bien ou gain et celui de ses proches, avant celui de ses semblables, parce que son identification et, par conséquent, sa conscience sont celles du soi séparé. Cette conscience de séparation génère l'ensemble des émotions bonnes ou mauvaises vécues par l'âme humaine et, par conséquent, elle se manifeste par les nombreux conflits qui caractérisent jusqu'à maintenant le monde des affaires dans le processus évolutif de la planète.

La conscience évolue cependant au-delà de ce point de développement jusqu'à devenir consciente d'Être elle-même. Elle devient consciente d'elle-même en tant que conscience (Âme) qui réside à l'intérieur et derrière la forme dans le monde subjectif de la réalité. Le terme réalité est utilisé pour définir cette aire de causalité qui produit l'apparence de la forme. Le champ magnétique de conscience entre l'Esprit et la matière, que la conscience ou l'Âme habite, est, en fait, la cause de l'apparence des choses telles qu'elles sont. Cette aire relie l'Esprit et la matière de manière à amener les deux polarités sous l'apparence d'une forme. Lorsque nous parlons de ce champ de conscience, nous nous référons à ce champ magnétique entre l'Esprit et la matière à l'intérieur duquel la conscience est possible. Toutes les vérités, toutes les idées, tous les concepts, toutes les expressions potentielles, etc. sont ici préexistants à la forme et à la conscience, lorsque les deux polarités de l'Esprit et de la matière se relient à différentes fréquences. À mesure que la conscience qui est née dans la matière entre dans ce champ magnétique de conscience ou évolue par lui, elle donne Vie et Âme à la réalité subjective qui s'y trouve, entraînant cette réalité dont elle est devenue consciente à prendre une apparence.

À partir de ce qui précède, nous pouvons voir que l'évolution avance à mesure que la conscience qui s'incarne répond à la réalité adombrante et au reflet extérieur (sa propre expérience dans le monde de la forme) de la réalité qu'elle est déjà devenue. Les étudiants méditent parce que, ce faisant, il leur devient possible de retirer leur conscience vers l'intérieur et de la focaliser vers le haut, devenant ainsi conscients de ce qui les adombre immédiatement, dans le champ magnétique de conscience entre l'Esprit et la matière. Ils deviennent ce qu'ils connaissent à mesure qu'ils l'incarnent (lui donnent forme) et qu'ils le reflètent extérieurement comme expérience dans le temps et dans l'espace. Quand les étudiants peuvent apprendre à faire cela en sachant ce qu'ils font, ils peuvent résoudre n'importe quel problème par la méditation, en résolvant la condition ou la situation qui se manifeste, à partir de sa réalité essentielle. Naturellement, cela ne veut pas dire qu'ils apprécieront toujours la solution évidente, mais elle est là, attendant qu'ils la reconnaissent, dans l'aire subjective de la réalité.

L'Âme Consciente Incarnée dans le cerveau est de nature aussi différente de l'âme humaine que l'humanité diffère de l'animal. Son identification est à la conscience plutôt qu'à la forme, et elle ne s'identifie pas à la forme, alors que l'âme humaine est focalisée dans un cerveau physique et fonctionne à travers lui. L'Âme Consciente Incarnée est consciente d'Être; sa conscience est identifiée au champ magnétique de conscience derrière la forme, selon le niveau de développement permis par son évolution, de sorte qu'à ce même niveau, elle est consciemment causale de la forme, c'est-à-dire causale, par rapport à son corps et à son environnement. Ainsi, l'Âme Consciente Incarnée, en tant que conscience, est consciente d'être la cause de sa propre expérience. Elle incarne cette réalité adombrante dont elle souhaite faire l'expérience extérieurement dans sa vie et dans ses affaires. Si elle souhaite faire l'expérience de l'amour, elle incarne la réalité essentielle de l'Amour et elle la reflète dans la substance de son propre monde.

Parce qu'elle s'est centrée sur la réalité de l'Âme, elle ne s'identifie pas comme un être séparé, mais comme l'Être lui-même. Elle sait que le soi est un point concentré de conscience, dans une conscience d'Être beaucoup plus vaste et, de ce fait, une expression de la Vie Une. Dans cette Vie Une, elle est reliée à toutes Ses parties, et de par sa nature même, elle ne peut pas agir d'une manière contraire au dessein Un qui gouverne et qui maintient ces parties ensemble, dans une relation divine. Elle ne peut simplement pas être égoïste parce que sa nature est désintéressée.

Les êtres humains qui deviennent conscients de l'Âme partagent la nature de l'Âme spirituelle, selon le degré de conscience qu'ils en ont, de sorte que la nature divine est toujours en évolution en eux.

Pour beaucoup d'étudiants, le concept même de la conscience de l'Âme est difficile parce que son développement est apparemment lent et, à ses débuts, à bien des égards, sa présence est subtile et difficile à discerner. Beaucoup d'étudiants diront : « Si nous pouvions seulement séparer l'Âme Spirituelle de l'âme humaine et dire de façon claire : 'voici l'une et voilà l'autre' ... »

Cela peut être fait par celui qui a atteint l'identification à l'Âme. Un tel individu reconnaît la différence d'une manière instantanée et certaine, mais il est presque impossible de transférer ce savoir à l'individu encore centré sur la forme de l'apparence et identifié à elle.

Si la motivation consciente de servir le mieux-être de l'humanité est présente dans le cerveau d'un être humain, indépendamment de l'effet sur lui, au même degré, cet être humain est conscient de l'Âme, même s'il ne le réalise pas encore. L'âme humaine ne peut pas vraiment désirer servir le bien de l'ensemble, car elle est identifiée au soi séparé et qu'elle ne peut être motivée que par cette identification séparée. Tout ce que fait l'âme humaine, elle le fait pour elle-même.

Beaucoup d'hommes et de femmes dans le monde ont sacrifié le bien apparent de leur personne pour le bien de l'ensemble et bien d'autres le feront. Vous noterez le terme utilisé qui indique l'ensemble de l'humanité et non pas une partie de celle-ci. Il est certain que la plupart des personnes, dans des circonstances favorables, vont se sacrifier pour leur épouse, leur mari, leur fils, leur fille, etc., mais nous parlons ici du service à l'humanité comme un tout.

Cette motivation est suscitée par l'Âme Spirituelle adombrante, et c'est la première indication de la conscience de l'Âme en évolution dans la persona. Certains l'appellent la volonté-de-bien, d'autres, l'amour de l'humanité, d'autres encore la définissent comme l'état de disciple en probation.

En plus de cette motivation, tout concept de Vérité universelle auquel les êtres humains peuvent aspirer fait partie de la réalité adombrante de leur être le plus élevé. Une Vérité universelle est cette vérité qui s'applique à tous également, indépendamment de leur race, de leur foi, de leur couleur ou de leur statut dans la vie. Par exemple, le concept d'aimer son frère s'applique de la même manière à toute l'humanité. Le concept de présenter l'autre joue n'est pas désuet lorsqu'il existe une raison apparemment justifiable pour la violence. Il y a des vérités et des lois derrière ces concepts qui font partie de la conscience de l'Âme Spirituelle et jusqu'à ce que l'humanité en arrive à les comprendre et à les incorporer, nous ne pourrons pas connaître la paix. La violence est un cercle vicieux qui ne peut être brisé que par l'acceptation par l'humanité du karma généré par la violence passée, dans une attitude d'amour de la paix. Ainsi, la paix devient une cause plutôt qu'un effet que l'on recherche. Pour l'âme humaine, il est difficile de même concevoir une telle attitude.

Lorsqu'un tel concept de vérité est compris à un niveau où il illumine le mental de sa Lumière, il cause une réévaluation spirituelle de ce que les personnes pensent savoir; à ce même niveau, elles sont en contact avec leur Âme Spirituelle adombrante. Lorsque ce concept de vérité, constitue la base fondamentale de la réponse des êtres humains à leur expérience, à ce même niveau ils l'ont intégré et ils sont devenus l'Âme Spirituelle. Lorsque des individus sont capables de répondre et qu'ils répondent naturellement à toute situation, à toute personne ou à tout groupe de personnes avec un amour qui ne cherche rien en retour, ils sont l'Âme Consciente Incarnée.

Tous les étudiants devraient s'arrêter de façon régulière pour découvrir en quoi leur conscience est passée des limites étroites de leur personnalité à la réalité de leur Âme Spirituelle. Chacun s'efforce par la méditation et par l'activité intelligente de s'identifier à son Âme. Parce qu'une telle identification amène vraiment une évolution de la conscience de l'Âme, cela faciliterait le processus si les étudiants pouvaient apprendre à rechercher et à reconnaître le niveau d'Âme qu'ils ont atteint en tant que point focalisé incarné de l'Être, ce niveau d'Âme toujours en évolution et en expansion qu'est devenu l'être humain dans le cerveau.

Quel que soit le niveau de motivation juste que vous possédiez et quelle que soit la vérité ou les vérités que vous avez réellement incorporée(s), c'est à ce même niveau que vous êtes une Âme Consciente Incarnée.

La conscience de l'Âme en évolution à l'intérieur de la persona plus ou moins intégrée a deux besoins fondamentaux qui, une fois comblés, facilitent son évolution et stabilisent l'expression de son point actuel de développement. Ce sont :

1. Le besoin d'être créateur.

2. Le besoin de servir l'humanité.

L'Âme Spirituelle est essentiellement créatrice. Lorsqu'elle vient en incarnation, elle a besoin d'activités créatrices afin de poursuivre son propre développement spirituel, tout comme le jeune enfant a besoin d'activités physiques pour effectuer sa croissance physique.

Parce que l'Âme Spirituelle est naturellement identifiée à la Vie Une, elle évolue plus rapidement et plus facilement en servant cet aspect de la Vie Une dans laquelle elle est focalisée. Tout comme un être humain a besoin de manger et de boire, elle a besoin de servir l'humanité.

Ces deux besoins peuvent être intégrés en un seul et être satisfaits par une même activité appelée le service créateur qui constitue en fait le sentier du discipulat.

Nous définissons la créativité comme l'activité qui produit un véhicule adéquat de la Vérité, ou de son expression pure. Indépendamment du type de véhicule produit, que ce soit un livre, une peinture, une symphonie, un appareil électrique, une maison ou un mot, s'il transmet adéquatement une Vérité, son expression est pure et alors, c'est un chef d'oeuvre de créativité. L'étudiant qui s'efforce de devenir conscient de l'Âme par la méditation et par l'activité intelligente utilise ces deux méthodes pour créer des véhicules de Vérité qui, par la pureté de leur expression, serviront la croissance et le développement de la conscience humaine. Ainsi, il donne à son Âme Spirituelle adombrante une possibilité de s'incarner et, en même temps, il stabilise le niveau d'Âme qui s'est déjà ancré dans son cerveau, avec Laquelle il est en train de fusionner.

Évidemment, les premiers véhicules dont les étudiants se préoccupent sont leurs propres corps et leur environnement. Leurs corps et leur persona sont recréés à l'image de leur idéal (leur vision et leur compréhension de leur Âme) et leur environnement est recréé comme un temple de cet idéal, rendant ainsi visible à leurs proches l'influence ou la vérité de l'Âme Spirituelle. Ils recréent ces formes en instruments du Plan divin ou de développement pour l'humanité, et de cette façon, ils entament le service créateur qui est le sentier du discipulat.

Ils apprennent à faire cela par la discipline. Afin de changer l'apparence des choses, ils doivent discipliner leur instrument pour qu'il exprime la réalité qu'ils connaissent. Ils recréent leurs pensées, leurs sentiments, leurs mots et leurs actions en de pures expressions de leur Âme Spirituelle adombrante jusqu'à ce qu'ils le deviennent en pratique.

Il n'existe pas de grand raccourci dans le processus évolutif, aucun moyen d'éviter cet entraînement disciplinaire pour les étudiants sincères résolus à atteindre leur but spirituel. Ils apprennent à avoir un service créateur dans le monde des affaires. S'ils pensent être parvenus au-delà de cette nécessité et qu'ils échouent dans leurs tentatives pour servir leurs frères, ils feraient mieux de se recentrer sur le début du sentier. Les disciples ne peuvent servir qu'en fonction de leur capacité d'incorporation et de leur niveau d'incorporation de la vérité. Indépendamment de leur niveau de connaissance mentale de la vérité ou de leur facilité d'expression, ils seront confrontés à cette nécessité encore et encore dans le monde des apparences, jusqu'à ce que leur propre instrument soit un reflet de cette vérité et un conducteur de ses énergies (une influence) dans la vie et dans les activités extérieures. Seulement alors, les apparences seront en harmonie avec le Plan adombrant, parce que le seul pont que le Plan peut utiliser pour aller de la subjectivité à l'objectivité est l'instrument de contact du disciple avec la Réalité adombrante et avec le plan physique des apparences.

Lorsque les étudiants ont perfectionné leur instrument de créativité de façon à ce qu'il obéisse en tout temps à leur volonté, leur service créateur peut alors être inspirant, c'est-à-dire qu'il est inspiré d'en haut et inspirant pour les états de conscience qui n'ont pas encore atteint leur niveau de sagesse. Ainsi, le disciple en probation devient un disciple accepté, un vrai serviteur du Plan divin dans le corps de l'humanité.

La Pensée Créatrice

COMMENT ÉTUDIER LA
PENSÉE CRÉATRICE

La Pensée Créatrice est un cours de développement spirituel amorcé par soi-même. Il est conçu pour faciliter un nettoyage méthodique de l'instrument de la persona et pour développer la conscience de l'Âme, en préparation à un service conscient de la Vie Une. Chaque leçon de ce cours est une étape d'un processus de transformation. Ce processus inclut :

I

A. L'étude du matériel : l'information incluse dans le cours est présentée d'une manière cyclique. Chaque leçon construit une base de compréhension et prépare la voie pour la leçon suivante. La progression d'une leçon à la suivante crée un rythme harmonique qui facilite le processus de transformation.

Dans le but d'établir et de maintenir ce rythme, nous suggérons aux étudiants de :

1. Débuter avec la leçon d'Introduction et d'étudier une leçon à la suite de l'autre. Sauter d'une leçon à l'autre ou débuter par le milieu brisera le rythme et causera de la confusion.

2. Prenez au moins une semaine (sept jours) pour étudier chaque leçon. Débutez une nouvelle leçon le même jour de la semaine. Vous pouvez prendre plus d'une semaine pour chaque leçon, et si vous le faites, prenez le même nombre de semaines pour chaque leçon.

3. En étudiant le cours, concentrez-y votre attention. Évitez de pratiquer des exercices provenant d'autres disciplines, car ils pourraient ne pas bien se combiner avec les exercices de *La Pensée Créatrice*.

Nous n'insinuons pas que ce cours soit supérieur à d'autres cours ou à d'autres disciplines. Pour maintenir le rythme interne de ce cours, vous devez vous y consacrer. Nous vous encourageons, une fois que vous aurez complété le cours *La Pensée Créatrice*, d'inclure d'autres écoles et d'autres disciplines dans votre étude et dans votre pratique.

4. Faites les devoirs recommandés. La structure du cours est similaire à celle d'un manuel scolaire et elle inclut de nombreux devoirs. Ces devoirs sont de trois types :

a. Subjectifs : ceux-ci comprennent des activités intérieures telles que des méditations.

b. Objectifs : ceux-ci comprennent des activités telles que l'écriture d'un document.

c. Subjectifs et objectifs : ceux-ci combinent des activités intérieures et extérieures dans un même devoir (comme tenir un journal de vos méditations).

Dans chaque cas, le devoir a pour but spécifique de vous aider à élargir votre conscience et à incorporer un nouveau concept. Faire les devoirs fait partie du rythme du cours.

B. La pratique des techniques de méditation : les disciplines intérieures incluses dans *La Pensée Créatrice* sont présentées en respectant une progression naturelle, allant des disciplines de base aux disciplines avancées. Les méditations sont le cœur du cours; l'information donnée dans les leçons est conçue de manière à vous aider dans la pratique et dans la compréhension des méditations.

1. Pratiquez chacune des techniques de méditation exactement de la manière décrite.

2. Conservez un journal de vos méditations : un écrit quotidien vous aide à amener les réalisations abstraites reçues en méditation, dans votre vie et dans vos activités. Chaque entrée devrait indiquer le jour et la date, la technique de méditation utilisée et tout résultat de cette méditation. Inclure toutes les prises de conscience et les expériences intérieures qui surviennent au cours de la méditation, de même que toute prise de conscience ou expérience qui survient au cours de la journée ou dans vos rêves.

3. Apprenez les schémas de méditation. Soyez patients. Avec le temps, les résultats deviendront apparents. Pour votre développement intérieur, nous vous encourageons à pratiquer ces techniques sur une base continue.

C. Incarnez ce que vous apprenez : le cours *La Pensée Créatrice* est conçu pour vous aider à trouver votre place et à entreprendre votre travail au sein de la Vie Une. Cela s'accomplit par :

1. Les leçons du cours : le cours comprend 40 leçons et dure environ dix mois. Au cours de cette période, vous vous concentrez sur l'apprentissage des idées, sur la pratique des techniques et sur l'intégration de la Sagesse dans votre vie et dans vos activités quotidiennes. L'étude des leçons et la pratique des techniques amorcent le processus d'auto-transformation. Ce processus est complété par la mise en application de votre nouvelle compréhension.

2. Le cycle d'incorporation : les mois de cours sont suivis d'une période équivalente d'application. Le cours *La Pensée Créatrice* est complété en amenant ce que vous avez appris dans les leçons, dans votre environnement. L'application ou l'incorporation de la Sagesse inclut :

a. Une étude subjective : la plus grande partie de votre service sera subjective et pourra inclure plusieurs des techniques que vous aurez apprises dans *La Pensée Créatrice* et dans des cours semblables. Si vous continuez à pratiquer la Sagesse après avoir complété le cours, vous créerez une possibilité pour aider à transformer votre environnement.

b. Un service objectif : votre pratique subjective pourrait générer des possibilités de service objectif à votre famille, à vos amis, à vos collègues de travail ou à votre environnement.

II

Parce que les étudiants abordent souvent un nouveau cours avec des préconceptions basées sur des expériences antérieures, le fait de garder l'esprit ouvert et le coeur ouvert permettra à votre intuition d'intégrer ces expériences avec le nouveau matériel présenté dans ce cours.

Il y a plusieurs façons d'étudier *La Pensée Créatrice*. Une approche positive aide l'étudiant à mettre en œuvre son propre développement et la plus aidante est l'étude personnelle dirigée par soi-même.

Amorcer son propre développement spirituel signifie choisir une voie d'étude qui nous convient, de la pratiquer

Annexe A

et de la mettre en application.

La principale valeur de l'étude individuelle dirigée par soi-même réside dans :

1. Un plus grand accent sur la volonté : chaque fois que vous étudiez une leçon, que vous pratiquez une technique ou que vous faites un devoir, vous exercez votre volonté. Comme pour tout type d'exercice, vous devez effectuer le travail pour en retirer le bénéfice. Personne ne peut le faire à votre place.

2. Le processus décrit dans cette recommandation du *Sentier de l'Initiation*, vol II, Leçon 4 :

   « Plusieurs étudiants qui lisent cette leçon vont se demander comment effectuer le travail d'élévation de la polarisation, sans avoir de contact direct avec un enseignant. Je vais répondre à cette question de plusieurs manières.

   Nous devons d'abord comprendre que tous ceux qui aspirent à l'Âme sont en contact direct avec un enseignant qui est leur propre Âme, et que par leur aspiration continue, ils en viennent à reconnaître rapidement ce contact.

   Ensuite, l'aspiration juste permet aux étudiants de contacter les niveaux supérieurs de la conscience et, à partir de ces niveaux, d'attirer les concepts de vérité qui fournissent une fondation sûre pour leur compréhension ultérieure.

   Troisièmement, les aspirants apprennent à reconnaître que l'expérience est un grand enseignant et grâce à leurs efforts pour vivre la vérité qu'ils ont saisie, ils développent à l'école de l'expérience, une conscience riche en compréhension. Ils font cela délibérément, en pleine conscience de ce qu'ils font, et leur vie quotidienne, indépendamment des apparences, devient un objet de beauté ».

3. Le service amorcé par soi-même : en répondant subjectivement aux besoins de votre environnement, vous élargissez votre conscience de votre place et de votre fonction dans la Vie Une. À son tour, cela mène à un service conscient de cette Vie, à mesure que vous y prenez votre place.

III

Si vous considérez d'enseigner *La Pensée Créatrice*, nous vous suggérons fortement que vous en fassiez d'abord l'expérience. Cela vous aidera :

A. À devenir conscient des difficultés reliées à l'enseignement, comme :

1. Le sage sur la scène: l'idée d'être un enseignant spirituel peut être très attirante. Souvent, l'idée est si attirante que les chercheurs tentent de créer une forme extérieure avant d'avoir d'abord réalisé le travail intérieur. Cette difficulté peut être évitée par :

   a. L'étude du matériel du cours : vous ne pouvez pas enseigner ce que vous ne connaissez pas. Avant de pouvoir enseigner ce cours, vous devez d'abord en faire l'expérience vous-même.

   b. La pratique de ce que vous apprenez : vous ne pouvez pas enseigner ce que vous ne pouvez pas faire vous-même. Avant que vous puissiez enseigner ces techniques à quelqu'un d'autre, vous devez les pratiquer et les réaliser vous-même. L'exemple est le meilleur enseignement.

2. L'enseignant « qui a du succès » : cette difficulté est basée sur l'idée qu'un bon enseignant a une classe remplie d'étudiants. Un bon enseignant n'implique pas qu'il ait beaucoup d'étudiants. L'enseignement n'est pas un concours de popularité. Une telle préoccupation tourne l'attention de l'enseignant sur l'étudiant et la détourne de la Sagesse. Également, l'enseignement ne doit pas nécessairement être donné dans une salle de classe conventionnelle.

La Pensée Créatrice n'est ni un traité sur la Sagesse Ancienne, ni un manuel de méditation. C'est seulement par l'aspiration juste à l'Âme, par l'étude du matériel et par la réalisation des exercices qu'un individu peut vraiment assimiler *La Pensée Créatrice* et se rendre apte à assister les autres à se préparer pour le service de la Vie Une.

La Pensée Créatrice

NOUS CONTACTER

Pour de plus amples informations sur *La Pensée Créatrice* ou sur les cours et sur le matériel qui y est associé, contactez :

www.wisdomimpressions.com

ou écrivez à :

Wisdom Impressions Publishers, LLC
P.O. Box 130003,
Roseville, MN 55113
U.S.A.

www.ingramcontent.com/pod-product-compliance
Lightning Source LLC
Chambersburg PA
CBHW052028090426
42739CB00010B/1827